新编21世纪高等职业教育精品教材·公共基础课系列

大学语文

（文学文化常识）

主　编　牛序芹　单晓丽　李艳慧
副主编　郝　桐　董龙祥　蒋梦琪　刘旭东

中国人民大学出版社
·北京·

图书在版编目（CIP）数据

大学语文：文学文化常识 / 牛序芹，单晓丽，李艳慧主编 . -- 北京：中国人民大学出版社，2024. 7.
(新编 21 世纪高等职业教育精品教材). -- ISBN 978-7-300-32943-7

Ⅰ. H19

中国国家版本馆 CIP 数据核字第 20242TG820 号

新编 21 世纪高等职业教育精品教材 · 公共基础课系列

大学语文（文学文化常识）

主　编　牛序芹　单晓丽　李艳慧

副主编　郝　桐　董龙祥　蒋梦琪　刘旭东

Daxue Yuwen (Wenxue Wenhua Changshi)

出版发行	中国人民大学出版社		
社　　址	北京中关村大街 31 号	**邮政编码**	100080
电　　话	010-62511242（总编室）		010-62511770（质管部）
	010-82501766（邮购部）		010-62514148（门市部）
	010-62515195（发行公司）		010-62515275（盗版举报）
网　　址	http://www.crup.com.cn		
经　　销	新华书店		
印　　刷	鑫艺佳利（天津）印刷有限公司		
开　　本	787 mm × 1092 mm　1/16	**版　　次**	2024 年 7 月第 1 版
印　　张	14.25	**印　　次**	2024 年 7 月第 1 次印刷
字　　数	300 000	**定　　价**	48.00 元

前言

根据2023年山东省专升本考试大纲规定，大学语文科目考试内容包括汉语基础知识、文学文化常识、作品阅读分析和写作四个方面，主要考查考生识记、理解、分析综合、表达应用、鉴赏评价和探究等能力。针对这一要求，历年的专升本大学语文考试设置了单项选择题（10分）与填空题（10分），以重点考查文学文化常识。表面看来，文学文化常识题只有20分，占的分值不算特别高，但其实文学文化常识是分散渗透在文言文、阅读分析和写作之中的，其重要性不容忽视。

首先，文学文化常识是受过高等教育的人应当具备的基本文学素养。文学素养是可以量化的，它表现为：一个人识记并掌握古今中外重要作家及其代表作的基本知识，背诵一定量的古诗文经典名句。明代张岱讲过一个故事：昔有一僧人，与一士子同宿夜航船。士子高谈阔论，僧畏慑，拳足而睡。僧人听其语有破绽，乃曰："请问相公，澹台灭明是一个人、两个人？"士子曰："是两个人。"僧曰："这等尧舜是一个人、两个人？"士子曰："自然是一个人！"僧乃笑曰："这等说起来，且待小僧伸伸脚。"专升本考试准备时间有限，我们未必有时间、精力深入每一位作家，细读每一部作品，但是不犯一些常识性的错误，"勿使僧人伸脚"是可以做到，也是应该做到的。

其次，文学文化常识与作品阅读分析紧密相连、相辅相成。中外文学所涉及的内容极其广泛庞杂，学习文学文化常识可以帮助我们清晰地掌握古今文学发展的脉络，建立起认知框架，将碎片化的信息进行关联、整合，在理解的基础上进行记忆，只有这样掌握的知识才会牢靠。从近几年专升本试卷来看，大学语文考试更趋向于全方位考查考生的语言能力，命题方式更为灵活，死记硬背已不适应考试。例如，2023年单选题第2题题干为"杜甫在《蜀相》《八阵图》《咏怀古迹》诗中都提到的一个人是（　　）"；单选题第4题题干为"下列古诗句，描写春天景象的是（　　）"；单选题第 7 题题干为“下列选项与鲁迅诗句‘寄意寒星荃不察，我以我血荐轩辕’意蕴相同的是（　　）”。诸如此类的题目，考生不是光靠死记硬背就能答对的，还需要分析的能力、鉴赏的功夫。这就要求我们在学习的时候，将名家作品当作随时会考到的阅读分析题来对待，理解作品的大意、表现手法等。所谓“操千曲而后晓声，观千剑而后识器”，在积累文学文化常识的过程中，我们的鉴赏能力也会相应得到提升。

最后，学习文学文化常识可以为我们提供宽阔的视野，对写作有所助益。有些考生不注意向前人作品学习，反映到考试作文当中，词汇贫乏、语言干瘪，引用论据只会写“前几天看了一个短视频”。其实，文学文化常识就是一个写作的宝库，里面有数不尽的素材。例如，写作爱国主义、民族精神主题，中国上古神话就是很好的论据：精卫坚持以弱小的生命、菲薄的力量，向浩瀚的大海复仇，这是何等的悲壮！刑天即使断首，仍要对着天帝大舞干戚，其顽强的抗争精神是何等壮烈！这些都是中华民族生生不息的民族精神的组成部分。又如，林则徐的“苟利国家生死以，岂因福祸避趋之”，艾青的“为什么我的眼里常含泪水，因为我对这土地爱得深沉”等，都集中体现了作者深厚的爱国情怀。这些名句在作文中用得好，能起到画龙点睛的作用，为文章增色添彩。

由于山东省专升本考试大学语文科目考试中的文学文化常识部分，文学常识占了绝大部分，因此本书以文学常识为主。本书追求较强的知识性，希望在有限的篇幅中给文学的源流勾勒出一个大致的轮廓，把文学史上重要的知识点尽量囊括在内，力求做到“简”而能“明”。本书也尝试增强文学文化常识与阅读、写作之间的关联性，尽可能让考生在积累文学文化常识的过程中提高自身的文学修养。归根结底，博览群书与含英咀华并不矛盾，借用杜甫《春夜喜雨》中的诗句，语文学习的特点就是“随风潜入夜，润物细无声”，学起来不可能很快见效，但是一旦深入进去，却是余韵无穷，会在我们整个人生旅途中投下长长的影子。

另外，为了体现教材立体化、数字化的特色，各章节习题的参考答案可扫描对应二维码查看。根据山东省专升本考试特点，本书还配有部分“文化常识”相关知识点及模拟练习题供拓展练习，需要的同学可扫描封面二维码获取。

书中疏漏不当之处，诚请读者批评指正。

编者

目录

上编　中国文学

下编　外国文学

上编
中国文学

中国文学有数千年悠久历史，以特殊的内容、形式和风格构成了自己的特色，有自己的审美理想，有自己起支配作用的思想文化传统和理论批判体系。它以优秀的历史、多样的形式、众多的作家、丰富的作品、独特的风格、鲜明的个性、诱人的魅力而成为世界文学宝库中光彩夺目的瑰宝。

中国文学分为古代文学、现代文学与当代文学。古代文学通常指的是1840年鸦片战争以前。现代文学一般被认为是从1919年五四运动开始，到1949年新中国成立之前的阶段。当代文学则是指1949年新中国成立以后的文学时期。

第一章　上古文学

文学的上古期指先秦、秦汉时期，即公元3世纪以前。中国文学的各种体裁几乎都孕育于这个时期。散文可以追溯到甲骨卜辞；诗歌可以追溯到《诗经》《楚辞》和汉乐府；小说可以追溯到神话传说、《左传》、《史记》等历史散文，以及诸子散文中的寓言故事；辞赋可以追溯到《楚辞》，骈文中对偶的修辞手法，在这个时期也已出现；就连戏曲的因素在《九歌》中也已有了萌芽。

同时，中国文学的思想基础也孕育于上古期，特别是儒道两家的思想影响着此后几千年作家的世界观、人生观和价值观。中国的文学思潮也以儒、道两家为主，儒家注重文学的社会功能，道家注重文学的审美价值，这在上古期也已经形成了，影响着整个中国文学的一些观念，如“诗言志”“法自然”“思无邪”等，都是在这个时期提出来的。

另外，从文学的创作、传播、接受来看，以士大夫作为创作的主体和接受对象，以文字作为传播的主要媒介，中国文学的基本格局也是在上古期奠定的。直到宋代出现了市民文学，这个格局才发生了变化。

上古期的第一段是先秦文学。在这个阶段，文学的创作主体经历了由群体到个体的演变，《诗经》里的诗歌大都是群体的歌唱，从那时到中国文学史上第一位诗人屈原出现，经过了数百年之久。上古巫史不分，史从巫中分化出来专门从事人事的记录，这是一大进步。而士的兴起与活跃，对文学的发展又起了关键性的作用。先秦文学的形态，一方面是文史哲不分，另一方面是诗乐舞结合，这种混沌的状态成为先秦的一大景观。

上古期的第二段是秦汉文学。秦汉文学出现了不同于先秦文学的一些新的特点。首先是创作主体的处境有了变化，战国时代游说于列国之间的士，聚集到统一帝国的皇帝或诸侯王周围，形成若干作家群体，他们以歌功颂德或讽喻谲谏为己任，如武帝时的司马相如、东方朔，吴王刘濞门下的枚乘、邹阳等。这些“言语侍从之臣”正好成为大赋这种汉代新兴文体的作者。与汉代大一统的政治局面相适应，汉代文学以大为美，铺张扬厉成为风尚。而与“罢黜百家，独尊儒术”的政策相适应，汉代文学失去了先秦文学的生动活泼与多姿多彩，形成了格式化的、凝重板滞的风格。然而，对于中国诗歌来说，汉代是一个极其重要的朝代。《诗经》那种四言的躯壳到汉代已经僵化了，楚辞的形式转化为赋，汉代乐府民歌却以一种新的姿态、新的活力，先是在民间继而在文人中显示了不可抗拒的力量，并由此酝酿出中国诗歌的新节奏、新形式，这就是经久不衰的五七言体。此外，汉人对先秦典籍包括文学作品的整理与编辑成书，对后世文学发展影响巨大。

第一节 先秦文学

先秦是中国文化奠基的时期，先秦文学是中国古代文学发生发展的最早阶段，它包括秦朝以前各个历史时期的文学，其主体部分是成熟的周代书面文学，尤其是春秋战国时期的文学。这一时期经历了统一—分裂—再统一的过程，文学作品的思想性和艺术性大部分也都体现了这一时代的基本特征。这一阶段产生了很多优秀作品，有成为我国古代文学先导的古代神话和古代歌谣，有标志着我国文学光辉起点的《诗经》，有作为后代史传体文学和小说、戏剧滥觞的历史散文，有体现战国时期百家争鸣之局的诸子散文，有我国寓言文学鼻祖的先秦寓言，有光耀千古的浪漫主义杰作《楚辞》等。丰富多彩、斑驳灿烂的先秦文学奠定了我国两千多年文学发展的坚实基础。

一、古代神话和古代歌谣

（一）关于神话

神话是远古时代的先民对其所接触的自然现象、社会现象，幻想出来的具有艺术意味的解释和描述的集体口头创作。中国神话大多保存在《山海经》《楚辞》《庄子》《列子》《淮南子》等古籍中。

在所有的古代文献中，《山海经》最有神话学价值，是我国古代保存神话资料最多的著作。这些神话按题材大致可分为创世神话、洪水神话、战争神话、英雄神话等，其中著名的神话有女娲补天、黄帝擒蚩尤、大禹治水、后羿射日、夸父追日、精卫填海等。

> 《山海经》是今见唯一一部较多涉及上古时期怪文异说的著作，与《周易》《黄帝内经》并称“上古三大奇书”。

古代神话是浪漫主义文学的萌芽，对后世文学影响很大。一般来说，神话的创作基础是现实的，神话的创作方法是浪漫的。而神话的浪漫主义精神、新奇奔放的幻想，启发了作家的想象力，提供给他们丰富的文学题材和艺术形象。如屈原的楚辞，庄子的散文，阮籍、陶渊明、李白、李贺、苏轼等的诗歌，特别是小说戏剧如《柳毅传书》《张生煮海》《西游记》《封神演义》以及鲁迅的《故事新编》等，或采用其故事，或学习其文风，或改编其原作，从而创作出许多更完整、更美丽、更惊心动魄、更富有艺术感染力的新作品来。尤其是神话的乐观主义、英雄主义以及对现实的积极态度，强烈要求改变现实、追求美好生活的愿望，对作家进步世界观的形成和积极浪漫主义的创作起了重要作用。

女娲补天：“往古之时，四极废，九州裂，天不兼覆，地不周载。火爁炎而不灭，水浩洋而不息。猛兽食颛民，鸷鸟攫老弱。于是女娲炼五色石以补苍天，断鳌足以立四极，杀黑龙以济冀州，积芦灰以止淫水。苍天补，四极正，淫水涸，冀州平，狡虫死，颛民生。”——《淮南子·览冥训》

夸父追日：“夸父与日逐走，入日。渴欲得饮，饮于河渭，河渭不足，北饮大泽。未至，道渴而死。弃其杖，化为邓林。”——《山海经·海外北经》

后羿射日：“逮至尧之时，十日并出，焦禾稼，杀草木，而民无所食。猰貐、凿齿、九婴、大风、封豨、修蛇，皆为民害。尧乃使羿诛凿齿于畴华之野，杀九婴于凶水之上，缴大风于青丘之泽，上射十日而下杀猰貐，断修蛇于洞庭，禽封豨于桑林，万民皆喜，置尧以为天子。”——《淮南子·本经训》

（二）关于歌谣

远古时期民族的歌谣是在生产力极为低下的原始时代产生的，是民间文学的一种，是先民表达思想、抒发感情、促进生产的重要工具，是出现最早的文学样式。按题材内容，歌谣可分为劳动歌谣、祭祀歌谣、图腾歌谣、婚恋歌谣、战争歌谣等，具有集体性、综合性和再现生活的直接性，词句简朴、节奏流畅，以赋为主要表现手法，零散保存在先秦两汉的典籍之中。如据说是神农时代出现的《蜡辞》云：“土反其宅，水归其壑，昆虫毋作，草木归其泽！”这大约是一首农事祭歌，是一首具有明显咒语性质、带有浓厚巫术色彩的祝辞。它集中反映了先民面对地质灾害、洪水灾害、动物灾害、植物灾害等众多自然灾害侵袭时的复杂矛盾的心理状态。四句诗，句句既是祈求，也是命令；既是祝愿，也是诅咒。全诗既反映了先民饱受自然灾害侵袭的深重苦难，也反映了他们相信利用巫术咒语能够消除自然灾害的乐观心理。另有《吴越春秋》卷九所载的《弹歌》：“断竹，续竹，飞土，逐宍（古肉字，指禽兽）。”该诗反映的是先民制造弹弓和狩猎的过程，语言古朴，但已经具有韵律，显然是一首十分古老的歌谣。

二、诗歌

文字产生以后，中国文学才脱离了传说时期。甲骨文和部分青铜器上的铭文，是所知最古老的文字。甲骨文和金文的产生为口耳相传的文学发展成为书面文学提供了条件，标志着中国书面文学的萌芽。

秦统一各国前的诗歌为先秦诗歌。先秦诗歌包括《诗经》《楚辞》以及春秋战国时期的一些传统民歌和部分原始社会歌谣。先秦诗歌是中国传统诗歌的源头，其中《诗经》是中国现实主义诗歌的源头，而《楚辞》是中国浪漫主义诗歌的源头。

（一）关于《诗经》

《诗经》是我国最早的一部诗歌总集，收集了西周初年至春秋中叶（前 11 世纪至前 6 世纪）的诗歌，共 305 篇（“小雅”中有笙诗 6 篇，有目无辞，不算在内），反映了周初至周晚期约五百年间的社会面貌。

《诗经》的作者佚名，绝大部分已经无法考证，相传为尹吉甫采集、孔子编订。《诗经》在先秦时期称为《诗》，或取其整数称《诗三百》，西汉时被尊为儒家经典，始称《诗经》，并沿用至今。

《诗经》在内容上（按音乐的不同）分为《风》《雅》《颂》三个部分。《风》是周代各地的歌谣，主要分布在 15 个地区，共 160 篇；《雅》大部分是贵族的宫廷使用，是周人的正声雅乐，共 105 篇，包括“大雅”31 篇和“小雅”74 篇；《颂》是周王室和诸侯宗庙祭祀的乐歌，共 40 篇，包括《周颂》31 篇、《鲁颂》4 篇和《商颂》5 篇。

《诗经》在表现手法上主要有三种：赋、比、兴。其基本含义朱熹解说为：“赋者，敷也，敷陈其事而直言之者”；“比者，以彼物比此物也”；“兴者，先言他物以引起所咏之词也”。

赋就是陈述铺叙的意思，雅诗、颂诗中多用这种方法。“国风”中则较少使用，但亦有以此见长者，如《氓》《溱洧》《七月》等。

比就是比喻，“或喻于声，或方于貌，或拟于心，或譬于事”（《文心雕龙·比兴》），从而使形象更加鲜明，如《相鼠》《硕鼠》用老鼠来比喻统治阶级的可憎可鄙，《氓》用桑树由繁茂到凋落比喻夫妇爱情的变化，《终风》以既风且暴的恶劣天气比喻丈夫的骄横暴虐和喜怒无常。

兴的基本含义是借助其他事物作为诗歌的开头，如《晨风》首章“鴥［（yù）：鸟疾飞的样子］彼晨风，郁彼北林。未见君子，忧心钦钦。如何如何，忘我实多！”开头两句即为起兴，与下面四句并无意义上的联系。它的作用只是为了引起下文，使诗歌曲折委婉而不给人以突兀的感觉。但也有起兴和下文有联系，大抵同样起着比喻的作用，如《关雎》《蒹葭》的开头。“国风”有不少起兴，不仅表现了诗人状物的工巧，而且也有助于诗人对形象的刻画，如《桃夭》《谷风》。周代民歌比兴手法的运用，大大丰富了诗歌的表现手法，可以在极短的篇章里塑造极动人的境界和形象。比兴手法在诗歌创作中一直继承发展着，这是周代民歌对后代文学有重大影响的一个方面。

风、雅、颂与赋、比、兴合称“六义”。

《诗经》是我国文学的光辉起点，它的出现以及它的思想性和艺术成就，是我国文学发达很早的标志，在我国乃至世界文化史上都占有极高的地位。

《诗经》民歌部分所表现的“饥者歌其食，劳者歌其事”的现实主义精神对后世文学影响最大。它推动着诗人、作家去关心国家的命运和人民的疾苦，而不是把文学看成流连光景、消遣闲情的东西。历代民歌是它的嫡传，从汉魏乐府直到近代歌谣都深刻体现了这种精神。

孔子曾概括《诗经》宗旨为“思无邪”，并教育弟子读《诗经》以作为立言、立行的标准，认为“不学《诗》，无以言”。先秦诸子中，引用《诗经》者颇多，如孟子、荀子、墨子、庄子、韩非子等人在说理论证时，多引述《诗经》中的句子以增强说服力。汉武帝时，《诗经》被儒家奉为经典，成为《六经》及《五经》之一。

《诗经》内容丰富，反映了劳动与爱情、战争与徭役、压迫与反抗、风俗与婚姻、祭祖与宴会，甚至天象、地貌、动物、植物等方方面面，是周代社会生活的一面镜子。

《诗经》的艺术成就：（1）强烈的现实主义精神；（2）赋比兴的艺术表现手法；（3）复沓的章法和以四言为主的句式；（4）丰富、生动、简练、形象的语言。

春秋时期，孔子删定了《诗经》的篇目，并且称赞它说：“《诗》三百，一言以蔽之，曰：‘思无邪。’”战国时期，我国产生了第一部诗论专著——《诗大序》，提出了“诗言志”的观点。秦汉时期，产生了传授《诗经》的“四家诗”：毛诗（毛亨、毛苌）、鲁诗（申培公）、齐诗（辕固生）、韩诗（韩婴）。其中，毛诗是古文诗学（篆书），其余是今文诗学（隶书）。另外，东汉学者郑玄撰有《毛诗传笺》，唐朝学者孔颖达撰有《毛诗正义》。

《诗经》中的名篇：

（1）《周南·关雎》

关关雎（jū）鸠（jiū），在河之洲。窈（yǎo）窕（tiǎo）淑女，君子好（hǎo）逑（qiú）。

参差荇（xìng）菜，左右流之。窈窕淑女，寤（wù）寐（mèi）求之。

求之不得，寤寐思服。悠哉悠哉，辗转反侧。

参差荇菜，左右采之。窈窕淑女，琴瑟友之。

参差荇菜，左右芼（mào）之。窈窕淑女，钟鼓乐（lè）之。

（2）《周南·桃夭》

桃之夭夭，灼灼其华。之子于归，宜其室家。

桃之夭夭，有蕡（fén）其实。之子于归，宜其家室。

桃之夭夭，其叶蓁（zhēn）蓁。之子于归，宜其家人。

（3）《邶风·静女》

静女其姝，俟（sì）我于城隅。爱而不见，搔首踟蹰。

静女其娈（luán），贻我彤管。彤管有炜，说怿（yì）女美。

自牧归荑（tí），洵美且异。匪女之为美，美人之贻。

（4）《郑风·子衿》

青青子衿，悠悠我心。纵我不往，子宁（nìng）不嗣音？

青青子佩，悠悠我思。纵我不往，子宁不来？

挑兮达（tà）兮，在城阙兮。一日不见，如三月兮。

（5）《秦风·蒹葭》

蒹葭苍苍，白露为霜。所谓伊人，在水一方。溯洄从之，道阻且长。溯游从之，宛在水中央。

蒹葭萋萋，白露未晞。所谓伊人，在水之湄。溯洄从之，道阻且跻（jī）。溯游从之，宛在水中坻（chí）。

蒹葭采采，白露未已。所谓伊人，在水之涘。溯洄从之，道阻且右。溯游从之，宛在水中沚（zhǐ）。

（6）《王风·君子于役》

君子于役，不知其期，曷至哉？

鸡栖于埘（shí），日之夕矣，羊牛下来。

君子于役，如之何勿思！

君子于役，不日不月，曷其有佸（huó）？

鸡栖于桀，日之夕矣，羊牛下括。

君子于役，苟无饥渴！

（7）《王风·黍离》

彼黍离离，彼稷之苗。行迈靡靡（mǐ），中心摇摇。知我者，谓我心忧，不知我者，谓我何求。悠悠苍天，此何人哉？

彼黍离离，彼稷之穗。行迈靡靡，中心如醉。知我者，谓我心忧，不知我者，谓我何求。悠悠苍天，此何人哉？

彼黍离离，彼稷之实。行迈靡靡，中心如噎。知我者，谓我心忧，不知我者，谓我何求。悠悠苍天，此何人哉？

《诗经》中的名句：

（1）死生契阔，与子成说。执子之手，与子偕老。 《邶风·击鼓》

（2）相鼠有皮，人而无仪。人而无仪，不死何为！ 《墉风·相鼠》

（3）巧笑倩兮，美目盼兮。 《卫风·硕人》

（4）谁谓河广？一苇杭之。 《卫风·河广》

（5）投我以木桃，报之以琼瑶。 《卫风·木瓜》

（6）有匪君子，如切如磋，如琢如磨。 《卫风·淇奥》

（7）知我者，谓我心忧，不知我者，谓我何求。悠悠苍天，此何人哉？

《王风·黍离》

（8）一日不见，如三秋兮。《王风·采葛》

（9）宜言饮酒，与子偕老。琴瑟在御，莫不静好。《郑风·女曰鸡鸣》

（10）出其东门，有女如云。虽则如云，匪我思存。《郑风·出其东门》

（11）野有蔓草，零露漙（tuán）兮。有美一人，清扬婉兮。《郑风·野有蔓草》

（12）人之多言，亦可畏也。《郑风·将仲子》

（13）岂曰无衣？与子同袍。王于兴师，修我戈矛。与子同仇！《秦风·无衣》

（14）七月流火，九月授衣。《豳风·七月》

（15）呦呦鹿鸣，食野之苹。我有嘉宾，鼓瑟吹笙。《小雅·鹿鸣》

（16）兄弟阋（xì）于墙，外御其务（通“侮”）。《小雅·鹿鸣之什》

（17）昔我往矣，杨柳依依。今我来思，雨雪霏霏。《小雅·采薇》

（18）鹤鸣于九皋，声闻于野。/ 他山之石，可以攻玉。《小雅·鹤鸣》

（19）哀哀父母，生我劬（qú）劳。/ 欲报之德，昊天罔极！

《小雅·蓼（lù）莪（é）》

（20）溥天之下，莫非王土；率土之滨，莫非王臣。《小雅·北山》

（21）高山仰止，景行行止。《小雅·车辖》

（二）关于《楚辞》

楚辞是公元前 4 世纪到公元前 3 世纪之间由楚国屈原等人在民间歌谣的基础上进行加工、创造而成的一种新的诗歌形式，是《诗经》以后的一种新诗体。汉代刘向把屈原、宋玉等人的作品编辑成集，名为《楚辞》。从此，“楚辞”就成为一部诗歌总集的名称，并且是我国第一部浪漫主义诗歌总集，对我国文学具有深远影响。其中，最具有代表性的作品是屈原的《离骚》，因此《楚辞》又与以“国风”驰名的《诗经》并称“风骚”，二者共同开创了我国古代诗歌现实主义和浪漫主义并驾齐驱、融汇发展的优秀传统。

作为一种新诗体，楚辞产生于战国后期，流传于楚国腹地（今湖北、湖南、江西和安徽）一带，因其运用楚地的文学样式、方言声韵和风土物产等，具有浓厚的地方色彩，故名《楚辞》。宋代黄伯思在《宋文鉴》卷九十二中概括说：“盖屈、宋诸骚，皆书楚语，作楚声，纪楚地，名楚物，故可谓之‘楚辞’。”楚辞把《诗经》中古板的四言方块诗改为参差不齐、长短不拘、灵活变幻、辞藻华美、对偶工巧的骚体诗，建立了一种诗歌的新体裁，标志着我国文学史上诗歌的新发展。楚辞多用六言、七言和语气词“兮”，直接衍生出了新文体“赋”（因为流行于汉朝，所以称为“汉赋”，又称为“辞赋散文”）。

作为一部诗歌总集，《楚辞》由西汉学者刘向辑录成书，收录了屈原、宋玉、景差等人的原创作品和淮南小山（淮南王刘安的部分门客）、东方朔、王逸等人的作品。

全书以屈原作品为主，其余各篇也是承袭屈赋的形式，其中，基本可以确定作者的共计 17 篇，分别是：《离骚》《九歌》《天问》《九章》《远游》《卜居》《渔父》《九辩》《招魂》《大招》《惜誓》《招隐士》《七谏》《哀时命》《九怀》《九叹》《九思》。另，王逸撰有楚辞研究专著《楚辞章句》。

屈原（约前 340—约前 278 年），战国时期楚国诗人、政治家。芈姓，屈氏，名平，字原；又自名正则，字灵均，出生于楚国丹阳（今湖北秭归），楚武王熊通之子屈瑕的后代。

屈原是中国历史上第一位伟大的爱国诗人，中国浪漫主义文学的奠基人，被誉为“中华诗祖”“辞赋之祖”“诗魂”。他是“楚辞”的创立者和代表作者，开辟了“香草美人”的传统。他用楚辞记录内心情感、身世遭遇、理想追求，创作出《离骚》、《九章》（9 篇）、《九歌》（11 篇）、《天问》、《招魂》、《卜居》、《渔父》共 25 篇作品，对后世诗歌产生了深远影响。屈原的出现标志着中国诗歌进入了一个由集体歌唱到个人独创的新时代。

屈原也是楚国重要的政治家，早年受楚怀王信任，任左徒、三闾大夫，兼管内政外交大事。他提倡“美政”，主张对内举贤任能、修明法度，对外力主联齐抗秦、维护国格。因遭贵族排挤诽谤，屈原被先后流放至汉北和沅湘流域。流放期间，屈原面对政治的腐败、国运的垂危写出了许多悲愤沉痛、忧国忧民的诗歌。公元前 278 年，秦将白起攻破楚都郢（今湖北江陵），屈原悲愤交加，怀石自沉于汨罗江，以身殉国。1953 年，在屈原逝世 2230 周年之际，世界和平理事会通过决议，确定屈原为当年纪念的世界四大文化名人之一。

《离骚》是屈原的代表作，是我国古典文学中最长的抒情诗，带有自传体的性质。诗歌成功塑造了中国文学史上第一位个性鲜明的主人公形象，富于浪漫主义精神，是一篇光耀千古的浪漫主义杰作，也是我国爱国主义诗歌的开山之作。屈原善于用“香草美人”象征高洁的人格、美好的理想，开辟了中国文学“香草美人”的传统，被鲁迅赞为“逸响伟辞，卓绝一世”。《离骚》篇名的意义，司马迁在《史记·屈原贾生列传》中解释为：“离骚者，犹离忧也。”《离骚》以理想与现实的冲突为主线，倾诉了对楚国命运和人民生活的关心，哀民生之多艰，叹奸佞之当道。作品开创了中国文学中的“骚”体诗歌形式，其中有大量的比喻和丰富的想象，表现出诗人的积极浪漫主义精神，对后世有深远影响。

《九歌》原为古代乐歌，由屈原在楚地民间祭神乐歌的基础上改作加工而成，共 11 篇。诗中创造了大量神的形象，大多是人神恋歌。《九歌》充满浪漫主义气息，想象优美丰富，语言精美，善于情景交融。

《天问》是我国文学史上的一篇奇文，通篇是屈原对于天地、自然和人世等一切事物现象的发问。诗篇从天地离分、阴阳变化、日月星辰等自然现象，一直问到神话传说乃至圣贤凶顽和战乱兴衰等历史故事，表现了屈原对某些传统观念的大胆怀疑，以及追求真理的探索精神。《天问》基本上是四言诗，通篇全用诘问语气，参差错落，灵活变化。

《九章》是9篇诗歌的总题，主要是屈原两次被放逐的经历、处境和苦闷悲愤心情的反映，表现了诗人对祖国的无限热爱和对群小的无比痛恨。但这个总题不是诗人自定的，而是后人辑录时所加。《九章》主要使用直接倾泻和反复吟咏的方法表现奔放的激情，语言华美，富于表现力，比《离骚》更具现实性。

宋玉（约前298—约前222年），又名子渊，宋国（今河南商丘）人，相传为屈原的学生。他好辞赋，为屈原之后的辞赋家，与唐勒、景差齐名。所作辞赋甚多，流传作品有《九辩》《风赋》《高唐赋》《登徒子好色赋》《神女赋》等。《汉书·艺文志》录有赋16篇。所谓"下里巴人""阳春白雪""曲高和寡""宋玉东墙"的典故皆由他而来。在宋玉的作品中，物象的描绘趋于细腻工致，抒情与写景结合得自然贴切，与汉赋之间有承前启后的作用。后人多以屈宋并称，李白曾说"屈宋长逝，无堪与言"，可见宋玉在文学史上的地位。

《九辩》是一首感情深挚的长篇抒情诗，表达了"贫士失职而志不平"的感慨，东汉王逸定为战国时期楚国的宋玉所作。在艺术上，《九辩》善于借景抒情、融情于景，句法多变，能够巧妙地运用双声叠韵和叠字等修辞手法，读起来抑扬顿挫，富有音乐美，具有很强的艺术感染力。开头"悲哉！秋之为气也。萧瑟兮，草木摇落而变衰。憭栗兮，若在远行，登山临水兮，送将归"开启了中国诗歌的"悲秋"主题，《九辩》因而成为中国文学史上第一篇情深意长的悲秋之作。《九辩》之后，悲秋一直是诗文家喜爱的题材，汉武帝有《秋风辞》，曹植有《秋思赋》，曹丕有《燕歌行》。魏晋南北朝诗人笔下的秋天，大都带有《九辩》悲秋的气息，庾信《拟咏怀二十七首》之十一"摇落秋为气，凄凉多怨情"，以悲秋带出身世之感、家国之恨，更为悲秋主题谱写出新曲。此后历经唐宋元明清，诗词中的悲秋之风始终弥漫不散，悲秋成为中国传统文学的母题之一。

《楚辞》中的名句：

（1）惟草木之零落兮，恐美人之迟暮。　《离骚》

（2）长太息以掩涕兮，哀民生之多艰。　《离骚》

（3）亦余心之所善兮，虽九死其犹未悔。　《离骚》

（4）路漫漫其修远兮，吾将上下而求索。　《离骚》

（5）不吾知其亦已兮，苟余情其信芳。　《离骚》

（6）民生各有所乐兮，余独好修以为常。　《离骚》

（7）帝子降兮北渚，目眇眇兮愁予。袅袅兮秋风，洞庭波兮木叶下。

《九歌·湘夫人》

（8）沅有芷兮澧有兰，思公子兮未敢言。荒忽兮远望，观流水兮潺湲。

《九歌·湘夫人》

（9）时不可兮骤得，聊逍遥兮容与！　《九歌·湘夫人》

（10）乐莫乐兮新相知，悲莫悲兮生别离。 《九歌·少司命》

（11）怨公子兮怅忘归，君思我兮不得闲。 《九歌·山鬼》

（12）山中人兮芳杜若，饮石泉兮荫松柏。 《九歌·山鬼》

（13）风飒飒兮木萧萧，思公子兮徒离忧。 《九歌·山鬼》

（14）身既死兮神以灵，子魂魄兮为鬼雄。 《九歌·国殇》

（15）鸟飞反故乡兮，狐死必首丘。 《九章·哀郢》

（16）与天地兮同寿，与日月兮同光。 《九章·涉江》

（17）苟余心其端直兮，虽僻远之何伤。 《九章·涉江》

（18）吾不能变心而从俗兮，固将愁苦而终穷。 《九章·涉江》

（19）芳与泽其杂糅兮，羌芳华自中出。 《九章·思美人》

（20）世溷（hùn）浊而不清：蝉翼为重，千钧为轻；黄钟毁弃，瓦釜雷鸣；谗人高张，贤士无名。 《卜居》

（21）夫尺有所短，寸有所长；物有所不足，智有所不明；数有所不逮，神有所不通。 《卜居》

（22）举世皆浊我独清，众人皆醉我独醒。 《渔父》

（23）新沐者必弹冠，新浴者必振衣；安能以身之察察，受物之汶汶者乎？ 《渔父》

（24）沧浪之水清兮，可以濯吾缨；沧浪之水浊兮，可以濯吾足。 《渔父》

（25）悲哉！秋之为气也。萧瑟兮，草木摇落而变衰。憭栗兮，若在远行，登山临水兮，送将归。 《九辩》

（26）处浊世而显荣兮，非余心之所乐。与其无义而有名兮，宁处穷而守高。 《九辩》

三、诸子散文

诸子散文是指春秋战国时期众多哲学派别的代表著作，反映了不同的思想倾向、政治主张和哲学观点。其中，最具有代表性的是儒家、墨家、道家和法家的散文。

（一）儒家散文

儒家是中国古代最具有影响力的思想派别之一，创始人是孔子，代表人物为孟子、荀子。汉武帝时，董仲舒倡导“罢黜百家，独尊儒术”，正式确立了儒家的统治地位。儒家的经典著作是“四书五经”。“四书”包括《论语》《孟子》《大学》和《中庸》，始于宋代；“五经”包括《诗》、《书》、《礼》（《仪礼》《周礼》《礼记》）、《易》、《春秋》。

孔子（前551—前479年），名丘，字仲尼，春秋时期鲁国陬邑人，伟大的思想家、教育家，学说光耀古今中外（朱熹：“天不生仲尼，万古如长夜”），被尊奉为“至圣”“素王”，号称“天纵之圣”“天之木铎”“万世师表”。孔子的思想核心是“仁”和“礼”，政治方面主张“德治（为政以德）”“礼治（为国以礼）”，伦理方面主张“仁者爱人”“克己复礼”，教育方面主张“有教无类”“因材施教”，提倡启发式教学（不愤不启，不悱不发）。

孔子的思想主要体现于《论语》。《论语》是我国第一部“语录体”散文集，由孔门弟子编纂而成，善用虚字传神（如子在川上曰：“逝者如斯夫！”若将其中的“夫”字去掉，就失去了感慨时光流逝的情怀），语言简练、用意深远，有一种雍容和顺、纡徐含蓄的风格，能在简单的对话和行动中展示人物形象。

《论语》中的名句：

（1）子曰：“学而时习之，不亦说乎？有朋自远方来，不亦乐乎？人不知而不愠，不亦君子乎？”

（2）子曰：“巧言令色，鲜矣仁。”

（3）曾子曰：“吾日三省吾身：为人谋而不忠乎？与朋友交而不信乎？传不习乎？”

（4）子曰：“君子食无求饱，居无求安，敏于事而慎于言，就有道而正焉，可谓好学也已。”

（5）子曰：“不患人之不己知，患不知人也。”

（6）子曰：“《诗》三百，一言以蔽之，曰：‘思无邪。’”

（7）子曰：“吾十有五而志于学，三十而立，四十而不惑，五十而知天命，六十而耳顺，七十而从心所欲不逾矩。”

（8）子曰：“温故而知新，可以为师矣。”

（9）子曰：“君子周而不比，小人比而不周。”

（10）子曰：“学而不思则罔，思而不学则殆。”

（11）子曰：“知之为知之，不知为不知，是知也。”

（12）子曰：“人而无信，不知其可也。”

（13）孔子谓季氏：“八佾舞于庭，是可忍也，孰不可忍也？”

（14）子曰：“《关雎》，乐而不淫，哀而不伤。”

（15）子曰：“成事不说，遂事不谏，既往不咎。”

（16）子曰：“朝闻道，夕死可矣。”

（17）子曰：“君子喻于义，小人喻于利。”

（18）子曰：“见贤思齐焉，见不贤而内自省也。”

（19）子曰：“朽木不可雕也，粪土之墙不可圬也。于予与何诛！”

（20）子曰：“敏而好学，不耻下问，是以谓之‘文’也。”

（21）季文子三思而后行。

（22）子曰：“宁武子，邦有道则知，邦无道则愚。其知可及也，其愚不可及也。”

（23）子曰：“质胜文则野，文胜质则史。文质彬彬，然后君子。”

（24）子曰：“知之者不如好之者，好之者不如乐之者。”

（25）子曰：“智者乐水，仁者乐山；智者动，仁者静；智者乐，仁者寿。”

（26）子曰：“默而识之，学而不厌，诲人不倦，何有于我哉？”

（27）子曰："不愤不启，不悱不发，举一隅不以三隅反，则不复也。"

（28）子在齐闻《韶》，三月不知肉味。曰："不图为乐之至于斯也。"

（29）叶公问孔子于子路，子路不对。子曰："女奚不曰：其为人也，发愤忘食，乐以忘忧，不知老之将至云尔？"

（30）子曰："三人行，必有我师焉。择其善者而从之，其不善者而改之。"

（31）子以四教：文、行、忠、信。

（32）子曰："君子坦荡荡，小人长戚戚。"

（33）曾子言曰："鸟之将死，其鸣也哀；人之将死，其言也善。"

（34）曾子曰："士不可以不弘毅，任重而道远。仁以为己任，不亦重乎？死而后已，不亦远乎？"

（35）子曰："不在其位，不谋其政。"

（36）子曰："后生可畏，焉知来者之不如今也？"

（37）子曰："三军可夺帅也，匹夫不可夺志也。"

（38）子曰："智者不惑，仁者不忧，勇者不惧。"

（39）子曰："岁寒，然后知松柏之后凋也。"

（40）子曰："君子成人之美，不成人之恶。小人反是。"

孟子（约前 372—前 289 年），名轲，字子舆，战国时期邹国人，伟大的思想家、政治家、教育家，是孔子之后、荀子之前的儒家学派的代表人物，与孔子并称"孔孟"，元朝被追封为"亚圣"。孟子将孔子的"德治""礼治"思想发展到"仁政"的高度，政治方面反对"霸道"（"仲尼之徒，无道桓文之事者"），提倡"王道"（"得道多助，失道寡助"），极力倡导"民为贵，社稷次之，君为轻"的民本思想，主张"得其民有道，得其心，斯得民矣"，教育方面主张"易子而教"，提出了"性善论"。其作品总称《孟子》，由孟子与弟子万章、公孙丑编纂而成，主要记载孟子言行，详细记载了孟子与各国诸侯或学者的论辩之辞。全书共七章，每章又分上下卷。《孟子》文章气势充沛、逻辑严密，善用比喻和"欲擒故纵，引君入瓮"的论辩方法，颇具雄辩之风；加以大量排偶句（如"固国不以山溪之险，域民不以封疆之界，威天下不以兵革之利"）和寓言故事（五十步笑百步、挟太山以超北海、缘木求鱼等），文章气势磅礴、生动形象，对后世散文家韩愈、柳宗元、苏轼等影响很大。

出自《孟子》的成语有：缘木求鱼；杯水车薪；事半功倍；自暴自弃；一曝十寒；与人为善；赤子之心；当务之急；知人论世；出类拔萃；舍生取义；得道多助，失道寡助；以其昏昏，使人昭昭；天时不如地利，地利不如人和；好为人师；尽信书，不如无书……

《孟子》中的名句：

（1）乐民之乐者，民亦乐其乐；忧民之忧者，民亦忧其忧。乐以天下，忧以天下，然而不王者，未之有也。

（2）老吾老以及人之老，幼吾幼以及人之幼。

（3）独乐乐，与人乐乐，孰乐？

（4）夫子言之，于我心有戚戚焉。

以上摘自《孟子·梁惠王下》

（5）我知言，我善养吾浩然之气。

（6）天时不如地利，地利不如人和。

（7）得道者多助，失道者寡助。寡助之至，亲戚畔之；多助之至，天下顺之。

（8）当今之世，舍我其谁也。

以上摘自《孟子·公孙丑上》

（9）富贵不能淫，贫贱不能移，威武不能屈。此之谓大丈夫。　《孟子·滕文公下》

（10）不以规矩，不能成方圆；师旷之聪，不以六律，不能正五音；尧舜之道，不以仁政，不能平治天下。

（11）人有不为也，而后可以有为。

（12）大人者，不失其赤子之心者也。

（13）君子以仁存心，以礼存心。仁者爱人，有礼者敬人。爱人者，人恒爱之，敬人者，人恒敬之。

以上摘自《孟子·离娄上》

（14）鱼，我所欲也；熊掌，亦我所欲也。二者不可得兼，舍鱼而取熊掌者也。生，亦我所欲也；义，亦我所欲也。二者不可得兼，舍生而取义者也。

（15）故天将降大任于斯人也，必先苦其心志，劳其筋骨，饿其体肤，空乏其身，行拂乱其所为，所以动心忍性，曾益其所不能。

（16）民为贵，社稷次之，君为轻。

（17）虽有天下易生之物也，一日暴之，十日寒之，未有能生者也。

（18）生于忧患，死于安乐。

以上摘自《孟子·告子上》

（19）孔子登东山而小鲁，登泰山而小天下。

（20）古之人，得志，泽加于民；不得志，修身见于世。穷则独善其身，达则兼善天下。

（21）尽信书，不如无书。

（22）君子有三乐，而王天下不与存焉。父母俱存，兄弟无故，一乐也；仰不愧于天，俯不怍于人，二乐也；得天下英才而教育之，三乐也。

以上摘自《孟子·尽心上》

（23）或百步而后止，或五十步而后止。以五十步笑百步，则何如？

（24）五亩之宅，树之以桑，五十者可以衣帛矣；鸡豚狗彘之畜，无失其时，七十者可以食肉矣；百亩之田，勿夺其时，数口之家可以无饥矣；谨庠序之教，申之以孝悌之义，颁白者不负戴于道路矣。七十者衣帛食肉，黎民不饥不寒，然而不王者，未之有也。

（25）狗彘食人食而不知检，涂有饿莩而不知发；人死，则曰："非我也，岁也。"是何异于刺人而杀之，曰："非我也，兵也。"王无罪岁，斯天下之民至焉。

（26）君子之于禽兽也，见其生，不忍见其死；闻其声，不忍食其肉。是以君子远庖厨也。

（27）挟太山以超北海，语人曰："我不能"，是诚不能也。为长者折枝，语人曰："我不能"，是不为也，非不能也。

（28）欲辟土地、朝秦楚、莅中国而抚四夷也。以若所为，求若所欲，犹缘木而求鱼也。

以上摘自《孟子·梁惠王上》

（29）无恻隐之心，非人也；无羞恶之心，非人也；无辞让之心，非人也；无是非之心，非人也。恻隐之心，仁之端也；羞恶之心，义之端也；辞让之心，礼之端也；是非之心，智之端也。人之有是四端也，犹其有四体也。《孟子·公孙丑上》

荀子（约前313—约前238年），名况，字卿，战国末期赵国人，伟大的思想家、教育家和政治家，儒家学派的代表人物，先秦时代百家争鸣的集大成者。荀况曾三次担任齐国稷下学宫的祭酒，两度出任楚兰陵令，晚年蛰居兰陵县著书立说、收徒授业，被称为"后圣"。韩非子和李斯都是他的学生。荀子继承了儒家思想，启蒙了法家思想，主张"平政爱民""隆礼重法"，提出"性恶论"，强调环境和教育的影响。荀子是第一个使用赋的名称和用问答体写赋的人，与屈原并称为"辞赋之祖"。

《荀子》是战国后期儒家学派的重要著作。今存32篇，除少数篇章外，大部分是荀子自己所写。他的文章擅长说理、组织严密、分析透辟、善于取譬，常用排比句增强议论的气势，语言富赡警炼，有很强的说服力和感染力，是儒家专题论文的典范之作。

《荀子》中的名句：

（1）君子曰：学不可以已。

（2）青，取之于蓝而青于蓝；冰，水为之而寒于水。

（3）故木受绳则直，金就砺则利，君子博学而日参省乎己，则知明而行无过矣。

（4）锲而舍之，朽木不折；锲而不舍，金石可镂。

（5）故不登高山，不知天之高也；不临深溪，不知地之厚也；不闻先王之遗言，不知学问之大也。

（6）生而同声，长而异俗，教使之然也。

（7）神莫大于化道，福莫长于无祸。

（8）吾尝终日而思矣，不如须臾之所学也；吾尝跂而望矣，不如登高之博见也。登高而招，臂非加长也，而见者远；顺风而呼，声非加疾也，而闻者彰。假舆马者，非利足也，而致千里；假舟楫者，非能水也，而绝江河。君子生非异也，善假于物也。

（9）蓬生麻中，不扶而直；白沙在涅，与之俱黑。

（10）积土成山，风雨兴焉；积水成渊，蛟龙生焉；积善成德，而神明自得，圣心备焉。故不积跬步，无以至千里；不积小流，无以成江海。骐骥一跃，不能十步；驽马十驾，功在不舍。锲而舍之，朽木不折；锲而不舍，金石可镂。蚓无爪牙之利，筋骨之强，上食埃土，下饮黄泉，用心一也。蟹六跪而二螯，非蛇鳝之穴无可寄托者，用心躁也。

（11）无冥冥之志者无昭昭之明；无惛惛之事者无赫赫之功。

（12）目不能两视而明，耳不能两听而聪。

（13）君者，舟也；庶人者，水也；水则载舟，水则覆舟。

（二）墨家散文

墨家是先秦时期的重要思想派别之一，与儒家并称“显学”，在当时有“**非儒即墨**”之称。墨家前期主要探讨社会、政治、伦理和认识论问题，后期在逻辑学方面有重要贡献。

墨子（约前468—约前376年），春秋战国时宋国鲁阳人，墨家学派的创始人，也是战国时期著名的思想家、教育家、科学家、军事家。墨子是中国历史上唯一一个农民出身的哲学家，被毛泽东誉为“辩证唯物主义大家”，伦理方面主张“**兼爱**”（爱人如己），政治方面主张“**非攻**”，宇宙观方面主张“**非命**”（听天命，尽人事），他还提出了“尚贤”“尚同”“天志”“明鬼”“非乐”“节葬”“节用”等观点。墨子以兼爱为核心，以节用、尚贤为支点，其思想中的合理因素为后来的唯物主义思想家所继承和发展。墨子还创立了以几何学、物理学、光学为突出成就的一整套科学理论，是一个百科全书式的“**平民圣人**”，被称为“**科圣**”。墨子死后，其弟子根据墨子生平事迹的史料，收集其语录，完成了《墨子》一书传世。

《墨子》中的名句：

（1）故官无常贵，而民无终贱，有能则举之，无能则下之。

（2）仁人之所以为事者，必兴天下之利，除去天下之害，以此为事者也。

（3）良马难乘，然可以任重致远；良才难令，然可以致君见尊。

（4）兼相爱，交相利。

（5）夫爱人者，人必从而爱之；利人者，人必从而利之；恶人者，人必从而恶之；害人者，人必从而害之。

（6）志不强者智不达，言不信者行不果。

（7）甘井近竭，招木近伐，灵龟近灼，神蛇近暴。

（8）海纳百川，有容乃大，襟三江而带五湖。

（9）是故江河之水，非一源之水也；千镒之裘，非一狐之白也。

（10）民有三患：饥者不得食，寒者不得衣，劳者不得息。

（11）万事莫贵于义。

（12）天下之人皆相爱，强不执弱，众不劫寡，富不侮贫，贵不敖贱，诈不欺愚。

（三）道家散文

道家是先秦时期的重要思想派别之一，代表人物是老子、庄子。道家认为“道”

是世界最初的本原，崇尚自然，反对争斗，提出道生法、以雌守雄、刚柔并济等观念，具有朴素的辩证法思想和无神论倾向。

老子（约前 571—约前 471 年），姓李名耳，字伯阳，号老聃，春秋时期陈国人（也有记载为楚国苦邑人），伟大的思想家、哲学家、文学家、史学家，道家学派的创始人，与庄子并称“老庄”。老子曾在周朝王室担任藏室史（相当于国家图书馆馆长），有机会博览天下典籍，因而形成了高深的学问。后来老子因见到周室衰微而辞官归隐，途经函谷关，受到关令尹喜的挽留和劝说，于是著述五千字，即后世传为道家经典的《道德经》。

> 成语紫气东来：旧时比喻吉祥的征兆。《史记·老子韩非列传》：“于是老子乃著书上下篇，言道德之意五千余言而去，莫知其所终。”司马贞《史记索隐》引汉刘向《列仙传》：“老子西游，关令尹喜望见有紫气浮关，而老子果乘青牛而过也。”后遂以“紫气东来”表示祥瑞。

《道德经》又名《老子》，是我国第一部完整的哲学著作，主张“道法自然”（“道”为客观自然规律，同时又具有“独立不改，周行而不殆”的永恒意义），具有朴素的“辩证法”思想（有无相生、祸福相依等），主张“无为而治”（绝圣弃智，民利百倍；绝仁弃义，民复孝德）。此外，书中也有大量的民本思想（“天之道，损有余而补不足，人之道则不然，损不足以奉有余”；“民之饥，以其上食税之多”；“民不畏死，奈何以死惧之”）。老子在后世亦被奉为道教始祖，并且被仙化为“太上老君”。

《道德经》《易经》《黄帝内经》，并称“上古三大经（奇）书”。《易经》被儒家誉为本门经典的“群经之首”，《黄帝内经》被医家誉为“医学之祖”，《道德经》则被道家誉为“万经之王”。

《道德经》中的名句：

（1）道可道，非常道。名可名，非常名。无，名天地之始。有，名万物之母。

（2）天下皆知美之为美，斯恶矣；皆知善之为善，斯不善矣。故有无相生，难易相成，长短相较，高下相倾，音声相和，前后相随，恒也。是以圣人处无为之事，行不言之教；万物作而弗始，生而弗有，为而弗恃，功成而弗居。夫唯弗居，是以不去。

（3）天地不仁，以万物为刍狗。圣人不仁，以百姓为刍狗。

（4）上善若水。水善利万物而不争，处众人之所恶，故几于道。

（5）五色令人目盲，五音令人耳聋，五味令人口爽，驰骋畋（tián）猎，令人心发狂，难得之货，令人行妨。是以圣人为腹不为目。故去彼取此。

（6）知人者智，自知者明。胜人者有力，自胜者强。知足者富，强行者有志。

（7）天下万物生于有，有生于无。

（8）大方无隅；大器晚成；大音希声；大象无形。

（9）道生一。一生二。二生三。三生万物。万物负阴而抱阳，冲气以为和。

（10）生而不有，为而不恃，长而不宰。是谓玄德。

（11）以正治国，以奇用兵，以无事取天下。

（12）治大国若烹小鲜。

（13）我有三宝，持而保之：一曰慈，二曰俭，三曰不敢为天下先。慈故能勇，俭故能广。不敢为天下先，故能成器长。

（14）民不畏死，奈何以死惧之？

（15）邻国相望，鸡犬之声相闻。民至老死，不相往来。

（16）信言不美，美言不信。善者不辩，辩者不善。知者不博，博者不知。

（17）祸兮，福之所倚；福兮，祸之所伏。

（18）金玉满堂，莫之能守；富贵而骄，自遗其咎。功遂身退，天之道也。

（19）夫唯不争，故天下莫能与之争。

（20）故飘风不终朝，骤雨不终日。

（21）合抱之木，生于毫末；九层之台，起于累土；千里之行，始于足下。

（22）天之道，其犹张弓与？高者抑之，下者举之；有余者损之，不足者补之。天之道，损有余而补不足。人之道则不然，损不足以奉有余。

（23）孰能有余以奉天下？唯有道者。是以圣人为而不恃，功成而不处，其不欲见贤。

（24）天下莫柔弱于水，而攻坚强者莫之能胜，以其无以易之。

（25）弱之胜强，柔之胜刚，天下莫不知，莫能行。

列子（约前450—约前375年），名御寇，字云，战国前期道家代表人物，郑国圃田（今河南郑州）人，先秦道学家、思想家、哲学家、文学家、教育家，是介于老子与庄子之间道家学派承前启后的重要人物。其学本于黄帝、老子，主张清静无为。列子创立了先秦哲学学派贵虚学派（列子学），在战国中后期影响很大，对后世哲学、美学、文学、科技、养生、乐曲、宗教影响非常深远。东汉班固《汉书·艺文志》“道家”部分录有《列子》八卷，早佚。今本《列子》八卷，全书共载民间故事、寓言、神话传说等134则，题材广泛，有些颇富教育意义。庄子《逍遥游》中记列子可以“御风而行，泠然善也”，似乎拥有卓绝轻功。

《列子》又名《冲虚真经》，相传是战国列御寇所著，是一部智慧之书，其学说被古人誉为常胜之道。《列子》的每篇文字，不论长短，都自成系统，各有主题，反映睿智和哲理，浅显易懂，饶有趣味，开创了融寓言与哲理为一体的先秦散文文风。其中《两小儿辩日》被编入小学语文（人教版）课本。我们熟知的“愚公移山”“杞人忧天”“夸父逐日”“高山流水”等成语典故都出自《列子》。

庄周（约前369—约前286年），字子休，战国时期宋国蒙邑人，伟大的思想家、哲学家、文学家，与老子并称“老庄”。因崇尚自由而不应楚威王之聘，仅担任过宋国地方的漆园吏，史称“漆园傲吏”。庄子最早提出的“内圣外王”思想对儒家影响深远。其文想象丰富，语言运用自如、灵活多变，能把微妙难言的哲理写得引人入胜，被称为“文学的哲学，哲学的文学”。其作品收录于《庄子》一书，代表作有《逍遥游》《齐物论》《养生主》等。

《庄子》又名《南华经》，主张“顺应自然”“无为而无不为”“四齐（齐物我、齐生死、齐贵贱、齐是非）”“达生忘我”。全书33篇，想象丰富、汪洋恣意、辞藻瑰丽，多用寓言（如东施效颦、邯郸学步、知鱼之乐、曳尾涂中、鸱得腐鼠等），富有浪漫主义色彩。其中，庄子作“内篇”7篇，门人作“外篇”15篇和“杂篇”11篇。

《庄子》中的名句：

（1）朝菌不知晦朔，蟪蛄不知春秋，此小年也。　　《逍遥游》

（2）且举世而誉之而不加劝，举世而非之而不加沮。　　《逍遥游》

（3）至人无己，神人无功，圣人无名。　　《逍遥游》

（4）鹪鹩巢于深林，不过一枝；偃鼠饮河，不过满腹。　　《逍遥游》

（5）大知闲闲，小知间间；大言炎炎，小言詹詹。　　《齐物论》

（6）夫大道不称，大辩不言，大仁不仁，大廉不嗛，大勇不忮。　　《齐物论》

（7）井蛙不可以语于海者，拘于虚也；夏虫不可以语于冰者，笃于时也；曲士不可以语于道者，束于教也。　　《秋水》

（8）吾生也有涯，而知也无涯，以有涯随无涯，殆已！　　《养生主》

（9）吾长见笑于大方之家。　　《秋水》

（10）来世不可待，往世不可追也。　　《人间世》

（11）泉涸，鱼相与处于陆，相呴以湿，相濡以沫，不如相忘于江湖。　　《大宗师》

（12）窃钩者诛，窃国者为诸侯。　　《胠箧（qū qiè）》

（13）子非鱼，安知鱼之乐？　　《秋水》

（14）彼节者有间而刀刃者无厚，以无厚入有间，恢恢乎其于游刃必有余地矣。是以十九年而刀刃若新发于硎。　　《养生主》

（15）人皆知有用之用，而莫知无用之用也。　　《人间世》

（四）法家散文

法家是先秦时期的重要思想派别之一，也叫“刑名之学”，集大成者是生长于韩国而客死于秦国的韩非，他主张利用严刑峻法来治理百姓，大力奖励军功。

韩非（约前280—前233年），战国末期韩国新郑人，思想家、哲学家、散文家，荀子的学生。他深受老子、荀子影响，主张君主集权制，重赏、重罚、重农、重战，提出了“法”“术”“势”相结合的治国理念，是法家思想的集大成者。

《韩非子》现存五十五篇，约十余万言，大部分为韩非自己的作品，代表作品有《孤愤》《五蠹》《说难》等。韩非的文章说理精密，文锋犀利，议论透辟，推证事理，切中要害；构思精巧，描写大胆，语言幽默，于平实中见奇妙，具有耐人寻味、警策世人的艺术效果。韩非的文章中记载了众多寓言故事（如自相矛盾、守株待兔、讳疾忌医、滥竽充数、老马识途、智子疑邻、买椟还珠、郑人买履、千里之堤溃于蚁穴等），浅近而深刻，幽默而冷峻，形象而生动地反映了复杂纷纭、变化万千的现实生活，堪称先秦寓言之最。《韩非子》重点宣扬了法、术、势相结合的法治理论，达到了先秦法家理论的最高峰，为秦统一六国提供了理论武器，同时也为以后的封建专制制度提供了理论依据。

《韩非子》中的名句：

（1）长袖善舞，多钱善贾。

（2）人莫能左画方而右画圆也。

（3）儒以文乱法，侠以武犯禁，而人主兼礼之，此所以乱也。

（五）其他学派的散文

先秦时期其他的重要思想流派还有“杂家”“兵家”“名家”“农家”“医家”“阴阳家”“纵横家”等。其中，“兵家”的代表人物为孙武，代表作品是《孙子兵法》，他提出了“知彼知己，百战不殆”等著名军事论断。杂家的特点是“兼儒墨，合名法”，代表人物为吕不韦。

吕不韦（？—前235年），战国时期卫国濮阳人，著名商人和政治家，代表作品是由他主持编纂的《吕氏春秋》。

《吕氏春秋》又名《吕览》，是由吕不韦及其门客撰写的论说性散文著作。它以儒家学说为主干，以道家理论为基础，以名、法、墨、农、兵、阴阳家等思想学说为素材，熔诸子百家学说于一炉，预示着诸子百家思想在秦汉大一统王朝即将出现之际，逐渐从分到合，朝着为封建大一统建构理论的方向演变。《吕氏春秋》有些文章精练短小，文风平实畅达，用事说理颇为生动，称得上是优秀的文学散文。《吕氏春秋》还创作了丰富多彩的寓言，如“刻舟求剑”“掩耳盗铃”“循表夜涉”“引婴投江”等。

> 一字千金是一则来源于历史故事的成语，成语有关典故最早出自《史记·吕不韦列传》：“吕不韦乃使其客人人著所闻，集论以为八览、六论、十二纪，二十余万言，以为备天地万物古今之事，号曰《吕氏春秋》。布咸阳市门，悬千金其上，延诸侯游士宾客，有能增损一字者，予千金。”后人据此典故概括出成语“一字千金”。“一字千金”的原义是改动一个字赏赐千金，后用来称赞诗文精妙，价值极高。

《吕氏春秋》中的名句：

（1）流水不腐，户枢不蝼，动也。

（2）过者之患，不知而自以为知。

（3）全则必缺，极则必反，盈则必亏。

（4）善学者若齐王之食鸡也，必食其跖数千而后足，虽不足，犹若有跖。

（5）故察己则可以知人，察今则可以知古。

（6）贵富而不知道，适足以为患，不如贫贱。

四、历史散文

先秦时期的历史散文是相对诸子百家的哲理散文而言的。最早的历史散文可以追溯至《尚书》，然后衍生出了编年体的《春秋》《左传》，国别体的《国语》《战国策》等经典史籍。

《尚书》相传为孔子整理编纂，最初名为《书》或《书经》，汉代才改称《尚书》，意思是“上古之书”。《尚书》约成书于公元前5世纪，语言“古奥迂涩，佶屈聱牙”。《尚书》被称为“中国最早的散文总集”，也是我国最早的历史文献汇编，由《虞书》《夏书》《商书》《周书》四部分组成，记事上起尧、舜、禹传说时期，下讫秦穆公时代，素有“政书之祖，史书之源”的美誉，它构建了中国古老文明的知识体系，内容多是誓、命、训、诰之类的公文。

《尚书》中的名句：

（1）民可近，不可下。

（2）立爱惟亲，立敬惟长，始于家邦，终于四海。

《春秋》又名《春秋经》，或称《麟经》或《麟史》，是我国第一部编年体史书，相传由孔子编修而成，是儒家核心经典之一。全书语言简洁、练达，几乎句句暗含褒贬，被称为“春秋笔法”，又叫作“微言大义”。由于其内容比较隐晦，因此后来出了许多进行补充、解释、阐发的“传”，最具有代表性的就是左丘明的《左传》和公羊高的《公羊传》、谷梁赤的《谷梁传》，合称“春秋三传”。

《左传》原名《春秋左氏传》，又名《左氏春秋》《春秋内传》，相传是春秋末年的鲁国史官左丘明为《春秋》做注解的一部编年体史书，长于记事，也是儒家的核心经典之一，被誉为“文采若云月，高深若山海”。

左丘明，生卒年不详，春秋末年著名的史学家、文学家、思想家。左丘明曾任鲁国史官，相传为解析《春秋》而作《左传》，又作《国语》，作《国语》时已双目失明。两书记录了不少西周、春秋的重要史实，保存了具有很高价值的原始资料。由于史料翔实、文笔生动,《左传》《国语》引起了古今中外学者的爱好和研讨，被誉为“文宗史圣”“经臣史祖”，孔子、司马迁均尊左丘明为“君子”，后世尊之为“百家文字之宗，万世古文之祖”。

《左传》中的名句：

（1）不义不昵，厚将崩。

（2）多行不义必自毙。

（3）夫战，勇气也。一鼓作气，再而衰，三而竭。彼竭我盈，故克之。

（4）弈者举棋不定，不胜其耦。

（5）修己而不责人，则免于难。

（6）其所善者，吾则行之；其所恶者，吾则改之。

（7）我闻忠善以损怨，不闻作威以防怨。

（8）轻则寡谋，无礼则脱。入险而脱，又不能谋，能无败乎？

（9）且吾不以一眚（shěng）掩大德。

（10）俭，德之共也；侈，恶之大也。

《国语》又名《春秋外传》，是中国最早的一部国别体史书，偏重于记言，相传由春秋末期的鲁国史官左丘明整理而成，因此又被称为《左氏外传》。记事时间，起自西周中期，下迄春秋战国之交，前后约五百年。相较《左传》，《国语》所记事件大都不相连属，往往通过言论反映事实，以人物之间的对话刻画人物形象，具有一定的文学价值。

《国语》中的名句：

（1）轻则寡谋，骄则无礼。

（2）从善如登，从恶如崩。

（3）夫和实生物，同则不继。

（4）民可近也，而不可上也。

（5）无夺民时，则百姓富；牺牲不略，则牛羊遂。

（6）防民之口，甚于防川。川壅而溃，伤人必多，民亦如之。

（7）败不可处，时不可失，忠不可弃，怀不可从，子必速行。

（8）伐木不自其本，必复生；塞水不自其源，必复流；灭祸不自其基，必复乱。

（9）教不善则政不治，一再则宥，三则不赦。

（10）众心成城，众口铄金。

《战国策》是一部国别体杂史，又名《国策》《国事》《短长》，作者不可考，由西汉学者刘向编纂成书，内容主要是游说之士的政治主张和言行策略。全书文笔恣肆激越，语言犀利流畅，论事透彻周详，善用譬喻、讽喻，记载了众多寓言故事（如南辕北辙、亡羊补牢、鹬蚌相争、引锥刺股、狡兔三窟、狐假虎威、惊弓之鸟、画蛇添足、三人成虎、图穷匕见、门庭若市等）。

《战国策》中的名句：

（1）士为知己者死，此辩所以不求生欤？

（2）效小节者不能行大威，恶小耻者不能立荣名。

（3）狡兔有三窟，仅得免其死耳。

（4）人之有德于我也，不可忘也；吾有德于人也，不可不忘也。

（5）见兔而顾犬，未为晚也；亡羊而补牢，未为迟也。

（6）以财交者，财尽而交绝；以色交者，华落而爱渝。

（7）父母之爱子，则为之计深远。

（8）同欲者相憎，同忧者相亲。

（9）宁为鸡口，无为牛后。

（10）臣闻怀重宝者，不以夜行；任大功者，不以轻敌。

（11）前事之不忘，后事之师。

（12）日中则移，月满则亏。

（13）故循法之功，不足以高世；法古之学，不足以制今。

（14）苟无岁，何以有民？苟无民，何以有君？故有问舍本而问末者耶？

（15）是其为人，哀鳏寡，恤孤独，振困穷，补不足。是助王息其民者也，何以至今不业也？

《尔雅》成书于战国或两汉之间，被认为是中国训诂的开山之作，最早收录于《汉书·艺文志》。《尔雅》不仅是辞书之祖，是中国的第一部词典，还是经典，被列入《十三经》中，是汉族传统文化的核心组成部分。

三礼，指《周礼》《仪礼》《礼记》三部儒家经典，是中国古代礼仪制度的蓝本和百科全书，对历代礼制的影响极为深远。昔人谓《周礼》《仪礼》系周公所作，《礼记》则系汉戴德（人称大戴）、戴圣（人称小戴）叔侄所删记也。《周礼》又名《周官》，是三礼之首，偏重政治制度；《仪礼》又称《礼经》或《士礼》，偏重行为规范；《礼记》偏重于对具体礼仪的解释、论述。

先秦文学是中国文学的光辉起点，跨越原始社会、奴隶社会和早期封建社会三种社会形态，经历了从胚胎萌芽到生长成熟的漫长过程，直到周代蔚为大观。《诗经》和《楚辞》耸立起现实主义和浪漫主义两座巍峨的高峰，史传和诸子散文奠定了中国古代散文的优良传统。中国文学史上的历次诗文革新运动，无不以先秦诗文作为师法的楷模和品评的标准，可见先秦文学巨大的影响力。

本节自测

真题演练

（一）单项选择题

1.下列选项，反映我国先秦时期道家主张的是（　　）。【2023】

A.知彼知己，百战不殆　　B.大直若屈，大巧若拙

C.天下兼相爱则治，交相恶则乱　　D.君子周而不比，小人比而不周

2.我国古代将一昼夜分为十二时辰，其中凌晨一点到三点对应的是（　　）。【2023】

A.丑时　　B.寅时　　C.卯时　　D.辰时

3.下列古代思想家中，提出“有教无类”教育主张的是（　　）。【2022】

A.孟子　　B.庄子　　C.孔子　　D.墨子

4.最早发现于山东省境内，记录我国新石器时代文明的古文化遗址是（　　）。【2021】

A.三星堆文化遗址　　B.红山文化遗址

C.龙山文化遗址　　D.仰韶文化遗址

5.屈原《九歌》中祭奠阵亡将士的诗篇是（　　）。【2021】

A.《湘君》　　B.《国殇》　　C.《山鬼》　　D.《河伯》

6.先秦时期极力主张“仁政”思想的是（　　）。【2020】

A.庄子　　B.孟子　　C.墨子　　D.荀子

7.《战国策》是一部（　　）史书。【2019/2009】

A.编年体　　B.国别体　　C.列传体　　D.纪传体

8.以下描述不正确的是（　　）。【2019】

A.《论语》是一部语录体散文集

B.《老子》又称《道德经》，是一部道家学说经典

C.《荀子》是一部法家学说经典

D.《吕氏春秋》是战国末期吕不韦及其门客撰写的论说性散文著作

9.我国古代道家和儒家思想的核心分别是（　　）。【2018】

A.“义”和“礼”　　B.“道”和“德”

C.“道”和“仁”　　D.“智”和“仁”

10.《论语》的基本文体是（　　）。【2017】

A.对话体散文　　B.论述体散文　　C.叙事体散文　　D.语录体散文

11.《采薇》一诗没有表现的思想情感倾向是（　　）。【2016】

A.对周天子的愤怒　　B.对战争的厌恶

C.对和平的向往　　D.思乡自伤之情

12.以下哪个成语不是出自《战国策》？（　　）【2016】

A.画蛇添足　　B.惊弓之鸟　　C.狡兔三窟　　D.守株待兔

13.下列文章中，以驳论为主的是（　　）。【2016】

A.《季氏将伐颛臾》　　B.《寡人之于国也》　　C.《秋水》　　D.《谏逐客书》

14.《采薇》这首诗选自《诗经》中的（　　）。【2015】

A.风　　B.大雅　　C.小雅　　D.颂

15.《诗经》是我国第一部诗歌总集，原名（　　）。【2014】

A.《风》　　B.《雅》　　C.《颂》　　D.《诗》

16.中国历史上第一个有巨大成就的诗人，也是一位伟大的爱国主义诗人是（　　）。【2014】

A.宋玉　　B.屈原　　C.陶渊明　　D.谢灵运

17.“岁寒，然后知松柏之后凋也”出自下面哪部作品？（　　）【2011】

A.《春秋》　　B.《左传》　　C.《战国策》　　D.《论语》

18.根据（　　）的不同，《诗经》分为风、雅、颂三部分。【2006】

A.音乐　　B.艺术体裁　　C.思想内容　　D.创作时间

19.“昔我往矣，杨柳依依。今我来思，雨雪霏霏。”采用了（　　）手法。【2006】

A.对比　　B.比喻　　C.拟人　　D.象征

20.关于《招魂》的作者和立意，有多种说法，比较流行的司马迁的说法是（　　）。【2006】

A.屈原招怀王　　B.屈原自招

C.宋玉招屈原　　D.怀王客死秦国后屈原借招魂以表哀思

（二）填空题

1.《论语·学而》：“吾日三省吾身：为人谋而不忠乎？与朋友交而不信乎？________？”【2023】

2.“四书”包括《________》《中庸》《论语》《孟子》四部儒家经典，是南宋以后读书人学习文化、参加科举考试的必读书目。【2023】

3.屈原《离骚》中的“长太息以掩涕兮，________”，彰显了诗人忧国忧民、情系百姓的高尚品格。【2022】

4.屈原创作的《离骚》与《诗经》并称“________”，对后世诗歌产生了深远影响。【2018】

5.《离骚》是战国诗人________创作的文学作品，作品表现出积极的浪漫主义精神。【2017】

6.《左传》是记录春秋历史的编年体史书，相传是鲁国史官________为孔子修订的《春秋》所作的传。【2017】

7.________是中国最早的诗歌总集，收录了西周至春秋中期各地方民族及朝庙乐章共305首。【2016/2010】

8.“春秋三传”是指《左传》、________、________。【2016】

9.________是中国第一部叙事历史著作，在历史、文学和语言方面，都有很高的成就。【2016】

10.我国第一部由私人撰写的编年体史书是________。【2011】

11.《论语》是儒家经典之一，属于________体散文。【2009】

12.《采薇》诗中最为人所称道的是：“昔我往矣，杨柳依依。________，雨雪霏霏。”【2009】

13.根据音乐的不同，《诗经》分为________、________、________三部分。【2008】

14.《诗经》共收入自________至________大约五百年的诗歌共________篇。【2007】

15.“楚辞”是战国时代以________为代表的楚国人创作的诗歌。【2007】

16.《左传》是第一部系统而详细的________史学著作，也是史传文学作品。【2006】

巩固练习

（一）单项选择题

1.《诗经》“六义”之一的“风”指的是（　　）。
A.周天子和诸侯用以祭祀宗庙的音乐　　B.贵族的宫廷正乐
C.各地的民间歌谣　　D.先言他物以引起所咏之词

2. 下列句子中，不是出自《孟子》的一项是（　　）。
A.寡助之至，亲戚畔之。多助之至，天下顺之
B.七十者衣帛食肉，黎民不饥不寒，然而不王者，未之有也
C.仓廪实而知礼节，衣食足而知荣辱
D.王何必曰利？亦有仁义而已矣

3. 下列关于先秦诸子散文的表述，错误的是（　　）。
A.《韩非子》属于法家学派的代表著作
B.《孟子》由孟子及其弟子共同编写而成
C.《墨子》表现了墨家“兼爱”“非攻”等思想主张
D.《荀子》文章想象奇特、善用寓言故事进行说理

4. 我国古代保存神话资料最多的著作是（　　）。
A.《淮南子》　　B.《山海经》　　C.《庄子》　　D.《孟子》

5. 下列哪个成语不是出自《吕氏春秋》？（　　）
A.刻舟求剑　　B.掩耳盗铃　　C.鲁鱼亥豕　　D.望洋兴叹

6. 先秦四大显学外影响最大的一派是（　　）。
A.兵家　　B.农家　　C.名家　　D.纵横家

7. “一问三不知”出自《左传》，说的是哪“三不知”？（　　）
A.天文、地理、文学　　B.事情的开始、经过、结果
C.孔子、孟子、老子　　D.自己的姓名、籍贯、生辰八字

8. 在我国风俗中，常常避讳73和84这两个岁数，因为这是两位历史人物去世的年龄，他们是（　　）。
A.孔子和孟子　　B.老子和庄子　　C.汉高祖和汉武帝　　D.周武王和周文王

9. 王先生的QQ签名档最近改成了“庆祝弄璋之喜”，王先生近来的喜事是（　　）。
A.新婚　　B.搬家　　C.妻子生了个男孩　　D.考试通过

10.下列选项中与“亡羊补牢”意思最接近的是（　　）。
A.人无远虑，必有近忧　　B.祸兮福之所倚，福兮祸之所伏
C.往者不可谏，来者犹可追　　D.失之东隅，收之桑榆

11.下列哪项不是端午节的习俗？（　　）
A.挂香包　　B.插艾蒿　　C.登高采菊　　D.喝雄黄酒

12.孟子说“君子有三乐”，下列哪项不在其“三乐”之列？（　　）

A.父母俱存，兄弟无故　　B.仰不愧于天，俯不怍于人

C.乡人无不称其善也　　D.得天下英才而教育之

13.“七月流火，九月授衣”，其中“七月流火”指的是（　　）。

A.天气炎热似火　　B.天气渐渐转凉　　C.流星异常出现　　D.天气渐渐转热

14.“苦心人，天不负，卧薪尝胆，三千越甲可吞吴”描写的是（　　）。

A.伍子胥　　B.勾践　　C.夫差　　D.阖闾

15.下列作品中，具有“想象丰富、汪洋恣肆、辞藻瑰丽”特点的是（　　）。

A.《孟子》　　B.《墨子》　　C.《庄子》　　D.《荀子》

16.“天下为家”一语出自（　　）。

A.《孟子》　　B.《论语》　　C.《礼记》　　D.《老子》

17.以下哪部书不属于“上古三大奇书”？（　　）

A.《山海经》　　B.《周易》　　C.《黄帝内经》　　D.《老子》

18.以下不属于《诗经》艺术成就的是（　　）。

A.强烈的浪漫主义精神　　B.赋、比、兴的艺术表现手法

C.复沓章法　　D.丰富、生动、简练、形象的语言

（二）填空题

1.________，恐美人之迟暮。

2.西汉刘向把屈原、宋玉等人的作品编辑成书，名曰《________》，这是继《诗经》之后我国的第二部诗歌总集。

3.《春秋》中用于记事的语言极为简练，以一字寓褒贬，在谨严的措辞中表现出作者的爱憎，被后人称为“________”，又称“微言大义”。

4.《________》是儒家学派的经典著作之一，由孔子的弟子及其再传弟子编辑而成，它以语录体为主。

5.屈原，________末期楚国人，杰出的________，他开创的新诗体________突破了《诗经》的表现形式，极大地丰富了诗歌的表现力，为中国的诗歌创作开辟了一片新天地。后人也因此将《楚辞》中的“离骚”与《诗经》中的“国风”并称为“________”。

6.《诗经》是我国最早的富有现实主义精神的诗歌，其现实主义的创作原则是“________，劳者歌其事”。

7.《老子》书中包含朴素的________观点，一切事物均具有正反两面，并且能够相互转化，“祸兮，福之所倚，________”。

8.中国历史上第一部完整的哲学著作是________，和________、________被认为是对中国人影响最深远的三部思想巨著。

9.________是我国最早的一部历史文献，也是我国迄今所见第一部散文总集。

10.《礼记》与__________、__________合称“三礼”。

11.《诗经·鹤鸣》中有句名言：“他山之石，________。”可喻指他人的做法或意见，能够帮助自己改正缺点错误或提供借鉴。

12.“何处招魂，香草还生三户地；当年呵壁，湘流应识九歌心。”这副对联歌咏的文人是__________。

参考答案

第二节　秦汉文学

秦汉文学指的是秦统一中国（前 221 年）到东汉末汉献帝建安元年（196 年）的文学。这是中国文学的形成时期，也是中国文学初步开始自觉的时期。

秦朝虽然统一中国、推行郡县制、统一法律、统一文字、统一度量衡，对历史的发展起到了很大的积极作用，但因其国祚甚短，加之实行严酷的文化专制和愚民政策，因而在文化文学上成就甚微。传世的作品仅有极少数的诏令、奏疏、法律、文书及刻石文等，内容狭窄，无甚文采，较有成就的作家不过李斯一人。

汉代是中国的封建盛世，思想活跃，文化呈多元综合形态，文人用世之情高涨。从文体看，汉代文学主要有赋、散文和诗歌。赋是汉代最盛行的文体，分骚赋、大赋和小赋。汉初以骚赋创作为主，武帝到东汉中期为大赋的鼎盛期；东汉中期以后，小赋勃兴。汉赋以大赋为代表，其创作模式和手法对后世文学产生过较大影响。汉代散文主要有政论散文和史传散文。前者是由先秦诸子发展来的，以汉初最发达。后者主要是在先秦历史散文基础上发展来的，出现了《史记》《汉书》这样的巨著，尤其是《史记》，开创了史传文学的先河，在史学和文学上都有崇高的地位。汉诗包括乐府民歌和文人诗。乐府民歌成就较高，它继承了《诗经》的现实主义传统，以叙事为主，多用比兴铺陈，善于用人物的语言和行动表现人物性格，朴素自然，对当时和后世诗歌创作均有深远影响。文人诗以文人五言诗成就最高，《古诗十九首》是其成熟的标志。

一、政论散文

政论散文是议论文的一个分支，是从政治角度阐述和评论重大事件和社会问题的议论文。秦汉时期，最具有代表性的政论作家是秦朝的李斯和西汉的贾谊、晁错。

李斯（？—前208年），战国末年楚国上蔡人，秦朝著名政治家、文学家和书法家，与韩非一起师从荀子，崇尚法家思想，战国末年入秦国，初为秦相吕不韦舍人，后拜客卿。秦统一六国后，任丞相。《谏逐客书》是李斯写给秦王嬴政的一篇奏疏，目的是劝谏秦王收回逐客令。《谏逐客书》中的名句有："臣闻地广者粟多，国大者人众，兵强则士勇。是以太山不让土壤，故能成其大；河海不择细流，故能就其深；王者不却众庶，故能明其德。""今逐客以资敌国，损民以仇，内自虚而外树怨于诸侯，求国之无危，不可得也。"鲁迅曾称赞李斯："秦之文章，李斯一人而已。"另外，李斯和同僚一起将六国文字简化整理，制定小篆标准字体，对文字的统一有一定贡献。他的书法，"小篆入神，大篆入妙"。李斯被称为书法鼻祖。

贾谊（前200—前168年），世称"贾生"，西汉洛阳人，著名思想家、政论家、文学家。他少有文名，怀才不遇，英年早逝。司马迁对贾谊和屈原的遭遇寄予深切同情，为二人写了一篇合传，后世因此并称二人为"屈贾"。贾谊代表着秦汉政论散文的最高成就，其文风朴实峻拔、议论酣畅，鲁迅称之为"西汉鸿文"，主要作品有《过秦论》《论积贮疏》《陈政事疏》等。其中，《过秦论》既是政论散文，又是史论散文，总共有3篇，影响最大的是第一篇。全文气势恢宏、骈散相间、广用铺陈、多处对比、一气灌注、卒章显志，提出"仁义不施而攻守之势异也"的论断，金石之声，振聋发聩。其中的名句有："振长策而御宇内，吞二周而亡诸侯，履至尊而制六合，执敲扑而鞭笞天下""一夫作难而七庙隳，身死人手，为天下笑者，何也？仁义不施而攻守之势异也"等。另外，贾谊善写"骚体赋"，形式趋于散体化，是汉赋发展的先声，代表作品有《吊屈原赋》《鹏鸟赋》等。

晁错（前200—前154年），颍川（今河南禹州）人，西汉政治家、文学家。因政治上进言削藩损害了诸侯利益，以吴王刘濞为首的七国诸侯以"诛晁错，清君侧"之名，举兵反叛。景帝听从袁盎之计，腰斩晁错于东市。晁错的政论文"疏直激切，尽所欲言"，见识深远，同样被鲁迅称为"西汉鸿文"。代表作有《言兵事疏》《守边劝农疏》《论贵粟疏》《贤良对策》等。

二、历史散文

秦汉时期的历史散文，又叫"史传散文"，代表作品是西汉司马迁的《史记》和东汉班固的《汉书》。

司马迁（约前145—？），字子长，西汉夏阳人，著名史学家、散文家。因替投降匈奴的名将李陵辩解，触怒汉武帝，遭受宫刑。出狱之后，他怀着"究天人之际，通古今之变，成一家之言”的胸襟与悲愤，竭尽毕生精力，撰写出我国第一部纪传体（通过记叙人物活动反映历史事件的史书体例）通史《太史公书》（又叫《史记》）。司马迁被后世尊为“史圣”，与司马相如并称“文章两司马”，与司马光并称“史界两司马”，与班固并称“班马”。

《史记》记录了自黄帝至西汉武帝时期3000多年的历史，全书130篇，包括12本纪（帝王史传）、30世家（诸侯史传）、70列传（名人史传）、10表（记载大事）、8书（记载典章），开创了以“人物”为中心的史书编写体例（即“纪传体”），具有实录的精神、文学的笔法、高超的技艺，代表着两汉散文的最高成就，被鲁迅誉为“史家之绝唱，无韵之离骚”，与司马光撰写的编年体通史《资治通鉴》合称“史学双璧”，对后世的叙事散文起到了标准、示范作用。《史记》位居《二十四史》之首，与东汉班固的《汉书》、南朝宋代范晔的《后汉书》、三国蜀汉时至西晋陈寿的《三国志》合称“前四史”。《鸿门宴》《孙子吴起列传》均选自《史记》。

《史记》中的名句：

（1）桃李不言，下自成蹊。

（2）众口铄金，积毁销骨。

（3）当断不断，反受其乱。

（4）运筹策帷帐之中，决胜于千里之外。

（5）天下熙熙，皆为利来；天下攘攘，皆为利往。

（6）王侯将相宁有种乎！

（7）智者千虑，必有一失；愚者千虑，必有一得。

（8）飞鸟尽，良弓藏；狡兔死，走狗烹。

（9）燕雀安知鸿鹄之志哉？

（10）忠言逆耳利于行，毒药苦口利于病。

班固（32—92年），字孟坚，著名史学家、文学家，东汉安陵人，与司马迁并称“班马”。班固一生著述颇丰：作为史学家，他修撰《汉书》（“前四史”之一）；作为辞赋家，他是“汉赋四大家”（司马相如、扬雄、班固、张衡）之一，创作的《两都赋》开创了京都赋的范例，被列入《文选》第一篇；作为经学理论家，其所编《白虎通义》集当时经学之大成，将谶纬神学理论化、法典化。

《汉书》是我国古代官方正式修订的第一部史书，共包括12纪、8表、10志、70传，是我国第一部纪传体断代史（班固将司马迁首创的“本纪”“列传”“书”等体例分别改成“纪”“传”“志”），删除了司马迁首创的“世家”，将该类史传直接归入“传”中，新增设了《刑法志》《五行志》《地理志》《艺文志》等内容。

《汉书》中的名句：

（1）明犯强汉者，虽远必诛。

（2）水至清则无鱼，人至察则无徒。

（3）临渊羡鱼，不如归而结网。

（4）夙兴以求，夜寐以思，若涉渊水，未知所济。

（5）民以食为天。

（6）天下虽安，忘战必危。

（7）美味期乎合口，工声调于比耳。

《史记》“文直而事核”，夹杂着浓郁、强烈的个人情感色彩，文学性比较强，艺术效果比较突出；《汉书》“文赡而事详”，叙事客观，讲究体例，史学价值相对较高，而文学和艺术成就则稍逊。千百年来，《史记》和《汉书》并称“良史”。

三、辞赋散文

在“辞赋散文”中，“辞”指的是《楚辞》，尤其指屈原的《离骚》；“赋”指的是一种文体，与诗歌相似，兼具散文性质。

“赋”最早见于诸子散文，讲究文采、韵律。它们“铺采摛文，体物写志”，以“颂美”和“讽喻”为目的，侧重叙事、写景，或托物言志，或借景抒情。后来，“赋”受《楚辞》影响，具备了楚辞的一些特征，如多用语气词“兮”等，被称为“骚体赋”，常抒发怀才不遇、报国无门的愤懑，如司马相如的《长门赋》、司马迁的《悲士不遇赋》等。汉朝时，“赋”的体例正式确立，对城阙宫殿、帝王游猎、禽兽草木、羁旅行役、怀才不遇进行丰富繁缛、穷极声貌的铺陈描写，总称“汉赋”，如司马相如的《子虚赋》《上林赋》等。汉赋又分为“大赋”和“小赋”。“大赋”得名于恢宏巨大、气势磅礴、语言华丽的特点，代表作家有司马相如、扬雄、班固、张衡，合称“汉赋四大家”。张衡的《归田赋》，是大赋转向小赋的标志性作品。“小赋”得名于其篇幅短小、风格多样、语言朴素，代表作家有赵壹、蔡邕、祢衡等人。三国南朝时，“赋”逐渐向骈文方向发展，产生了“骈赋”；唐朝时，“赋”由骈体转为律体，称为“律赋”；宋朝时，学者好用散文写“赋”，故名“文赋”。

枚乘（？—前140年），西汉时期辞赋家，与邹阳并称“邹枚”，与司马相如并称“枚马”，与贾谊并称“枚贾”，代表作有《七发》《柳赋》《梁王菟园赋》等。《七发》在辞赋发展史上具有重要地位：既奠定了典型汉大赋的基础，又在赋中形成了一种主客问答形式的文体——“七体”，是“七体”的开首之作。《七发》中的名句有：“虽有金石之坚，犹将销铄而挺解也，况其在筋骨之间乎哉？”“诚不必悔，决绝以诺；贞信之色，形于金石。”

司马相如（约前179—前118年），字长卿，西汉成都人，号称“赋圣”“辞宗”，代表作品有《子虚赋》《上林赋》《长门赋》《美人赋》等。鲁迅说：“武帝时文人，赋莫若司马相如，文莫若司马迁。”其中的名句有：“有美人兮来何迟，日既暮兮华色衰，敢托身兮长自思。”（《美人赋》）“盖明者远见于未萌，而知者避危于无形，祸固多藏于隐微而发于人之所忽者也。”（《上书谏猎》））

《凤求凰》传说是汉代古琴曲，演绎了司马相如与卓文君的爱情故事。以“凤求凰”为通体比兴，不仅包含了热烈的爱情故事，而且也蕴含着男女主人公理想的非凡、志趣的高尚、知音的默契等丰富意蕴。

成语家徒四壁出自司马迁的《史记·司马相如列传》：“文君夜亡奔相如，相如乃与驰归成都，家居徒四壁立。”这则成语的意思是家里只有四周的墙壁，形容家中十分贫穷，一无所有。

扬雄（前53—18年），字子云，四川成都人，西汉辞赋家、思想家，代表作品有《甘泉赋》《河东赋》《长杨赋》，皆为模仿司马相如之作，故后世有“扬马”之称。其中《甘泉赋》极尽铺陈夸张之能事，详细地描述了汉成帝郊祀甘泉泰畤的全部过程，可与司马相如的《子虚赋》《上林赋》比肩，是汉赋的代表作品。

班固的辞赋散文代表作品主要有《东都赋》《西都赋》，合称《两都赋》（两都指洛阳、长安）。《两都赋》对张衡《二京赋》和左思《三都赋》（三都指邺城、建业、成都）具有启发作用。

张衡（78—139年），字平子，南阳西鄂人，东汉杰出的天文学家、数学家、发明家、地理学家、文学家，被后人誉为“木圣”。代表作品有《二京赋》（《西京赋》《东京赋》）、《思玄赋》和《归田赋》（开启了抒情小赋的创作时代）。另外，张衡有传世诗歌三首，以《四愁诗》最为有名，对后世七言诗的形成有一定影响。

四、汉乐府与文人五言诗

（一）汉乐府

乐府原是古代音乐机关的名称。魏晋六朝时，人们把乐府收集并制谱演唱的诗，汉人原称为“歌诗”的诗也叫“乐府”，于是“乐府”便由机关名称一变而成为一种带有音乐性的诗体名称。

乐府初设于秦，正式成立于西汉武帝时期，职责是采集民间歌谣或文人的诗来配乐，以备朝廷祭祀或宴会时演奏之用。武帝时期，朝廷设立官方采诗机构，名为“乐府”；所采的各地民歌（民谣），杂以文人主动创作的文学作品，总称“乐府诗”。因为主要产生于汉代，所以又叫“汉乐府诗”。汉乐府是继《诗经》《楚辞》之后兴起的一种新诗体，至今保存有40余篇，具有“感于哀乐，缘事而发”的现实主义精神；善用“赋、比、兴”手法，富于生活气息；句式多用五言、杂言。汉乐府不仅是当时流行的文学形式，而且启蒙了文人五言诗的产生，为中国文学（尤其是诗歌）的发展注入新鲜活力。汉乐府名篇有《陌上桑》、《孔雀东南飞》、《长歌行》（“少壮不努力，老大徒伤悲”）、《东门行》、《妇病行》、《孤儿行》、《上邪》（“上邪！我欲与君相知，长命无绝衰。山无陵，江水为竭，冬雷震震，夏雨雪，天地合，乃敢与君绝。”）等。其中，《孔雀东南飞》是我国第一部长篇叙事诗，与北朝民歌《木兰诗》并称“乐府双璧”。二者又与唐代诗人韦庄的《秦妇吟》合称“乐府三绝”。保存乐府诗最完备的总集是北宋郭茂倩编纂的《乐府诗集》。

《孔雀东南飞》中的名句：

孔雀东南飞，五里一徘徊。

十三能织素，十四学裁衣，十五弹箜篌，十六诵诗书。十七为君妇，心中常苦悲。

指如削葱根，口如含朱丹。纤纤作细步，精妙世无双。

君当作磐石，妾当作蒲苇，蒲苇韧如丝，磐石无转移。

举手长劳劳，二情同依依。

生人作死别，恨恨那可论？念与世间辞，千万不复全！

（二）文人五言诗

东汉时期，文人诗歌创作出现新的局面，五言取代传统的四言成为新的诗歌样式，完整的七言诗篇也开始出现。现存东汉文人最早的完整五言诗是班固的《咏史》，内容是西汉缇萦救父一事。张衡是班固之后继续创作五、七言诗的著名文人，《四愁诗》是骚体整齐化之后而形成的七言诗。秦嘉的《赠妇诗》三首是东汉文人五言抒情诗成熟的标志。

《古诗十九首》出自汉代文人之手，但没有留下作者姓名，作为一个整体收录在梁朝萧统编纂的《昭明文选》中，代表了汉代文人五言诗的最高成就。《古诗十九首》深刻地再现了文人在汉末社会思想大转变时期追求的幻灭与沉沦、心灵的觉醒与痛苦，抒发了人生最基本、最普遍的情感和思绪。《古诗十九首》语言朴素自然，描写生动真切，具有浑然天成的艺术风格，刘勰誉之为“五言之冠冕”，钟嵘誉之为“天衣无缝，一字千金”，王世贞誉之为“千古五言之祖”，陆时庸誉之为“风余”“诗母”。《古诗十九首》继承了《诗经》以来的优良传统，为建安诗风的出现做了准备。

《古诗十九首》中的名篇：

1. 迢迢牵牛星

迢迢牵牛星，皎皎河汉女。

纤纤擢素手，札札弄机杼。

终日不成章，泣涕零如雨。

河汉清且浅，相去复几许。
盈盈一水间，脉脉不得语。

2. 生年不满百

生年不满百，常怀千岁忧。
昼短苦夜长，何不秉烛游！
为乐当及时，何能待来兹？
愚者爱惜费，但为后世嗤。
仙人王子乔，难可与等期。

3. 明月何皎皎

明月何皎皎，照我罗床纬。
忧愁不能寐，揽衣起徘徊。
客行虽云乐，不如早旋归。
出户独彷徨，愁思当告谁！
引领还入房，泪下沾裳衣。

4. 饮马长城窟行

青青河畔草，绵绵思远道。
远道不可思，夙昔梦见之。
梦见在我傍，忽觉在他乡。
他乡各异县，辗转不相见。
枯桑知天风，海水知天寒。
入门各自媚，谁肯相为言？
客从远方来，遗我双鲤鱼。
呼儿烹鲤鱼，中有尺素书。
长跪读素书，书中竟何如？
上言加餐饭，下言长相忆。

五、其他

《淮南子》是西汉皇族淮南王刘安及其门客收集史料集体编写而成的一部哲学著作，属于杂家作品。该书在继承先秦道家思想的基础上，综合了诸子百家学说中的精华部分，是战国至汉初黄老之学理论体系的代表作。《淮南子》在阐明哲理时，旁涉奇物异类、鬼神灵怪，保存了一部分神话材料，如“女娲补天”“后羿射日”“共工怒触不周山”“嫦娥奔月”“大禹治水”等。

刘向的《别录》是中国第一部有书名、有解题的综合性的分类目录书，为中国目录学之祖。《新序》是一部以讽谏为政治目的的历史故事类编。《说苑》又名《新苑》，记述春秋战国至汉代的逸闻轶事。《列女传》是一部介绍中国古代妇女行为的书。

本节自测

真题演练

（一）单项选择题

1.中国历史上，因道教文化闻名于世的大山是（　　）。【2022】

A.四川峨眉山　　B.浙江普陀山　　C.山西五台山　　D.湖北武当山

2.《史记》五种体例中，“列传”记述的内容为（　　）。【2020】

A.历朝诸侯贵族的活动和事迹

B.不同阶层、不同类型的风云人物的传记，以及某些少数民族的情况

C.按帝王世代顺序记叙各朝兴衰

D.各个历史时期的大事件

3.以下文章中，属于下对上陈述主张的是（　　）。【2019】

A.《苏轼传》　　B.《留侯论》　　C.《郑伯克段于鄢》　　D.《谏逐客书》

4.《谏逐客书》是李斯的作品，这里的“书”是（　　）。【2018】

A.书记　　B.书籍　　C.书信　　D.上书

5.在《谏逐客书》中，作者先列举缪公用由余、百里奚，孝公用商鞅，惠王用张仪，昭王用范雎的历史事实，然后得出“此四君者，皆以客之功”的结论。这种采用的论证方法是（　　）。【2017】

A.归纳法　　B.演绎法　　C.类比法　　D.比较法

6.汉乐府中最长的叙事诗是（　　）。【2011】

A.《十五从军征》　　B.《陌上桑》　　C.《孔雀东南飞》　　D.《羽林郎》

7.被刘勰称为“五言之冠冕”的文学作品是（　　）。【2010】

A.《赠妇诗》　　B.《咏史》　　C.《古诗十九首》　　D.《董娇娆》

8.“仓廪实而知礼节，衣食足而知荣辱。”这句话的出处是（　　）。【2009】

A.《郑伯克段于鄢》　　B.《燕昭王求士》　　C.《管晏列传》　　D.《谏逐客书》

9.《谏逐客书》是李斯给秦王嬴政的奏章，属于（　　）【2006】

A.应用文　　B.议论文　　C.说明文　　D.记叙文

（二）填空题

1.从编纂体例来说，《史记》是一部________史书。【2018】

2.我国第一部纪传体通史是________。【2013/2008】

3.“乐府双璧”是指________和________。【2013】

4.西汉文学最具代表性的是赋，代表作有司马相如的________和________。【2013】

5.“史家之绝唱，无韵之离骚”是鲁迅对________的评价。【2006】

巩固练习

（一）单项选择题

1.扬雄的“四大赋”中，艺术成就最高的是（　　）。

A.《河东赋》　　B.《长杨赋》　　C.《羽猎场》　　D.《甘泉赋》

2.汉乐府民歌最大、最基本的艺术特色是（　　）。

A.讽刺性　　B.叙事性　　C.抒情性　　D.虚构性

3.《古诗十九首·凛凛岁云暮》“徙倚怀感伤，垂涕沾双扉”中的“扉”是什么意思？（　　）

A.门扇　　B.蚊帐的帐门　　C.衣襟　　D.屋舍

4.曾为长沙王太傅，又为梁怀王太傅，33岁时抑郁而亡的西汉初年著名政论家、文学家是（　　）。

A.贾谊　　B.李斯　　C.扬雄　　D.白起

5.秦汉政论文中文学成就最高的是（　　）。

A.秦代政论文　　B.汉初政论文　　C.西汉后期政论文　　D.东汉政论文

6.司马迁在（　　）中记叙了其下狱受刑的经过和发愤修史的抱负。

A.《悲士不遇赋》　　B.《报任安书》　　C.《垓下之围》　　D.《李将军列传》

7.下列哪个成语典故与项羽有关？（　　）

A.隔岸观火　　B.暗度陈仓　　C.背水一战　　D.破釜沉舟

8.拍电影时常用“杀青”来表示拍摄完成，“杀青”原指什么？（　　）

A.制作竹简的一道工序　　B.加工新茶的一种方法

C.书籍定稿或著作完成　　D.电影拍摄完成

9.“楚河”和“汉界”在今天的哪个省？（　　）

A.湖北　　B.河南　　C.河北　　D.湖南

10.西汉辞赋家（　　）的《七发》是散体赋成熟的标志。

A.枚乘　　B.司马迁　　C.贾谊　　D.司马相如

（二）填空题

1.西汉史学家司马迁的修史宗旨是“究天人之际，通古今之变，成一家之言”，他创作了中国第一部纪传体通史《史记》，被后人尊称为“________”。

2.东汉京都赋的代表作有________的《两都赋》和张衡的《二京赋》。

3.汉乐府诗《________》是我国古代汉民族最长的叙事诗，与北朝民歌《木兰诗》合称“乐府双璧”。

4.《________》代表了汉代文人五言诗的最高成就，刘勰称其为“________”。

5.《史记》被鲁迅誉为“史家之绝唱，________”，与《________》并称“史学双璧”。

6.《古诗十九首·生年不满百》中有：“昼短苦夜长，________！”

7.秦嘉的《________》三首是东汉文人五言抒情诗成熟的标志。

8.现存东汉文人最早的完整五言诗是________的《咏史》，内容是西汉缇萦救父一事。

9.枚乘的《________》标志着汉赋体制的正式确立。

10.汉乐府创作的基本原则是“感于哀乐，________”。

11.司马相如被后人称为“________”。

参考答案

第二章 中近古文学

中古期从魏晋开始，经过南北朝、隋唐五代、宋、元，到明朝中叶为止；近古期从明中叶到五四运动结束。

魏晋是一个文学新时期的开端，开启了中国文学的自觉时代，并在南北朝完成了这个自觉的进程。隋唐五代、宋、元是诗、词、曲三种重要文学体裁的鼎盛期。文言小说在魏晋南北朝已初具规模，在唐代臻于成熟。白话短篇小说在宋元两代已经相当繁荣，白话长篇小说在元末明初也已出现了《三国志演义》《水浒传》等作品。同时，文学传媒出现了印刷出版、讲唱、舞台表演等各种新的形式，文学创作的主体和对象包括了宫廷、士林、乡村、市井等各个方面。明嘉靖以后，文人的市民化和文学创作的商品化成为一种新的趋势，文学作品的内容、题材、趣味都发生了一系列的变化。《金瓶梅》的出现就是这种种现象的综合反映。晚明诗文中所表现出来的重视个人性情、追求生活趣味、模仿市井俗调的倾向，透露出一种新的气息。通俗文学生机勃勃，以戏曲、小说最具有生命力。明清易代、鸦片战争对汉族士人震动强烈，文学创作也发生了变化。

近古期的终结，也是中国古代文学的终结，划定在1919年的五四运动。五四运动关上了中国数千年古典文学的大门，同时打开了文学的另一片新天地。

总之，中国文学所有的因素都在这个时期具备了，而且成熟了。

第一节 魏晋南北朝文学

魏晋南北朝时期，文学发生了巨大变化，文学的自觉和文学创作的个性化，是这些变化中最有意义的。魏晋南北朝文学对两汉文学的继承与演化，在五言诗和辞赋方面痕迹最明显。文人在学习汉乐府的过程中将五言诗推向高峰；抒情小赋的发展及其所采取的骈俪形式，使汉赋在新的条件下得到发展。

一、骈文与文艺理论

东汉末年，散文开始广泛使用对偶、押韵等手法，逐渐产生了一种新文体——骈文。南北朝时期，骈文得到官方扶持，正统地位得以确立，一时繁盛无比。骈文的主要特点有：句式上以四六句式为主，讲究对仗，就像两马并驾齐驱，故名“骈体”；声韵上讲究运用平仄，追求韵律和谐；修辞上注重藻饰，喜欢使用典故。

但是，骈文过于注重形式，使表达深受束缚，底层人民望而生畏，生活中很不实用。后来，在唐宋八大家的奋力打击之下，骈文逐渐没落。不过诸葛亮的《出师表》和李密的《陈情表》初带骈文之风，仍然不失为千古佳作。古人著述多次提及：“读《出师表》，不流泪者不忠；读《陈情表》，不流泪者不孝。”

魏晋南北朝时期是中国文学的“自觉时代”，其文学意识日趋明确，文学地位日趋独立，文学价值日趋显现，文学理念日趋清晰，文学理论应运而生，主要学者与成就有：

曹丕（187—226 年），字子桓，曹操次子，曹魏开国皇帝，三国时期著名的政治家、文学家，史称魏文帝，其《典论·论文》是我国第一部系统的文学批评专论，认为文章是“经国之大业，不朽之盛事”，提出了“文以气为主”的观点。

陆机（261—303 年），字士衡，西晋吴县人，被誉为“太康之英”（太康：晋武帝司马炎的年号之一），与潘岳同为西晋诗坛代表，开启了“太康诗风”，钟嵘《诗品》中称其“潘江陆海”，其《文赋》是专门分析文章体裁特征的一部文艺理论作品。

刘勰（约 465—约 532 年），字彦和，齐、梁时期莒县人，其《文心雕龙》是我国第一部“体大而虑周”的文学理论专著，认为“操千曲而后晓声，观千剑而后识器”，在文学评论方面标举“风骨”说。

钟嵘（约 468—约 518 年），字仲伟，齐、梁时期长社人，其《诗品》是我国第一部诗歌美学专著。

二、建安文学与山水、田园诗

建安文学，是建安（汉献帝的年号）前几年至魏明帝最后一年（239 年）这段时间的文学。

东汉末年，世积乱离，风衰俗怨，诗歌进入“五言腾涌”的发展时期，真实反映了当时的社会生活风貌，总称“建安文学”，又叫“建安风骨”，具有“慷慨任气”的时代风格，代表作家为“三曹”（曹操、曹丕、曹植）、“建安七子”（孔融、陈琳、王粲、徐干、阮瑀、应玚、刘桢）和蔡琰（文姬）。

曹操（155—220 年），字孟德，著名政治家、军事家、文学家、诗人，世称“魏武帝”。诗歌代表作品有《短歌行》《蒿里行》《观沧海》《龟虽寿》等，诗风“沉雄悲凉”。曹操开创了用乐府旧题抒写时事的先河，多表达渴望统一的壮志和思慕贤才的胸怀，被后人赞为“汉末实录，真诗史也”。曹操的散文也很有成就，具有一种率真之气，生动、新鲜而富有个性的锋芒。鲁迅称曹操为“改造文章的祖师”。

《短歌行》：对酒当歌，人生几何！譬如朝露，去日苦多。慨当以慷，忧思难忘。何以解忧？唯有杜康。青青子衿，悠悠我心。但为君故，沉吟至今。呦呦鹿鸣，食野之苹。我有嘉宾，鼓瑟吹笙。明明如月，何时可掇？忧从中来，不可断绝。越陌度阡，枉用相存。契阔谈讌，心念旧恩。月明星稀，乌鹊南飞。绕树三匝，何枝可依？山不厌高，海不厌深。周公吐哺，天下归心。

《观沧海》：东临碣石，以观沧海。水何澹澹，山岛竦峙。树木丛生，百草丰茂。秋风萧瑟，洪波涌起。日月之行，若出其中；星汉灿烂，若出其里。幸甚至哉，歌以咏志。

《龟虽寿》：神龟虽寿，犹有竟时；腾蛇乘雾，终为土灰。老骥伏枥，志在千里；烈士暮年，壮心不已。盈缩之期，不但在天；养怡之福，可得永年。幸甚至哉，歌以咏志。

曹丕的诗风清绮动人，多抒写游子行役、思亲怀乡和征人思妇、离别相思，其诗歌代表作品《燕歌行》（二首）是我国现存最早的七言诗。名句：“秋风萧瑟天气凉，草木摇落露为霜。”“明月皎皎照我床，星汉西流夜未央。”

曹植（192—232年），字子建，曹操之子、曹丕之弟，世称“陈思王”。曹植的诗歌创作以曹丕继位为界，分为前后两个时期。前期作品多抒发远大理想和宏伟抱负，如《白马篇》（“捐躯赴国难，视死忽如归”）；后期作品则充满了抑郁难平和壮志难遂的悲愤，如《赠白马王彪》等。其辞赋散文代表作品《洛神赋》，被钟嵘评价为“情兼雅怨，体被文质”。

王粲（177—217年），字仲宣，东汉末年文学家，“建安七子”之一。王粲善属文，刘勰在《文心雕龙·才略》中赞誉王粲为“七子之冠冕”，与曹植齐名，并称“曹王”。王粲赋今存20多篇，最为人所传诵的是作于客居荆州时期的《登楼赋》。它摒弃了汉赋铺张扬厉的传统写法，以简洁明快的语句，忧愍世道、怀念故乡，热烈冀望太平盛世的到来，对自己的坎坷遭遇也发出了强烈的感慨。写景与抒情紧密结合，是其一大艺术特色。在抒情小赋的发展过程中，这篇作品具有重要地位。诗歌代表作品是《七哀诗》，抒写灾民、流离和战乱，是当时具有现实主义精神的杰作。

蔡琰（生卒年不详），字文姬，东汉末年女性文学家，文学家蔡邕之女。她博学多才，擅长文学、音乐和书法。东汉末年中原大乱、诸侯割据，蔡文姬为匈奴左贤王所掳，曹操统一北方后，花费重金将其赎回。诗歌代表作有《悲愤诗》二首（一首为五言体，一首为骚体）。五言《悲愤诗》侧重于“感伤乱离”，是中国诗歌史上第一首文人创作的自传体长篇叙事诗；骚体《悲愤诗》旨在抒情，诉说了亲身经历的悲惨遭遇，深刻揭示了汉末动乱中广大人民特别是妇女的不幸命运。中国古琴名曲《胡笳十八拍》据传为蔡文姬所作，反映的主题即“文姬归汉”。

“竹林七贤”指的是魏末晋初的七位名士：嵇康、阮籍、山涛、向秀、刘伶、王戎及阮咸。他们常在当时的山阳县（今河南焦作修武县，可能为现今云台山一带）竹林之下喝酒、纵歌，肆意酣畅，世谓七贤，后与地名竹林合称。“竹林七贤”的作品基本上继承了建安文学的精神，但由于当时的血腥统治，作家不能直抒胸臆，因此只能采用比兴、象征等手法，隐晦曲折地表达自己的思想感情。基调虽与建安文学有明显的不同，普遍出现危机感和幻灭感，但仍然反映了这一时期的政治现实，在基本精神上还是继承了“建安风骨”的传统。七人又以阮籍、嵇康为代表。

阮籍（210—263 年），字嗣宗，陈留尉氏（今河南开封）人，世称阮步兵，三国时期魏国诗人、竹林七贤之一。作为“正始之音”的代表，阮籍著有《咏怀》(八十二首)、《大人先生传》等，其著作收录在《阮籍集》中。《咏怀》诗多以比兴、寄托、象征等手法，隐晦曲折地揭露最高统治集团的罪恶，讽刺虚伪的礼法之士，表现了诗人在政治恐怖下的苦闷情绪。主要典故有“青白眼”“三哭”等。

嵇康（224—263 年），字叔夜，谯国铚县人，三国时期曹魏思想家、音乐家、文学家，“竹林七贤”的精神领袖。拜官郎中，授中散大夫，世称“嵇中散”。司马氏掌权后，嵇康隐居不仕，拒绝出仕。景元四年（263 年），嵇康因受构陷而被司马昭处死，时年四十岁。嵇康工诗善文，诗以表现其追求自然、高蹈独立、厌弃功名富贵的人生观为主要内容，风格清峻。其中《幽愤诗》自述平生的遭遇和理想抱负，对自己无辜受冤表示极大愤慨。他的《与山巨源绝交书》颇负盛名，文章以老庄崇尚自然的论点，说明自己的本性不堪出仕，公开表明了自己不与司马氏合作的政治态度。

> 《世说新语·容止》中记载：嵇康身长七尺八寸，风姿特秀。见者叹曰：“萧萧肃肃，爽朗清举。”或云：“肃肃如松下风，高而徐引。”山公曰：“嵇叔夜之为人也，岩岩若孤松之独立；其醉也，傀俄若玉山之将崩。”
>
> 《世说新语·雅量》中记载：嵇中散临刑东市，神气不变，索琴弹之，奏《广陵散》。曲终，曰：“袁孝尼尝请学此散，吾靳固不与。《广陵散》于今绝矣！”太学生三千上书，请以为师，不许。文王亦寻悔焉。成语“广陵散绝”由此而来，常用来比喻优良传统断绝或后继无人。

魏晋南北朝时期，陆续产生了很多诗歌流派，成就比较高的诗歌有三类：一类是以陶渊明作品为代表的“田园诗”，一类是以谢灵运作品为代表的“山水诗”，一类是南北朝时期的大量民歌。在民歌方面，北朝的民歌代表作品有《敕勒歌》《木兰诗》等，收录在北宋郭茂倩的《乐府诗集》中；南朝的民歌大多是写男女闺情的“艳歌”，收录在南朝徐陵的《玉台新咏》中。

陶渊明（352 或 365 或 372 或 376—427 年），名潜，东晋柴桑人，在彭泽县令任上辞职归隐，自号“五柳先生”，私谥“靖节先生”，是我国最早大量创作田园诗的诗人，代表作品有诗歌《饮酒》（五首）（“结庐在人境，而无车马喧。问君何能尔？心远地自偏。采菊东篱下，悠然见南山。山气日夕佳，飞鸟相与还。此中有真意，欲辨已忘言。”）、《归园田居》（五首）和散文《桃花源记》、《归去来兮辞》、《五柳先生传》等。陶渊明被誉为“古今隐逸诗人之宗”。他一生操守高洁、厌恶官场、向往隐居，留下了“不为五斗米折腰”的佳话。

谢灵运（385—433年），名公义，东晋阳夏人，世称“谢客”“谢康乐”；与族侄谢朓齐名，又称“大谢”。他是我国最早大量创作山水诗的诗人，诗风“鲜丽清新”。谢灵运的代表作《登池上楼》被誉为“诗中之日月……上蹑风骚，下超魏晋”“如初发芙蓉，自然可爱”“吐语天拔，出于自然”。诗中名句：“池塘生春草，园柳变鸣禽。”

谢朓（464—499年），字玄晖，陈郡阳夏人，南齐诗人，世称“小谢”。谢朓曾与沈约等共创“永明体”，诗风清新自然，圆美流转，开启了唐代格律诗的先河。梁武帝说：“三日不读谢朓诗，便觉口臭。”谢朓的代表作是《晚登三山还望京邑》，这首诗被誉为“独步之作”。谢朓是李白在文艺上最崇拜的一个人物，经常出现在李白的诗歌中，如“蓬莱文章建安骨，中间小谢又清发”（《宣州谢朓楼饯别校书叔云》）、“谁念北楼上，临风怀谢公？”（《秋登宣城谢朓北楼》）等。

鲍照（约414—466年），字明远，刘宋东海人，世称“鲍参军”，与颜延之、谢灵运合称“元嘉三大家”，与庾信齐名，号称“南照北信”。代表作《拟行路难》（十八首），被誉为“上挽曹刘之逸步，下开李杜之先鞭”。

庾信（513—581年），字子山，新野人，生活在南北朝末年和隋朝，世称“庾开府”，被誉为“南北朝第一文人”，代表作品是《枯树赋》《哀江南赋》。他饱尝分裂时代特有的人生辛酸，结出了“穷南北之胜”的文学硕果。杜甫在《春日忆李白》中说：“清新庾开府，俊逸鲍参军。”这里就是用鲍照、庾信的诗风来形容李白诗歌之清新俊逸。

三、南北朝民歌

南北朝民歌是继周民歌和汉乐府民歌之后，以比较集中的方式出现的又一批人民口头创作，是中国诗歌史上又一次新的发展。它不仅反映了新的社会现实，而且创造了新的艺术形式和风格。一般来说，它篇制短小，抒情多于叙事。南北朝民歌虽是同一时代的产物，但也呈现出不同的色彩、情调与风格。南朝民歌清丽缠绵，更多地反映了人民真挚纯洁的爱情生活；北朝民歌粗犷豪放，广泛地反映了北方动乱不安的社会现实和人民的生活风气。南朝民歌中的抒情长诗《西洲曲》和北朝民歌中的叙事长诗《木兰诗》，分别代表了南朝和北朝民歌的最高成就。

南朝乐府民歌大部分保存在清商曲辞中，其中最重要的是吴歌和西曲。南朝民歌所反映的多是城市生活，最突出的艺术技巧就是利用汉语的谐音构成双关隐语。如“理丝入残机，何悟不成匹”（《子夜歌》），“丝”和“思”是同音异字构成双关，布匹的“匹”和匹配的“匹”是同字同音构成双关。其他诸如“藕”与“偶”、“莲”与“怜”、“碑”与“悲”、“篱”与“离”等。双关隐语的运用既体现了作者丰富的联想，也使感情的传达显得含蓄委婉。

《玉台新咏》是一部汉朝至梁朝的诗歌总集，是继《诗经》《楚辞》之后中国古代的第三部诗歌总集，由徐陵于梁武帝时期收录完成，共收录769首诗歌。主要收录男女闺情之作，以绮艳的宫体诗为主。代表篇目有《孔雀东南飞》《陌上桑》《羽林郎》等。

北朝乐府民歌大部分保存于郭茂倩《乐府诗集·横吹曲辞》的《梁鼓角横吹曲》中，数量上远不如南朝的多，但内容却广泛地反映了社会生活的各个方面，真实地记录了游牧民族的生活状态，表现出北方民族的刚强爽直，充满了北方的景色和风趣。如有描绘北国草原辽阔壮美的《敕勒歌》，有展现豪侠尚武精神的《木兰诗》《折杨柳歌辞》，有反映羁旅行役和怀土思乡的《陇头歌辞》等。

《木兰诗》中的名句：

万里赴戎机，关山度若飞。朔气传金柝，寒光照铁衣。将军百战死，壮士十年归。

爷娘闻女来，出郭相扶将；阿姊闻妹来，当户理红妆；小弟闻姊来，磨刀霍霍向猪羊。开我东阁门，坐我西阁床，脱我战时袍，著我旧时裳。当窗理云鬓，对镜帖花黄。

由于南北朝之间长期的对立，再加上地理环境、经济状况、民风民俗、文化风尚等的差异，南北朝乐府民歌在内容、风格上存在较大差别。南朝乐府民歌以描写男女爱情为主，情调柔婉清丽；北朝乐府民歌更广泛地体现了北方民族生活的方方面面，格调粗犷雄强。正如《乐府诗集》所说：“艳曲兴于南朝，胡音生于北俗。”

四、历史著作

《三国志》由西晋史学家陈寿所著，是一部纪传体国别史，分国记载了东汉末年至东吴灭亡约110年的历史。该书条理清晰、简约生动、体例创新，对后世的史学、文学均有较大影响。

《三国志》中的名句：

（1）犹缘木求鱼，煎水作冰，其不可得，明矣。

（2）志行万里者，不中道而辍足；图四海者，匪怀细以害大。

（3）识时务者在乎俊杰。

（4）扬汤止沸，不如灭火去薪，溃痈虽痛，胜于养肉，及溺呼船，悔之无及。

（5）不探虎穴，安得虎子？

（6）天称其高者，以无不覆；地称其广者，以无不载；日月称其明者，以无不照；江海称其大者，以无不容。

五、文言笔记小说

魏晋南北朝时期，文言笔记小说经历了“自然萌芽”“蓬勃生长”阶段，形成了“志怪小说”“志人小说”两大流派，并为走向“遍地开花”的局面奠定了坚实基础。

“志怪小说”的代表作品是干宝的《搜神记》。

干宝（？—336年），字令升，东晋新蔡人，被誉为“中国志怪小说的鼻祖”。代表作品《搜神记》是我国第一部文言志怪小说集，收录有大量反抗暴政（《韩凭妻》）、鞭挞丑恶（《蒋山祠》）、褒扬美德（《东海孝妇》）的故事，著名故事还有《干将莫邪》《李寄》《董永》等。

“志人小说”又叫“逸事小说”“清谈小说”，代表作品是刘义庆的《世说新语》。

刘义庆（403—444年），字季伯，刘宋彭城人，袭封临川王，撰有志人小说《世说新语》、志怪小说《幽冥录》。《世说新语》是我国第一部“志人小说”，在我国小说中自成一体，世称“世说体”，被鲁迅誉为“一部名士底（的）教科书”。《世说新语》的语言精练含蓄，隽永传神。明胡应麟说：“读其语言，晋人面目气韵，恍然生动，而简约玄澹，真致不穷。”鲁迅在《中国小说史略》中将它的艺术成就概括为“记言则玄远冷俊，记行则高简瑰奇”。出自此书的成语如难兄难弟、拾人牙慧、咄咄怪事、一往情深、卿卿我我等。

在中国文学史上，魏晋南北朝是一个酝酿着新变的时期。没有这段酝酿，就没有唐诗的高潮，也就没有唐代文学的全面繁荣。

本节自测

真题演练

（一）单项选择题

我国第一位田园诗人是（　　）。【2008】

A.王维　　B.孟浩然　　C.谢灵运　　D.陶渊明

（二）填空题

1.魏晋南北朝小说分为志人小说和志怪小说，其中干宝的《________》是志怪小说的代表作。【2021】

2.陶渊明《移居》（其一）诗中有“奇文共欣赏，________”。【2020】

3.________是北朝民歌的杰出代表作，描写了女英雄花木兰代父从军的动人

故事。【2016】

4.“天苍苍，野茫茫，__________”是北朝民歌《敕勒歌》中的诗句，描写了北方大草原的风光。【2016】

5.诗句“山不厌高，水不厌深”的作者是______。【2011】

巩固练习

（一）单项选择题

1.“老骥伏枥，志在千里；烈士暮年，壮心不已”出自曹操的（　　）。

A.《观沧海》　B.《龟虽寿》　C.《短歌行》　D.《蒿里行》

2.“羁鸟恋旧林，池鱼思故渊”出自东晋陶渊明的（　　）。

A.《饮酒》　B.《归田园居》　C.《归去来兮辞》　D.《桃花源记》

3.下列作品中，作者为曹植的是（　　）。

A.《龟虽寿》　B.《洛神赋》　C.《赠从弟》　D.《观沧海》

4.下列陶渊明的作品中，以神话传说为议论对象，表现作者的壮志豪情的是（　　）。

A.《归园田居》（其三）　B.《饮酒》（其五）

C.《读山海经》（其十）　D.《归去来兮辞》

5.建安文坛的领袖人物是（　　）。

A.曹操　B.曹丕　C.曹植　D.王粲

6.建安时期最负盛名的作家是（　　），钟嵘称之为“建安之英”。

A.曹操　B.曹丕　C.曹植　D.王粲

7.“勿以恶小而为之，勿以善小而不为”语出《三国志》，这是（　　）说的。

A.诸葛亮　B.曹操　C.刘备　D.周瑜

8.“洛阳纸贵”比喻作品风行一时，广为流传，这个成语与以下哪部著作有关？（　　）

A.左思的《三都赋》　B.司马相如的《长门赋》

C.班固的《两都赋》　D.张衡的《二京赋》

（二）填空题

1.曹操《短歌行》：______，______。周公吐哺，天下归心。

2.《出师表》中的“苟全性命于乱世，__________”两句，表明了诸葛亮淡泊明志、宁静致远的精神品格。

3.陶渊明在《桃花源记》中写：忽逢桃花林，夹岸数百步，中无杂树，______，______。

4.晋代诗人______“采菊东篱下”，以菊自喻，他的作品表现了淡泊名利、不与世俗同流合污的文人风骨。

5.“建安七子”是汉建安年间七位文学家的名称，“建安七子”之中以王粲成就最高，刘勰称赞其为“______”，代表作有《七哀诗》《从军诗》等。

6.建安文学之后的正始文学，最具代表性的作家是______和______。

7.东晋著名书法家王羲之的《兰亭集序》被誉为“天下第一行书”，而文章本身也是一篇佳作。名士们聚会之所在是会稽山的兰亭，会稽山位于如今的______市。

8.中国志怪小说的鼻祖是______。

9.______是中国第一个大量写山水诗的诗人，被称为中国山水诗鼻祖。

10.______是我国第一部志人小说，被鲁迅誉为“一部名士底（的）教科书”。

11.《颜氏家训》是______写给自己后代的家训，具有很高的史料价值。

参考答案

第二节　隋唐五代文学

源远流长的中国古代文学，到隋唐五代时期，发展到了一个全面繁荣的新阶段，整个文坛出现了自战国以来前所未有的百花齐放、万紫千红的局面。其中诗歌的发展更是达到了高度成熟的黄金时代。唐代不到三百年的时间中，遗留下来的诗歌就将近五万首，比西周到南北朝一千六七百年中遗留下的诗篇数目多出数倍，独具风格的著名诗人约有五六十人，也大大超过战国到南北朝著名诗人的总和。

一、格律诗与初唐诗人

格律诗，也叫“近体诗”，是唐以后成型的诗体，主要分为绝句和律诗，按照每句的字数，可分为五言和七言。篇式、句式有一定规格，音韵有一定规律，变化使用也要求遵守一定的规则。绝句4句，律诗一般8句，也有句数更多的律诗，称为

“排律”。

初唐指的是唐高祖武德元年（618 年）至唐玄宗先天元年（712 年）。这一时期，社会经济飞速发展，逐渐走向繁荣。以王勃、杨炯、卢照邻、骆宾王（号称“初唐四杰”）和陈子昂、张若虚为代表的作家，怀着变革文学风气的自觉意识，大胆摈弃风花雪月、儿女情长的诗歌，提倡题材宏大、思想严肃的刚健诗歌，成为唐诗登上历史舞台的揭幕人。

王勃（649 或 650—676 年），字子安，绛州龙门（今山西河津）人。王勃擅长五言绝句和律诗，反对绮靡文风，提倡表现浓郁的情感与壮大的气势，其诗流利婉畅、宏放浑厚、独具一格，人称“诗杰”，代表作品是《送杜少府之任蜀州》。其中，“海内存知己，天涯若比邻”两句，一改前人送别诗的消沉、哀伤，具有昂扬的精神风貌。他的骈文代表作品是《滕王阁序》，“落霞与孤鹜齐飞，秋水共长天一色”“老当益壮，宁移白首之心？穷且益坚，不坠青云之志”等名句经久流传。

杨炯（650—约 693 年），字令明，华州华阴（今陕西华阴市）人，官至盈川县令，世称“杨盈川”。杨炯文学才华出众，善写散文，尤擅诗歌。现存诗 30 余首，在内容和艺术风格上以突破齐梁“宫体诗风”为特色，在诗歌发展史上起到承前启后的作用，当时的人将他排在“初唐四杰”第二位，他自负地说：“愧在卢前，耻于王后。”他擅长五言诗，多写边塞征战，代表作品是《从军行》，有名句“宁为百夫长，胜作一书生”。

卢照邻（约 637—约 686 年），字升之，号幽忧子，幽州范阳（今河北涿州）人。卢照邻博学能文，工诗，尤擅七言歌行体，他的诗歌具有“词采富艳，境界开阔”的特点，代表作品是《长安古意》，有名句“得成比目何辞死，愿作鸳鸯不羡仙”。

骆宾王（约 638—约 684 年），字观光，婺州义乌（今属浙江）人。骆宾王诗歌辞采华赡，格律谨严。在“初唐四杰”中，骆宾王诗作最多，尤擅七言歌行，代表作《帝京篇》为初唐罕有的长篇，当时以为绝唱。五言律诗也有不少佳作，代表作品是《在狱咏蝉》，托物寄兴，感慨深微，名句有“那堪玄鬓影，来对白头吟”“无人信高洁，谁为表予心”。五言绝句《于易水送人》，仅仅二十字，便悲凉慷慨，余情不绝：“此地别燕丹，壮士发冲冠。昔时人已没，今日水犹寒。”骆宾王的骈文代表作是被后人称为天下第一檄文的《为徐敬业讨武曌檄》，有名句：“一抔之土未干，六尺之孤何托？”“请看今日之域中，竟是谁家之天下！”武则天读后叹惜道：“有如此才，而使之沦落不偶，宰相之过也！”

> 檄是古代用以声讨、征召或晓谕的文告，主要用于军事行动之际。刘勰《文心雕龙》论析檄时说：“震雷始于曜电，出师先乎威声。”这形象地说明檄文的特点在于先声夺人。而要先声夺人，檄文必须“事昭而理辨，气盛而辞断”，要有理有据，而且理直气壮。《为徐敬业讨武曌檄》先声夺人，立论严正，理

直气壮，且语言犀利明快，节奏紧促，充分地体现了刘勰所说檄文的特点，不愧为传诵千古的佳作。此文属骈体，骈四俪六，对仗工整，用典切实，又清新自然。

陈子昂（659—700年），字伯玉，梓州射洪（今属四川）人，初唐诗文革新人物之一。其诗词意激昂，风格高峻，大有“汉魏风骨”，被誉为“诗骨”。他进一步发展了“初唐四杰”所追求的充实刚健的诗风，肃清了齐梁诗歌中绮靡纤弱的习气，被誉为“首倡高雅冲淡之音，一扫六代之纤弱，趋于黄初、建安”。他的代表作品是《登幽州台歌》：“前不见古人，后不见来者。念天地之悠悠，独怆然而涕下！”

张若虚（约670—约730年），字号不详，扬州人，与贺知章、张旭、包融合称“吴中四士”。他的诗仅存《春江花月夜》《代答闺梦还》二首。其中，《春江花月夜》被誉为唐诗开山之作，享有“一词压两宋，孤篇盖全唐”之名。诗作沿用乐府旧题，抒写真挚动人的离情别绪和富有哲理的人生感慨，语言清新优美，韵律宛转悠扬，给人以澄澈空明、清丽自然的审美感觉，被王闿运誉为“孤篇横绝，竟为大家”，被闻一多誉为“诗中的诗，顶峰上的顶峰”。“江天一色无纤尘，皎皎空中孤月轮。江畔何人初见月？江月何年初照人？人生代代无穷已，江月年年望相似。不知江月待何人，但见长江送流水。”这样的句子，表现出一种深沉、寥廓的生命体验和宇宙意识。

宋之问（约656—713年），律诗的奠基人之一，在创作实践中使六朝以来的格律诗的法则更趋细密，使五言律诗的体制更臻完善，并创造了七言律诗的新体，代表作有五律《度大庾岭》、五言绝句《渡汉江》等。《渡汉江》：“岭外音书断，经冬复历春。近乡情更怯，不敢问来人。”

刘希夷（651—约679年），字延之，汝州（今河南汝州）人。其诗以歌行见长，多写闺情，辞意柔婉华丽，且多感伤情调，代表作有《从军行》《代悲白头翁》等。其中《代悲白头翁》一诗写花开花落，时光如掷：“今年花落颜色改，明年花开复谁在。”由此发出“年年岁岁花相似，岁岁年年人不同”以及“宛转娥眉能几时，须臾鹤发乱如丝”之感慨。

贺知章（659—约744年），字季真，唐朝永兴人，自号“四明狂客”，世称“诗狂”，与李白、张旭等合称“饮中八仙”，与陈子昂、王维等合称“仙宗十友”。他擅长写景、抒怀之作，风格独特，清新潇洒，其中《咏柳》《回乡偶书》等脍炙人口。《咏柳》：“碧玉妆成一树高，万条垂下绿丝绦。不知细叶谁裁出，二月春风似剪刀。”《回乡偶书》：（其一）“少小离家老大回，乡音无改鬓毛衰。儿童相见不相识，笑问客从何处来。”（其二）“离别家乡岁月多，近来人事半消磨。惟有门前镜湖水，春风不改旧时波。”

二、盛唐诗歌与诗人

文学上的盛唐指的是开元元年（713 年）至天宝十四年（755 年）。这一时期，唐朝国家统一、经济繁荣、政治开明、文化发达、对外交流频繁、社会充满自信，是中国封建社会的鼎盛时期，涌现出“边塞诗派”“山水田园诗派”和李白、杜甫、贺知章等大批著名诗人。

边塞诗派的代表诗人有号称“边塞四诗人”的高适、岑参、王昌龄和王之涣。他们的作品常用七言歌行体、五言绝句、七言绝句，多写边塞风光、军旅生涯、战斗场面以及战争带来的各种矛盾，具有阳刚苍劲、悲壮雄浑、奔放豪迈、奇异峭拔、浪漫瑰丽的风格特点。

高适（700—765 年），字达夫，唐朝中期名臣（曾任淮南节度使、剑南西川节度使）、边塞诗人，沧州渤海（今河北景县）人。官至散骑常侍，世称“高常侍”。在盛唐诗人中，高适是唯一做到高官而封侯者。他与岑参齐名，并称“高岑”，共同代表着边塞诗派的最高成就。他擅长七言歌行体、五言律诗，其诗具有“雄浑悲壮”的风格，代表作品《燕歌行》名句：“汉家烟尘在东北，汉将辞家破残贼。男儿本自重横行，天子非常赐颜色。”“战士军前半死生，美人帐下犹歌舞。”“相看白刃血纷纷，死节从来岂顾勋。君不见沙场征战苦，至今犹忆李将军。”《别董大》名句：“莫愁前路无知己，天下谁人不识君。”

> 2023 年上映的动画电影《长安三万里》讲述了安史之乱爆发后数年，吐蕃大军攻打西南，大唐节度使高适交战不利，长安岌岌可危，困守孤城的高适向监军太监回忆起自己与李白的一生往事。
>
> 《河岳英灵集》是唐代殷璠编选的专收盛唐诗的唐诗选本。书中自序说：“粤若王维、王昌龄、储光羲等二十四人，皆河岳英灵也，此集便以《河岳英灵》为号。”此书论诗标举“风骨”“兴象”，提出了“文有神来、气来、情来”等重要文学理论观点。该书选篇精到、评论中肯，是现存的唐人选唐诗中最重要的一种。此诗集未收录杜甫的作品。

岑参（约 715—770 年），曾官至嘉州刺史，世称“岑嘉州”，号称“诗雄”。他对边塞风光、军旅生活和异域风土人情有亲身感受，作品境界开阔、造意新奇、想象丰富、色彩瑰丽，具有一种奇伟壮丽之美，极富浪漫主义色彩。他擅长七言歌行体，代表作品有《白雪歌送武判官归京》（“忽如一夜春风来，千树万树梨花开。”）、《走马川行奉送封大夫出师西征》（“轮台九月风夜吼，一川碎石大如斗，随风满地石乱走。”“将军金甲夜不脱，半夜军行戈相拨，风头如刀面如割。”）等。

王昌龄（？—756 年），字少伯，晋阳人，曾任龙标县尉、江宁县丞等职，世称“王龙标”“王江宁”。他擅长五言古体诗和七言绝句，号称“诗家夫子”“七绝圣手”，代表作品《出塞》："秦时明月汉时关，万里长征人未还。但使龙城飞将在，不教胡马度阴山。"《芙蓉楼送辛渐》："寒雨连江夜入吴，平明送客楚山孤。洛阳亲友如相问，一片冰心在玉壶。"《送柴侍御》："沅水通波接武冈，送君不觉有离伤。青山一道同云雨，明月何曾是两乡。"

王之涣（688—742 年），字季凌，祖籍并州晋阳（今山西太原）。精于文章，善于写诗，其诗多被制曲歌唱。他尤善五言诗，以描写边塞风光为胜，代表作有《登鹳雀楼》（"白日依山尽，黄河入海流。欲穷千里目，更上一层楼。"）、《凉州词》（二首，其一："黄河远上白云间，一片孤城万仞山。羌笛何须怨杨柳，春风不度玉门关。"）等。其中《凉州词》被章太炎誉为"绝句之最"。

山水田园诗派继承和发展了陶渊明的田园诗、谢灵运的山水诗，多以反映田园生活、描绘山水景物为内容，抒发了归隐林泉、闲适澹泊的思想，色彩雅淡、意境幽深，多采用五言古体、律诗、绝句，代表人物有王维、孟浩然、储光羲、常建、韦应物、柳宗元等。

王维（701？—761 年），字摩诘，号摩诘居士，河东蒲州（今山西永济）人，曾官至尚书右丞，世称"王右丞"。王维精通诗书音画，以诗名盛于开元、天宝年间，尤长五言，多咏山水田园，代表着山水田园诗派的最高成就，与孟浩然合称"王孟"，因笃诚奉佛，有"诗佛"之称。王维书画特臻其妙，后人推其为南宗山水画之祖。苏轼评云："味摩诘之诗，诗中有画；观摩诘之画，画中有诗。"代表作品有《送元二使安西》（又称《阳关三叠》《渭城曲》："渭城朝雨浥轻尘，客舍青青柳色新。劝君更尽一杯酒，西出阳关无故人。"）、《九月九日忆山东兄弟》等。其余名篇名句：《终南别业》"行到水穷处，坐看云起时"；《使至塞上》"大漠孤烟直，长河落日圆"；《山居秋暝》"明月松间照，清泉石上流"；《汉江临泛》（一作《汉江临眺》）"江流天地外，山色有无中"；《山中》"荆溪白石出，天寒红叶稀。山路元无雨，空翠湿人衣"。

孟浩然（689—740 年），字浩然，号孟山人，襄州襄阳（今湖北襄阳）人，世称"孟襄阳"。因他未曾入仕，又被称为"孟山人"。他曾因在唐玄宗面前吟诵"不才明主弃，多病故人疏"的名句而仕途受阻，遂在鹿门山长期隐居，是唐朝写山水田园诗的第一人，号称"诗星"。孟浩然擅长五言绝句，多写山水景色、田园生活、隐居逸兴、羁旅心情等，代表作品有《过故人庄》、《春晓》、《望洞庭湖赠张丞相》（"气蒸云梦泽，波撼岳阳城"）和《宿建德江》（"野旷天低树，江清月近人"）等。

李白（701—762 年），字太白，号青莲居士，伟大的浪漫主义诗人，世称"诗仙"。他深受儒家思想和道家思想的双重影响，得意时锐意进取，失意时放浪形骸，擅长五言、七言绝句和七言歌行体，多描写壮丽、雄伟的山水景色和奔腾、复杂的内心世界，诗中常用想象、夸张、比喻、拟人等艺术手法，诗风"清新俊逸"，被杜甫誉为"笔落惊风雨，诗成泣鬼神"。代表作有《望天门山》《送孟浩然之广陵》《春夜洛城闻笛》《赠汪伦》《行路难》《蜀道难》《将进酒》《梦游天姥吟留别》《望庐山瀑布》《登金陵凤凰台》《月下独酌》等。

名篇名句摘选：

长风破浪会有时，直挂云帆济沧海。——《行路难》其一

大道如青天，我独不得出。——《行路难》其二

且乐生前一杯酒，何须身后千载名？——《行路难》其三

花间一壶酒，独酌无相亲。举杯邀明月，对影成三人。——《月下独酌》其一

蜀道之难，难于上青天！——《蜀道难》

安能摧眉折腰事权贵，使我不得开心颜！——《梦游天姥吟留别》

君不见黄河之水天上来，奔流到海不复回。君不见高堂明镜悲白发，朝如青丝暮成雪。人生得意须尽欢，莫使金樽空对月。天生我材必有用，千金散尽还复来。

——《将进酒》

弃我去者，昨日之日不可留；乱我心者，今日之日多烦忧。长风万里送秋雁，对此可以酣高楼。蓬莱文章建安骨，中间小谢又清发。俱怀逸兴壮思飞，欲上青天览明月。抽刀断水水更流，举杯消愁愁更愁。人生在世不称意，明朝散发弄扁舟。

——《宣州谢朓楼饯别校书叔云》

凤凰台上凤凰游，凤去台空江自流。吴宫花草埋幽径，晋代衣冠成古丘。三山半落青天外，二水中分白鹭洲。总为浮云能蔽日，长安不见使人愁。——《登金陵凤凰台》

谁家玉笛暗飞声，散入春风满洛城。此夜曲中闻折柳，何人不起故园情。

——《春夜洛城闻笛》

杨花落尽子规啼，闻道龙标过五溪。我寄愁心与明月，随君直到夜郎西。

——《闻王昌龄左迁龙标遥有此寄》

杜甫（712—770年），字子美，自号“少陵野老”，河南巩县人，伟大的现实主义诗人，世称“诗圣”。杜甫的诗以古体、律诗见长，风格多样。因深受儒家思想影响，作品多写民生疾苦与个人遭遇，诗风“沉郁顿挫”，代表作品有“二哀”（《哀王孙》《哀江头》）、“二悲”（《悲陈陶》《悲青坂》）、“三吏”（《新安吏》《石壕吏》《潼关吏》）、“三别”（《新婚别》《垂老别》《无家别》）等。另有《望岳》《春望》《登高》《登岳阳楼》《春夜喜雨》《旅夜书怀》等。杜甫善于用乐府诗体描写时事，是新乐府诗体的开路人，所作如《兵车行》《丽人行》等。杜甫的诗记录了唐代由盛转衰的历史巨变，表达了崇高的儒家仁爱精神和强烈的忧患意识，因而被誉为“诗史”。

名篇名句摘选：

风急天高猿啸哀，渚清沙白鸟飞回。无边落木萧萧下，不尽长江滚滚来。万里悲秋常作客，百年多病独登台。艰难苦恨繁霜鬓，潦倒新停浊酒杯。——《登高》

昔闻洞庭水，今上岳阳楼。吴楚东南坼，乾坤日夜浮。亲朋无一字，老病有孤舟。戎马关山北，凭轩涕泗流。——《登岳阳楼》

岱宗夫如何？齐鲁青未了。造化钟神秀，阴阳割昏晓。荡胸生层云，决眦入归鸟。会当凌绝顶，一览众山小。——《望岳》

剑外忽传收蓟北，初闻涕泪满衣裳。却看妻子愁何在，漫卷诗书喜欲狂。白日放歌须

纵酒，青春作伴好还乡。即从巴峡穿巫峡，便下襄阳向洛阳。　——《闻官军收河南河北》

安得广厦千万间，大庇天下寒士俱欢颜，风雨不动安如山。呜呼！何时眼前突兀见此屋，吾庐独破受冻死亦足！　——《茅屋为秋风所破歌》

张九龄（673或678—740年），字子寿，名博物，韶州曲江（今广东韶关）人，盛唐名相、诗人。张九龄积极发展五言古诗，诗风清淡，以素练质朴的语言寄托深远的人生慨望，对扫除唐初所沿袭的六朝绮靡诗风，贡献尤大。《望月怀远》是其代表作，亦是望月怀思的名篇，“海上生明月，天涯共此时”千古传诵。

崔颢（？—754年），汴州（今河南开封）人，最为人称道的诗作《黄鹤楼》曾使李白叹服。据说李白为之搁笔，曾有“眼前有景道不得，崔颢题诗在上头”的赞叹。《黄鹤楼》：“昔人已乘黄鹤去，此地空余黄鹤楼。黄鹤一去不复返，白云千载空悠悠。晴川历历汉阳树，芳草萋萋鹦鹉洲。日暮乡关何处是，烟波江上使人愁。”

李颀（？—约753年），河南颍阳（今河南登封）人。李颀擅长七言歌行，风格豪放、慷慨悲凉，与王维、高适、王昌龄等人皆有唱和，代表作有《古从军行》：“白日登山望烽火，黄昏饮马傍交河。行人刁斗风沙暗，公主琵琶幽怨多。野云万里无城郭，雨雪纷纷连大漠。胡雁哀鸣夜夜飞，胡儿眼泪双双落。闻道玉门犹被遮，应将性命逐轻车。年年战骨埋荒外，空见蒲桃入汉家。”

三、中唐诗歌与诗人

中唐指的是唐代宗大历元年（766年）至唐文宗大和九年（835年）。这一时期，唐朝经历了安史之乱的浩劫，经济衰退、社会动荡，藩镇开始割据，民生日益凋敝，各种矛盾凸显出来，文人们的精神风貌与盛唐时期截然不同，失去了往昔的风发意气和慷慨激昂，取而代之的是忧患意识、寥落心境、清雅追求、生活意趣，涌现出“大历诗人”“韩孟诗派”“元白诗派”和以刘禹锡、柳宗元为代表的“政治诗人”。尤其是“元白诗派”倡导的“新乐府运动”，将中唐诗歌推上了中国文学史的又一个巅峰。

大历诗人，指的是唐代宗大历年间，汇集在京城、吴越的文人集团。北方以卢纶、司空曙为代表，他们大多依附于权贵，常写投赠、酬唱之作；南方以韦应物、刘长卿为代表，他们大多流连于山水，常写自然风光。他们的作品一般题材狭窄，趋向收敛，沉静、落寞、感伤、萧瑟，没有个性，人情味浓，色彩冷淡，多用意象。

韦应物（约737—约791年），京兆杜陵（今陕西西安）人，世称“韦苏州”“韦左司”“韦江州”。他的诗风澄澹精致，诗歌内容丰富，风格独特、影响深远，后人每以王（王维）、孟（孟浩然）、韦（应物）、柳（柳宗元）并称。他的《滁州西涧》诗情浓郁，意境幽深：“独怜幽草涧边生，上有黄鹂深树鸣。春潮带雨晚来急，野渡无人舟自横。”

刘长卿（生卒年不详），字文房，宣城（今属安徽）人。刘长卿工于诗，长于五言，自称“五言长城”，名作有《逢雪宿芙蓉山主人》（“日暮苍山远，天寒白屋贫。柴门闻犬吠，风雪夜归人。”）、《幽琴》（“古调虽自爱，今人多不弹。”）。

韩孟诗派，指的是以韩愈、孟郊为领袖，包括贾岛、李贺等人在内的一个诗歌流派。他们主张“不平则鸣”“笔补造化”，崇尚“雄奇怪异”，崇拜李白、杜甫，把“心”当作诗歌创作源泉，经常凭借苦吟抒发愤懑，具有以“震荡光怪”“瘁索枯槁”“五彩斑斓”为美的变态趣味和“奇崛硬险”的风格特点。

韩愈（768—824年），字退之，河阳人，著名作家、思想家，既是“古文运动”的领袖，也是“韩孟诗派”的领袖，世称“韩昌黎”“昌黎先生”。韩愈晚年官至吏部侍郎，人称“韩吏部”；谥号“文”，故称“韩文公”。他的诗风是“力大思雄”，倾向散文化和议论化，如《左迁至蓝关示侄孙湘》：“欲为圣明除弊事，肯将衰朽惜残年。云横秦岭家何在？雪拥蓝关马不前。”也有写得清新、富于神韵、近似盛唐人的诗，如《早春呈水部张十八员外》（其一）：“天街小雨润如酥，草色遥看近却无。最是一年春好处，绝胜烟柳满皇都。”

孟郊（751—814年），字东野，湖州武康人。其诗以五言古诗为主，因其诗作多写世态炎凉、民间苦难，故有“诗囚”之称；与贾岛齐名，有“郊寒岛瘦”之称。又因他是韩愈文学主张的积极支持者，遂有“孟诗韩笔”之誉。其母爱的颂歌《游子吟》千百年来广为传诵：“慈母手中线，游子身上衣。临行密密缝，意恐迟迟归。谁言寸草心，报得三春晖。”

贾岛（779—843年），唐代著名的“苦吟诗人”，人称“诗奴”。其诗作注重词句的锤炼，自称“两句三年得，一吟双泪流”。“推敲”的典故即由其诗句“僧敲月下门”而来。贾岛的诗歌语言清淡朴素，以铸字炼句取胜，刻意求工。题材多为写景、送别、怀旧之作，以苦吟著名，情调偏于荒凉凄苦。代表作有《题李凝幽居》（“鸟宿池边树，僧敲月下门。”）、《寻隐者不遇》、《送无可上人》（“独行潭底影，数息树边身。”）、《剑客》（“十年磨一剑，霜刃未曾试。今日把示君，谁有不平事？”）、《题诗后》（“两句三年得，一吟双泪流。知音如不赏，归卧故山秋。”）、《忆江上吴处士》（“秋风生渭水，落叶满长安。”）等。

元白诗派，指的是以白居易、元稹为领袖，以张籍、王建为干将的一个诗歌流派。他们重写实、尚通俗，发起了“新乐府运动”，主张恢复古代的采诗制度，发扬《诗经》和汉乐府讽喻时事的传统，强调运用自创的新乐府题目咏写时事。白居易提出的使诗歌起到“补察时政，泄导人情”的作用、“文章合为时而著，歌诗合为事而作”、“惟歌生民病，愿得天子知”的主张，是新乐府运动的纲领。

白居易（772—846年），字乐天，号“香山居士”，又号“醉吟先生”，新郑人，著名现实主义诗人，号称“诗魔”“诗王”，与元稹并称“元白”，与刘禹锡并称“刘白”。其诗歌题材广泛、形式多样、语言通俗，代表作品有《长恨歌》《琵琶行》《卖炭翁》《新丰折臂翁》《杜陵叟》《赋得古原草送别》《钱塘湖春行》等，收录于《白氏长庆集》。

名篇名句摘选：

千呼万唤始出来，犹抱琵琶半遮面……嘈嘈切切错杂弹，大珠小珠落玉盘……别有幽愁暗恨生，此时无声胜有声……东船西舫悄无言，唯见江心秋月白……同是天涯沦落人，相逢何必曾相识……座中泣下谁最多？江州司马青衫湿。

——《琵琶行》

渔阳鼙鼓动地来，惊破霓裳羽衣曲……春风桃李花开日，秋雨梧桐叶落时……上穷碧落下黄泉，两处茫茫皆不见……在天愿作比翼鸟，在地愿为连理枝。天长地久有时尽，此恨绵绵无绝期。

——《长恨歌》

几处早莺争暖树，谁家新燕啄春泥。乱花渐欲迷人眼，浅草才能没马蹄。

——《钱塘湖春行》

离离原上草，一岁一枯荣。野火烧不尽，春风吹又生。远芳侵古道，晴翠接荒城。又送王孙去，萋萋满别情。

——《赋得古原草送别》

元稹（779—831年），字微之，洛阳人，诗风清丽、言浅意哀，扣人心扉、动人肺腑，号称“元和体”，代表作品有七言绝句《离思》（五首）、《遣悲怀》（三首）和传奇小说《莺莺传》等，收录于《元氏长庆集》。《离思》（五首）是元稹创作的一组悼亡绝句。诗人运用“索物以托情”的比兴手法，赞美了夫妻之间的恩爱，抒写了诗人对亡妻韦丛忠贞不渝的爱情和刻骨的思念。代代流传的诗句有：“曾经沧海难为水，除却巫山不是云。”（《离思》）“诚知此恨人人有，贫贱夫妻百事哀。”（《遣悲怀》）

> 白居易与元稹是挚友、知己，经常为对方写诗，如《过东都送别乐天二首》《梦微之》《得乐天书》《舟中读元九诗》等，千年来已传为佳话。宦海沉浮，二人聚少离多。元和十年（秋天），白居易被贬为江州司马。元稹听到消息后，写下了那首令人耳熟能详的《闻乐天授江州司马》：“残灯无焰影幢幢，此夕闻君谪九江。垂死病中惊坐起，暗风吹雨入寒窗。”白居易收到诗后，随即回信附上《舟中读元九诗》：“把君诗卷灯前读，诗尽灯残天未明。眼痛灭灯犹暗坐，逆风吹浪打船声。”世事无常，比白居易小7岁的元稹居然先于白居易去世了。白居易悲痛不已，为元稹作墓志铭。元稹去世9年后，白居易依旧没有从痛失故人的悲痛中走出来。在悼念的诗文中，他这样写道——“君埋泉下泥销骨，我寄人间雪满头”，千年来引人唏嘘。

政治诗人，是指柳宗元、刘禹锡因政治改革失败，仕途坎坷，通过诗歌创作抒发志向和情感，形成了独特的“无派之派”。柳宗元诗风“淡泊古朴，峭拔简洁”，刘禹锡诗风“风情朗丽，雄豪苍劲”。

柳宗元（773—819年），字子厚，河东人，世称“柳河东”“河东先生”；因官至柳州刺史，又称“柳柳州”“柳愚溪”。柳宗元既是“古文运动”的领袖，也是山水田园派诗人，与王维、孟浩然、韦应物合称“王孟韦柳”。他的诗歌大多抒发离乡去国的悲愤和苦闷，具有“清幽孤寂、忧情哀怨”的风格。部分五古思想内容近于陶渊明诗，语言朴素自然，风格淡雅而意味深长。代表作有七律《登柳州城楼寄漳汀封连四州》，绝句《江雪》、《渔翁》（“渔翁夜傍西岩宿，晓汲清湘燃楚竹。烟销日出不见人，欸乃一声山水绿。回看天际下中流，岩上无心云相逐。”）、《溪居》等。

刘禹锡（772—842年），字梦得，洛阳人，世称“诗豪”，与柳宗元并称“刘柳”，与白居易并称“刘白”，与韦应物、白居易合称“三杰”。其诗歌题材广泛、简洁明快、风情俊爽，富有哲理和真情，代表作品有《乌衣巷》（“旧时王谢堂前燕，飞入寻常百姓家。”）、《竹枝词》（“东边日出西边雨，道是无晴却有晴。”）、《西塞山怀古》（“人世几回伤往事，山形依旧枕寒流。”）。

李贺（790—816年），字长吉，河南福昌人，号称“诗鬼”，多写慨叹、苦闷、忧愁之感，被誉为“鬼仙之辞”，富有浪漫主义色彩，代表作品有《金铜仙人辞汉歌》（“衰兰送客咸阳道，天若有情天亦老。”）、《李凭箜篌引》（“昆山玉碎凤凰叫，芙蓉泣露香兰笑……女娲炼石补天处，石破天惊逗秋雨。”）

“天若有情天亦老”堪称唐诗中的名句。后世无数文人骚客被此句征服，不断以此句为联作对，如欧阳修的《减字木兰花》：“伤怀离抱，天若有情天亦老。”元好问《蝶恋花》：“天若有情天亦老，世间原只无情好。”《蓼花州闲录》中记载，北宋诗人石延年对出：“天若有情天亦老，月如无恨月长圆。”毛泽东写于1949年的七律诗《人民解放军占领南京》：“天若有情天亦老，人间正道是沧桑。”

四、晚唐诗人与词的产生

晚唐指的是唐宪宗大和元年（874年）至唐哀帝天祐四年（907年）。此时，唐朝面临着严重的内忧外患，诗人们忧时悯乱、感叹身世、消极悲观，关注对象从社会民生转向自身情感，作品多吟诵男女之情，流露出浓郁的感伤情调。其中，李商隐的作品深婉含蓄，杜牧的作品清丽飘逸，温庭筠的作品绮丽香艳，他们代表着晚唐诗歌的最高成就。特别是温庭筠的词在五代时期的词作中蔚然成风，为北宋婉约词的兴盛奠定了坚实基础。

五代时期，兴起于唐朝民间的一种新诗体——词（又叫作“诗余”“长短句”），创作规模和影响逐渐超越了诗歌。现存最早的词是敦煌曲子词。盛唐之后，填词成为社会风尚。李白所作的《菩萨蛮》和《忆秦娥》，都是非常成熟的作品。五代时期，西蜀和南唐成为词的创作中心。后蜀赵崇祚编辑的《花间集》，是我国第一部文人词总集；南唐后主李煜，是五代成就最高的词人，号称“千古词坛南面王”。

李商隐（813—858年），字义山，号“玉溪生”，怀州河内（今河南沁阳）人，与杜牧合称“小李杜”，与李白、李贺合称“三李”。他的骈文与段成式、温庭筠齐名，三人在家族中都排行第十六，遂合称“三十六体”。李商隐是晚唐乃至整个唐代为数不多的刻意追求诗美的诗人。他的诗歌构思新奇、风格秾丽，尤其是表达爱情的“无题”诗与“准无题”诗，缠绵悱恻、优美动人、广为传诵，但过于隐晦迷离，难于索解，乃至有“诗家总爱西昆好，独恨无人作郑笺”（元好问《论诗三十首·十二》）之说，如《锦瑟》（“锦瑟无端五十弦，一弦一柱思华年。庄生晓梦迷蝴蝶，望帝春心托杜鹃。沧海月明珠有泪，蓝田日暖玉生烟。此情可待成追忆，只是当时已惘然。”）。诗家对此诗素有“一篇《锦瑟》解人难”的慨叹。

杜牧（803—853 年），字牧之，号“樊川居士”“杜紫薇”，京兆万年（今陕西西安）人，擅长七言绝句与骈文，深受杜甫影响，题材广阔、笔力峭健、文辞清丽、情韵跌宕，内容多咏史抒怀，擅长以小见大，风格“英发俊爽”。他的诗歌代表作品有《过华清宫》：“一骑红尘妃子笑，无人知是荔枝来。”《泊秦淮》：“商女不知亡国恨，隔江犹唱后庭花。”《赤壁》：“东风不与周郎便，铜雀春深锁二乔。”《紫薇花》：“桃李无言又何在，向风偏笑艳阳人。”《江南春》：“南朝四百八十寺，多少楼台烟雨中。”骈文代表作品是《阿房宫赋》，均收录于《樊川文集》。

温庭筠（约 801—866 年），原名岐，字飞卿，太原祁县人。温庭筠的骈文和诗与李商隐齐名，并称“温李”；词与韦庄齐名，并称“温韦”。代表诗作如《商山早行》：“鸡声茅店月，人迹板桥霜。”他的词以描写妇女生活、闺愁宫怨为主，主要供歌伎演唱，被尊为“花间词派”鼻祖。代表作品有《菩萨蛮》、《望江南》（“梳洗罢，独倚望江楼。过尽千帆皆不是，斜晖脉脉水悠悠。肠断白蘋洲。”）、《新添声杨柳枝词》（“玲珑骰子安红豆，入骨相思知不知。”）等，大都收录在我国第一部文人词总集《花间集》中。

韦庄（约 836—910 年），字端己，京兆郡杜陵县（今陕西西安）人，韦应物重孙。韦庄工诗，其律诗圆稳整赡、音调洪亮，绝句情致深婉、包蕴丰厚；其词善用白描手法，词风清丽。韦庄与温庭筠同为“花间派”代表作家，并称“温韦”。所著长诗《秦妇吟》与《孔雀东南飞》、《木兰诗》并称“乐府三绝”。另有《菩萨蛮》五首为宋词奠基之作。《菩萨蛮》其二：“人人尽说江南好，游人只合江南老。春水碧于天，画船听雨眠。垆边人似月，皓腕凝霜雪。未老莫还乡，还乡须断肠。”其五：“洛阳城里春光好，洛阳才子他乡老。”其他如《思帝乡·春日游》：“春日游，杏花吹满头。陌上谁家年少，足风流？妾拟将身嫁与，一生休。纵被无情弃，不能羞。”

《秦妇吟》是一首长篇叙事诗。此诗借一位逃难的妇女之口描述了唐末黄巢起义时的社会乱象，反映了战争给人民带来的深重灾难。全诗情节曲折丰富，结构宏大严密，语言流丽精工，在思想与艺术两方面都达到了相当高的水平，为中国古代叙事诗树立了一座丰碑。因在诗成当时就深受人们称赞，诗人还得到“秦妇吟秀才”的雅称。人们认为它是唐代叙事诗继杜甫“三吏三别”和白居易《长恨歌》之后的第三座丰碑。

李煜（937—978年），字重光，彭城人，南唐亡国之君，世称“李后主”。他的作品前期多反映宫廷生活，风格柔靡，艳丽颓宕；后期多反映亡国之痛，题材扩大，意境深远，感情真挚，格调深沉，富有感染力。清朝学者郭麟评价他说：“做个才人真绝代，可怜薄命做君王。”代表作品有《浪淘沙》：“独自莫凭栏，无限江山，别时容易见时难。流水落花春去也，天上人间。”《相见欢》：“胭脂泪，相留醉，几时重？自是人生长恨，水长东。”《虞美人》：“春花秋月何时了？往事知多少！小楼昨夜又东风，故国不堪回首月明中。雕栏玉砌应犹在，只是朱颜改。问君能有几多愁，恰似一江春水向东流！”

五、古文运动

古文运动，又叫“唐宋古文运动”，是指唐代中期和宋代提倡古文、反对骈文的文体改革运动，兼有思想运动和社会运动的性质。在“古文运动”中，先后涌现出来八位著名的散文作家，分别是唐代的韩愈、柳宗元和宋代的欧阳修、苏轼、苏洵、苏辙、王安石、曾巩，后世总称“唐宋八大家”。

韩愈率先提出了“古文”的概念，文章气势雄伟、说理透彻、逻辑性强，被尊为“唐宋八大家”之首，时人有“韩文”之誉。杜牧把韩文与杜诗并列，称为“杜诗韩笔”；苏轼称他“文起八代之衰”。韩愈与柳宗元、欧阳修、苏轼合称“千古文章四大家”，有“文章巨公”“百代文宗”之名。韩愈提出“文以载道”“气盛言宜”“务去陈言”“辞必己出”“文从字顺”“不平则鸣”等创作理论，代表作品有《答李翊书》、《张中丞传后叙》、《师说》、《马说》、《进学解》（“业精于勤，荒于嬉；行成于思，毁于随。”）等。另，《祭十二郎文》是韩愈为其侄十二郎所写的祭文。文章没有铺排张扬，而是在对身世、家常、生活遭遇朴实的叙述中，表现出对兄嫂及侄儿深切的怀念和痛惜，一往情深，感人肺腑。

柳宗元提出“文以明道”“辅时及物”等创作理论，文的成就大于诗。代表作品有游记散文《永州八记》（《始得西山宴游记》《钴鉧潭记》《钴鉧潭西小丘记》《至小丘西小石潭记》《袁家渴记》《石渠记》《石涧记》《小石城山记》）和寓言故事《种树郭橐驼传》《三戒》（《临江之麋》《黔之驴》《永某氏之鼠》）等，论说性强，笔锋犀利，耿直辛辣。

柳宗元的散文以山水游记成就最高，他被推为“游记之祖”。这类作品语言优美、凝练精致，通过描述景物抒发个人的不幸遭遇及对现实的强烈不满。代表作《永州八记》与郦道元的《水经注》、徐霞客的《徐霞客游记》是我国山水文学史上的三个里程碑。

《三戒》是柳宗元贬谪永州时期所作的三篇一组的寓言，包括《临江之麋》《黔之驴》《永某氏之鼠》。作者通过麋、驴、鼠这三种动物形象，借题发挥，揭露社会上的丑恶现象。文章语言简洁凝练、以小见大、耐人寻味，具有强烈的现实讽刺意义。三篇寓言主题统一而又各自独立，形象生动而又寓意深刻，语言简练而又刻画细致、传神，在艺术上达到了比较高的境界。

寓言是文学作品的一种体裁，通常是把深刻的道理和寓意寄于简单的故事中，借此喻彼，借小喻大，借古喻今，语言简洁干练。特点：篇幅大多简短；主人公可为人，也可为拟人化的生物或非生物；深奥的道理从简单的故事中体现出来，具有鲜明的哲理性和讽刺性；常运用夸张和拟人等修辞手法。寓言早在我国春秋战国时代就已经盛行，诸子百家著作中都有不少寓言故事流传下来。外国寓言作品，著名的有古希腊的《伊索寓言》和俄国的《克雷洛夫寓言》。

六、传奇小说

唐朝时期，文人们“始有意为小说”，号称“传奇”，作者大多以记、传名篇，以史家笔法，传奇闻异事。唐传奇标志着中国古代文言短篇小说臻于成熟。宋朝学者洪迈曾经说：“唐人小说……与诗律可称一代之奇。”

唐传奇按内容分为四种类型：一是爱情婚姻传奇，这类作品数量最多，以才子佳人式的爱情模式为后人所推崇；二是官场黑暗传奇，讽刺官场的争名夺利；三是历史传奇，表现出对历史的批判；四是游侠传奇，反映出对藩镇割据的痛恨，以及对自由豪迈人生境界的向往。唐传奇的意义在于，它为后世市井民众文艺的发展奠定了基础，成为元、明、清三代戏曲的重要题材来源。

唐传奇作家与作品主要有：

李朝威的传奇小说《柳毅传》（又名《洞庭灵姻传》）。本篇构思奇特，情节曲折，结构谨严，人物形象突出，被鲁迅视为与元稹的《莺莺传》具有同等地位，后代戏曲家多取其为题材。文中柳毅的正直磊落，龙女的一往情深，钱塘君的刚直暴烈，洞庭君的宽厚平和，都被作者刻画得非常生动鲜明。李朝威也因此被后来的一些学者誉为中国传奇小说的开山鼻祖。

元稹的《莺莺传》（又名《会真记》）描写了一出莺莺与张生（张珙，字君瑞）相见、相悦、相欢，而以张生“始乱终弃”作结的爱情悲剧。本篇称张生始乱终弃的行为是“善于补过”，是一篇艺术水平很高而思想上存在明显缺陷的作品，也是唐传奇中带有诗化倾向的代表作。《莺莺传》在唐传奇的发展中具有里程碑的意义，它以其曲折生动的爱情描写和独特的艺术魅力深刻地影响了后代的小说创作，也是元朝王实甫杂剧《西厢记》的底本之一。

其他如白行简的《李娃传》、蒋防的《霍小玉传》（明人胡应麟称之为“唐人最精彩之传奇”）、沈既济的《枕中记》（“黄粱美梦”“一枕黄粱”）、李公佐的《南柯太守传》（“南柯一梦”）、陈鸿的《长恨歌传》等，都各有其价值与影响力。

现存的大部分唐传奇作品都收在宋初编的《太平广记》（中国古代第一部文言纪实小说的总集）中。

本节自测

真题演练

（一）单项选择题

1.唐代诗人杜甫在《蜀相》《八阵图》《咏怀古迹》诗中都提到的一个人是（　　）。【2023】

A.周瑜　　B.庞统　　C.司马徽　　D.诸葛亮

2.晚唐诗坛上，与温庭筠并称“温李”，又与杜牧并称“小李杜”的诗人是（　　）。【2023】

A.李之仪　　B.李贺　　C.李商隐　　D.李煜

3.下列古诗中，描写春天景象的是（　　）。【2023】

A.桃花细逐杨花落，黄鸟时兼白鸟飞　　B.忽如一夜春风来，千树万树梨花开

C.月落乌啼霜满天，江枫渔火对愁眠　　D.梅子金黄杏子肥，麦花雪白菜花稀

4.“笔落惊风雨，诗成泣鬼神”说的是（　　）的诗。【2022】

A.杜甫　　B.陆游　　C.辛弃疾　　D.李白

5.以下诗句（　　）是歌颂扬州风景景致的。【2022】

A.二十四桥明月夜，玉人何处教吹箫　　B.春风得意马蹄疾，一日看尽长安花

C.丞相祠堂何处寻？锦官城外柏森森　　D.姑苏城外寒山寺，夜半钟声到客船

6.“竹喧归浣女，莲动下渔舟”出自王维的（　　）。【2020】

A.《过香积寺》　　B.《终南山》　　C.《山中》　　D.《山居秋暝》

7.关于柳宗元，以下描述不正确的是（　　）。【2019】

A.字子厚　　B.其作品《钴鉧潭记》是唐代散文中的名篇

C.“唐宋八大家”之一　　D.因反对王安石变法而被贬

8.关于《春江花月夜》，以下描述不正确的是（　　）。【2019】

A.作者是唐朝诗人张若虚　　B.《春江花月夜》是乐府用题

C.这是一首著名的七言律诗　　D.全诗四句一韵，首句入韵

9.《行路难》的作者是（　　）。【2019】

A.李白　　B.杜甫　　C.王维　　D.苏轼

10.张若虚《春江花月夜》结构的基本线索是（　　）。【2017】

A.江水的流动过程　B.月亮的升落过程　C.花林的空间变换　D.白云的飘浮显隐

11.《长恨歌》的诗歌体裁属（　　）。【2017】

A.七言律诗　B.七言近体　C.七言歌行　D.七言绝句

12.以下哪位是唐朝“边塞”诗作代表诗人？（　　）【2016】

A.高适　B.李白　C.杜甫　D.王维

13.“忽如一夜春风来，千树万树梨花开。”这两句诗出自岑参的（　　）。【2016】

A.《白雪歌送武判官归京》　B.《轮台歌奉送封大夫出师西征》

C.《走马川行奉送封大夫出师西征》　D.《天山雪歌》

14.下列哪首王维的诗歌体现的是初冬的幽美景色？（　　）【2016】

A.《汉江临泛》　B.《山中》　C.《鹿柴》　D.《渭城曲》

15.《春江花月夜》的体裁是（　　）。【2015】

A.七言排律　B.七言歌行　C.新题乐府　D.古题乐府

16.《春江花月夜》中的写景、抒情、阐发哲理，都紧紧围绕着一个意象，这个意象是（　　）。【2014】

A.春江　B.明月　C.花林　D.夜空

17.唐代大诗人李白有（　　）之称。【2014】

A.“诗仙”　B.“诗圣”　C.“诗佛”　D.“诗鬼”

18.杜甫诗作《蜀相》中“出师未捷身先死，长使英雄泪满襟”指的是（　　）【2013】

A.诸葛亮　B.刘备　C.张良　D.萧何

19.唐诗《长恨歌》所写的故事发生的时代背景是（　　）。【2012/2009】

A.玄武门之变　B.贞观之治　C.安史之乱　D.宦官专权

20.盛唐山水田园诗派中，与王维齐名并称的著名诗人是（　　）。【2011】

A.王昌龄　B.岑参　C.孟浩然　D.高适

21.诗句“感时花溅泪，恨别鸟惊心”出自杜甫的（　　）。【2011】

A.《登高》　B.《春望》　C.《蜀相》　D.《闻官军收河南河北》

22.下面哪个作品描写了唐玄宗和杨玉环的爱情故事？（　　）【2010】

A.《长恨歌传》　B.《汉宫秋》　C.《西厢记》　D.《桃花扇》

23.李商隐的无题诗，大多属于（　　）。【2010】

A.爱情诗　B.政治讽喻诗　C.咏史诗　D.咏怀诗

24.下列诗句中，意境与“春江潮水连海平，海上明月共潮生”最为接近的是（　　）。【2009】

A.明月出海底，一朝开光曜　B.海上生明月，天涯共此时

C.青天有月来几时，我今停杯一问之　D.明月出天山，苍茫云海间

25.唐代边塞诗派的代表作家是（　　）。【2008】

A.高适与岑参　B.李白与杜甫　C.王维与孟浩然　D.韩愈与孟郊

26.唐代大诗人白居易的号是（　　）。【2006】

A.香山居士　　B.柳泉居士　　C.六一居士　　D.东坡居士

（二）填空题

1.王维的名句“独在异乡为异客，每逢佳节倍思亲”中的“佳节”指的是＿＿＿＿。【2022】

2.韩愈在《师说》中说：“是故无贵无贱，无长无少，＿＿＿＿，师之所存也。”【2020】

3.＿＿＿＿经过韩愈、柳宗元的“＿＿＿＿”得以全面发展，对后代散文产生了深远影响。【2019】

4.蜀道之难，＿＿＿＿，使人听此凋朱颜。【2017】

5.＿＿＿＿，六宫粉黛无颜色。【2017】

6.被后人誉为“诗仙”的唐代伟大的浪漫主义诗人是＿＿＿＿。【2017】

7.古诗《长恨歌》的作者是唐代诗人＿＿＿＿。【2015】

8.白居易《长恨歌》：“天长地久有时尽，＿＿＿＿。”【2014】

9.王勃写了著名的《滕王阁序》，“落霞与孤鹜齐飞，＿＿＿＿”是其中最有名的一句。【2013】

10.李白《蜀道难》：“噫吁嚱，危乎高哉！蜀道之难，＿＿＿＿！”【2012】

11.《春江花月夜》中“江天一色无纤尘”的下句是＿＿＿＿。【2007】

12.“文章合为时而著，歌诗合为事而作”是＿＿＿＿的文学主张。【2006】

巩固练习

（一）单项选择题

1.“黄河远上白云间，一片孤城万仞山”出自（　　）。

A.王之涣《凉州词》　　B.王勃《送杜少府之任蜀州》

C.张若虚《代答闺梦还》　　D.王昌龄《出塞》

2.下列词句出自李煜的是（　　）。

A.小山重叠金明灭，鬓云欲度香腮雪　　B.风乍起，吹皱一池春水

C.流水落花春去也，天上人间　　D.细雨梦回鸡塞远，小楼吹彻玉笙寒

3.成语“一枕黄粱”出自（　　）。

A.元稹《莺莺传》　　B.沈既济《枕中记》

C.李公佐《南柯太守传》　　D.李朝威《柳毅传》

4.下列称呼不是指称白居易的是（　　）。

A.香山居士　B.醉吟先生　C.白乐天　D.白微之

5.以下不是中唐“新乐府运动”代表作家的是（　　）。

A.韩愈　B.元稹　C.张籍　D.白居易

6.杜甫自号（　　）。

A.少陵野老　B.杜拾遗　C.杜工部　D.颍滨遗老

7.晚年自号“四明狂客”的诗人是（　　）。

A.李白　B.张若虚　C.贺知章　D.陈子昂

8.唐传奇是唐代流行的（　　）。

A.文言短篇小说　B.白话短篇小说　C.文言长篇小说　D.白话长篇小说

9.元好问的一个经典评价：“诗家总爱西昆好，独恨无人作郑笺。”这句话是评价哪位诗人的？（　　）

A.杜甫　B.李商隐　C.白居易　D.杜牧

10.被称为“千古词帝”的是（　　）。

A.温庭筠　B.韦庄　C.李璟　D.李煜

11.下列哪一句诗描写的场景最适合采用水墨画来表现？（　　）

A.落霞与孤鹜齐飞，秋水共长天一色　B.返景入深林，复照青苔上

C.孤舟蓑笠翁，独钓寒江雪　D.接天莲叶无穷碧，映日荷花别样红

12.唐代诗人贾岛“二句三年得，一吟双泪流”的诗句是（　　）。

A.独行潭底影，数息树边身　B.鸟宿池边树，僧敲月下门

C.十年磨一剑，霜刃未曾试　D.秋风生渭水，落叶满长安

13.京剧《贵妃醉酒》是根据哪部古代戏曲改编而成的？（　　）

A.《桃花扇》　B.《长生殿》　C.《牡丹亭》　D.《南柯梦》

14.我国古代的很多事物都有自己的雅称，请问我们常说的“润笔”指的是（　　）。

A.文章书画稿费　B.替人研磨墨汁　C.为人作序　D.用水浸泡毛笔

15.唐代边塞诗人王昌龄的“但使龙城飞将在，不教胡马度阴山”中的“飞将”指的是（　　）。

A.张飞　B.关羽　C.卫青　D.李广

（二）填空题

1.“初唐四杰”之冠是________。

2.被王闿运誉为“孤篇横绝，竟为大家”的唐代诗人是________。

3.杜甫诗各体皆长，在艺术上达到了炉火纯青的境界，后人常以“________”四字评价其诗歌风格。

4.“唐宋八大家”之首是________。

5.被称为“花间鼻祖”的晚唐诗人是______。

6.“桃花潭水深千尺，不及汪伦送我情。”诗中的“我”指的是______。

7.“红娘”今指代为爱情牵线搭桥的人，最早出现在元稹创作的传奇______中。

8.王昌龄《送柴侍御》：“______，明月何曾是两乡。”

9.“丞相祠堂何处寻？锦官城外柏森森。”诗中的“锦官城”即今四川省______市的别称。

参考答案

第三节　宋元文学

宋元文学在中国文学发展史上有着重要的地位，它处在一个承前启后的阶段，即处在中国文学从“雅”到“俗”的转变时期。所谓“雅”，指主要流传于社会中上层的文人文学，如诗、文、词；所谓“俗”，指主要流传于社会下层的小说、戏曲。

宋代文学不但五七言诗歌、散文等传统文学的创作成就卓然，新兴的词发展到了辉煌的顶峰，通俗文艺也得到了长足发展。

元代文学和前代相比，最突出的成就在戏曲方面，后人常把“元曲”和“唐诗”、“宋词”并称。

一、第二次古文运动——北宋诗文革新运动

北宋诗文革新运动是“古文运动”的延续与推进。在散文创作方面，涌现出了欧阳修、苏轼、苏洵、苏辙、王安石、曾巩等大批名家。他们推动了散文、文学理论的发展，他们的作品一直被奉为散文正宗，对后世产生了深远的影响，乃至于明朝的“唐宋派”散文、清朝的“桐城派”散文，都是从唐、宋散文中汲取的营养。

欧阳修（1007—1072年），字永叔，号“醉翁”，晚号“六一居士”，谥号“文忠”，世称“欧阳文忠公”，“唐宋八大家”之一。欧阳修是北宋诗文革新运动的领袖，提出了“明道、致用、事信、言文”的创作理论，曾主修《新唐书》，撰《新五代

史》。代表作品有史论散文《五代史·伶官传序》、游记散文《醉翁亭记》、文赋《秋声赋》、诗歌理论著作《六一诗话》等。

名句摘选：

盛衰之理，虽曰天命，岂非人事哉！

岂得之难而失之易欤？抑本其成败之迹，而皆自于人欤？

忧劳可以兴国，逸豫可以亡身，自然之理也。

夫祸患常积于忽微，而智勇多困于所溺，岂独伶人也哉！

——《五代史·伶官传序》

醉翁之意不在酒，在乎山水之间也。山水之乐，得之心而寓之酒也。

然而禽鸟知山林之乐，而不知人之乐；人知从太守游而乐，而不知太守之乐其乐也。

——《醉翁亭记》

其所以摧败零落者，乃其一气之余烈。

商，伤也，物既老而悲伤；夷，戮也，物过盛而当杀。

奈何以非金石之质，欲与草木而争荣？念谁为之戕贼，亦何恨乎秋声！

——《秋声赋》

王安石（1021—1086年），字介甫，号“半山”，谥号“文”，世称“王文公”，“唐宋八大家”之一。提出了“有补于世，以适用为本”的创作理论，其文简洁峻切、短小精悍、论点鲜明、逻辑严密，有很强的说服力，充分发挥了古文的实际功用，代表作品有游记散文《游褒禅山记》、驳论短文《读孟尝君传》等。王安石被列宁誉为“中国十一世纪伟大的改革家”，其发起的“熙宁变法”对北宋后期的社会经济具有深远影响。

名篇名句：

世皆称孟尝君能得士，士以故归之，而卒赖其力，以脱于虎豹之秦。嗟乎！孟尝君特鸡鸣狗盗之雄耳，岂足以言得士？不然，擅齐之强，得一士焉，宜可以南面而制秦，尚何取鸡鸣狗盗之力哉？夫鸡鸣狗盗之出其门，此士之所以不至也。

——《读孟尝君传》

天变不足畏，祖宗不足法，人言不足恤。

——《宋史·王安石传》

苏轼（1037—1101年），字子瞻，号“东坡居士”，眉州眉山（今四川眉山）人，“唐宋八大家”之一，代表着北宋诗文革新运动的最高成就，作文“如行云流水，初无定质，但常行于所当行，常止于所不可不止，文理自然，姿态横生”。“虽嬉笑怒骂之辞，皆可书而诵之”。

苏轼是北宋中期文坛领袖，在诗、词、文、书、画等方面都取得了很高成就。其诗题材广阔、清新豪健，善用夸张比喻，独具风格，与黄庭坚并称“苏黄”；词开豪放一派，与辛弃疾同是豪放派代表，并称“苏辛”；散文著述宏富、纵横恣肆、豪放自如，与欧阳修并称“欧苏”，与韩愈、柳宗元、欧阳修、苏洵、苏辙、王安石、曾巩合称“唐宋八大家”；善书法，与黄庭坚、米芾、蔡襄合称“宋四家”；擅长文人画，尤擅墨竹、怪石、枯木等。辞赋继承了欧阳修的传统，融入了古文的疏宕萧散之气，吸收了诗歌的抒情意味，骈散并用、情景兼备，堪称优美。

散文代表作品有辞赋散文《赤壁赋》《后赤壁赋》、史论散文《留侯论》《六国论》、文论散文《文与可画筼筜谷偃竹记》、笔记小品《记承天寺夜游》等。其中，《赤壁赋》表现了作者的心理由矛盾、悲伤转为超越、升华的复杂过程，《六国论》认为六国长存的原因是“养士自谋”，《文与可画筼筜谷偃竹记》表述的文艺见解是“胸有成竹”“尺幅千里”。

苏轼与其父苏洵、其弟苏辙合称“三苏”。朱德同志高度评价“三苏”：“一门三父子，都是大文豪。诗赋传千古，峨眉共比高。”

名句摘选：

霜露既降，木叶尽脱。人影在地，仰见明月，顾而乐之，行歌相答。

江流有声，断岸千尺；山高月小，水落石出。曾日月之几何，而江山不可复识矣！

——《后赤壁赋》

古之所谓豪杰之士，必有过人之节……天下有大勇者，卒然临之而不惊，无故加之而不怒。

——《留侯论》

庭下如积水空明，水中藻荇交横，盖竹柏影也。何夜无月？何处无竹柏？但少闲人如吾两人者耳。

——《记承天寺夜游》

画竹必先得成竹于胸中，执笔熟视，乃见其所欲画者，急起从之，振笔直遂，以追其所见，如兔起鹘落，少纵则逝矣。

夫既心识其所以然而不能然者，内外不一，心手不相应，不学之过也。

——《文与可画筼筜谷偃竹记》

苏洵（1009—1066年），字明允，号“老泉”，“唐宋八大家”之一，与苏轼、苏辙合称“三苏”，号称“眉山出三苏，草木为之枯”。他的散文议论明畅、笔势雄健、语言锋利、纵横恣肆，具有雄辩的说服力，代表作品是史论散文《六国论》，他认为六国灭亡的原因是“弊在赂秦”，发出“为国者无使为积威之所劫哉”的沉痛呼喊与警示。

苏辙（1039—1112年），字子由，号“颖滨遗老”，“唐宋八大家”之一。他的散文被苏轼评价为“汪洋澹泊，有一唱三叹之声，而其秀杰之气终不可没”，代表作品是史论散文《六国论》，认为六国灭亡的原因是“不知天下之势”。

曾巩（1019—1083年），字子固，江西南丰人，世称“南丰先生”，“唐宋八大家”之一。他的散文“古雅、平正、冲和”，被王安石誉为“水之江汉星之斗”，代表作品有《墨池记》（阐释成就并非天成，要靠刻苦学习的道理，勉励学者勤奋学习）、《越州赵公救灾记》等。

司马光（1019—1086年），字君实，号“迂叟”，陕西夏县人，世称“涑水先生”，北宋政治家、史学家、文学家，主持编纂了我国第一部编年体通史《资治通鉴》（宋神宗认为此书“鉴于往事，有资于治道”，所以定名为《资治通鉴》）。司马光与司马迁并称为“史学两司马”，《资治通鉴》与《史记》并列为中国史学的不朽巨著。

二、宋词

词是宋代盛行的一种相对于古体诗的新体诗歌，标志着宋代文学的最高成就。词句子有长有短，便于歌唱。因是合乐的歌词，故又称曲子词、乐府、乐章、长短句、诗余、琴趣等。

词始于南朝梁代，形成于唐代而极盛于宋代。宋词是中国古代文学皇冠上光辉夺目的明珠，以姹紫嫣红、千姿百态的神韵，与唐诗争奇，与元曲斗艳，历来与唐诗并称“双绝”，都代表一代文学之盛。

宋词的代表人物主要有柳永、李清照（婉约派代表词人）、苏轼、辛弃疾（豪放派代表词人）等。

（一）婉约派

婉约派是以柳永、张先、欧阳修、晏几道、秦观、贺铸、周邦彦、李清照等词人为代表作家的词派，其作品修辞委婉、表情柔腻、风格绮丽，多写儿女之情和离别之绪。

柳永（约987—1053年），崇安人，原名三变，字景庄；后改名永，字耆卿；在家排行第七，又称“柳七”；官至屯田员外郎，世称“柳屯田”；自称“奉旨填词”“白衣卿相”。柳永是北宋第一个大量写作慢词的词人，第一位对宋词进行全面革新的词人，也是两宋词坛上创用词调最多的词人。他创作了大量通俗、婉转的“慢词”（如《八声甘州·对潇潇暮雨洒江天》），长于铺叙、不避俚俗，以白描的手法，写都市繁华和悲欢离合之情，“尤工于羁旅行役”，且多以同情态度描写伶工乐伎的生活和愿望，发展了词体，扩大了词境。柳词在当时流传极广，号称“凡有井水饮处，皆能歌柳词”。词集为《乐章集》，代表作品有《鹤冲天》：“才子词人，自是白衣卿相……忍把浮名，换了浅斟低唱。”《蝶恋花》：“衣带渐宽终不悔，为伊消得人憔悴。”《雨霖铃》：“念去去，千里烟波，暮霭沉沉楚天阔。多情自古伤离别，更那堪、冷落清秋节！今宵酒醒何处？杨柳岸、晓风残月。此去经年，应是良辰好景虚设。便纵有千种风情，更与何人说？”《望海潮》：“东南形胜，三吴都会，钱塘自古繁华。烟柳画桥，风帘翠幕，参差十万人家。云树绕堤沙。怒涛卷霜雪，天堑无涯。市列珠玑，户盈罗绮，竞豪奢。重湖叠𪩘清嘉。有三秋桂子，十里荷花。羌管弄晴，菱歌泛夜，嬉嬉钓叟莲娃。千骑拥高牙。乘醉听箫鼓，吟赏烟霞。异日图将好景，归去凤池夸。”

张先（990—1078年），字子野，乌程（今浙江湖州）人，婉约派代表人物；曾任安陆知县，世称“张安陆”；善作慢词，与柳永齐名，被欧阳修称为“桃李嫁东风郎中”；因词中有“云破月来花弄影”“娇柔懒起，帘幕卷花影”“柳径无人，堕絮飞无影”等句，故称“张三影”。作品《一丛花令》有“沉恨细思，不如桃杏，犹解嫁东风”句，比拟新颖而饶有风趣，将闺中怨女的心理刻画得细腻生动。

晏殊（991—1055年），字同叔，抚州临川（今江西进贤）人，谥号“元献”，世称“晏元献”。晏殊以词著于文坛，尤擅小令，多写诗酒生活和悠闲情致，风格含蓄婉丽，与欧阳修并称“晏欧”，与儿子晏几道号称“大晏”“小晏”。词集为《珠玉词》，代表作品有《浣溪沙》：“无可奈何花落去，似曾相识燕归来。小园香径独徘徊。”《蝶恋花》：“昨夜西风凋碧树，独上高楼，望尽天涯路。欲寄彩笺兼尺素，山长水阔知何处？”晏殊亦工诗善文，其文章能“为天下所宗”。

欧阳修的婉约词扩大了抒情功能，像李煜那样表达个人感受；改变了审美趣味，像柳永那样走向通俗化，词集为《六一词》，代表作品有《蝶恋花》：“泪眼问花花不语，乱红飞过秋千去。”《踏莎行》：“离愁渐远渐无穷，迢迢不断如春水。”《生查子》：“月上柳梢头，人约黄昏后……不见去年人，泪湿春衫袖。”

晏几道（1038—1110年），字叔原，号小山，晏殊第七子。他的词风酷似晏殊，造诣超出甚远，小令言情，清丽真挚，词集为《小山词》，代表作品有《鹧鸪天》：“舞低杨柳楼心月，歌尽桃花扇底风……今宵剩把银釭照，犹恐相逢是梦中。”《临江仙》：“去年春恨却来时，落花人独立，微雨燕双飞……琵琶弦上说相思，当时明月在，曾照彩云归。”

秦观（1049—1100年），字少游，一字太虚，号淮海居士，江苏高邮人，被苏轼誉为“有屈宋之才”“山抹微云君”，与黄庭坚、晁补之、张耒合称“苏门四学士”，与李清照共尊为婉约派“一代词宗”。他的词多写男女间的柔情蜜意，颇有感伤身世之意，风格委婉含蓄、清丽雅淡，词集为《淮海词》（又名《淮海居士长短句》），代表作品是《踏莎行·郴州旅舍》：“可堪孤馆闭春寒，杜鹃声里斜阳暮……郴江幸自绕郴山，为谁流下潇湘去？”

贺铸（1052—1125年），字方回，自号“庆湖遗老”，人称“贺梅子”“贺三愁”，卫州（今河南卫辉）人。贺铸能诗文，尤长于词。其词内容、风格较为丰富多样，兼有豪放、婉约二派之长，长于锤炼语言并善融化前人成句。用韵谨严，富有节奏感和音乐美。描绘春花秋月之作，意境高旷，语言清丽哀婉，近秦观、晏几道；其爱国忧时之作，悲壮激昂，又近苏轼。词集为《东山词》，代表作品有《青玉案》：“飞云冉冉蘅皋暮，彩笔新题断肠句。试问闲情都几许？一川烟草，满城风絮，梅子黄时雨。”《踏莎行》：“当年不肯嫁春风，无端却被秋风误。”《鹧鸪天》：“重过阊门万事非，同来何事不同归？梧桐半死清霜后，头白鸳鸯失伴飞。原上草，露初晞。旧栖新垅两依依。空床卧听南窗雨，谁复挑灯夜补衣？”

周邦彦（1057—1121年），字美成，号“清真居士”，杭州钱塘（今浙江杭州）人。周邦彦多写慢词，格律谨严、语言精雅、善于铺叙，被尊为婉约派“正宗”，号称“词家之冠”，王国维称其为“词中老杜”，是公认的“负一代词名”的词人，在宋代影响甚大。词集《片玉集》，标志着宋词艺术的成熟。代表作品有《满庭芳·夏日溧水无想山作》："风老莺雏，雨肥梅子，午阴嘉树清圆。"《少年游》："马滑霜浓，不如休去，直是少人行。"

李清照（1084—1155年），号"易安居士"，齐州章丘（今济南章丘）人，被誉为"千古第一才女""一代词宗"。她提出了词"别是一家"的观点，反对以作文之法作词，其词作人称"易安体"，词集为《漱玉词》。

名篇名句摘选：

寻寻觅觅，冷冷清清，凄凄惨惨戚戚。乍暖还寒时候，最难将息。三杯两盏淡酒，怎敌他、晚来风急？雁过也，正伤心，却是旧时相识。

满地黄花堆积。憔悴损，如今有谁堪摘？守着窗儿，独自怎生得黑？梧桐更兼细雨，到黄昏、点点滴滴。这次第，怎一个愁字了得！

——《声声慢》

和羞走，倚门回首，却把青梅嗅。

——《点绛唇》

红藕香残玉簟秋，轻解罗裳，独上兰舟。云中谁寄锦书来？雁字回时，月满西楼。

花自飘零水自流，一种相思，两处闲愁。此情无计可消除，才下眉头，却上心头。

——《一剪梅》

东篱把酒黄昏后，有暗香盈袖。莫道不销魂，帘卷西风，人比黄花瘦。

——《醉花阴》

物是人非事事休，欲语泪先流……只恐双溪舴艋舟，载不动许多愁。

——《武陵春》

"三瘦词人"指李清照。所谓"三瘦"，是指李清照喜以"瘦"字入词，来形容花容人貌，并创造了三个因"瘦"而名传千古的动人词句，因而得名。"三瘦"具体指："莫道不销魂，帘卷西风，人比黄花瘦。"（《醉花阴》）"知否，知否？应是绿肥红瘦。"（《如梦令》）"新来瘦，非干病酒，不是悲秋。"（《凤凰台上忆吹箫》）

吴文英（约1212—约1272年），字君特，号梦窗，南宋词人。作为南宋词坛大家，吴文英在词坛流派的开创和发展上，有较高的地位，对后世词坛有较大的影响，与姜夔、辛弃疾三足鼎立。代表作有《唐多令·惜别》："何处合成愁？离人心上秋。"

元好问（1190—1257年），字裕之，号遗山，世称遗山先生，太原秀容（今山西忻州）人，著名的文学家、历史学家，宋金对峙时期北方文学的主要代表、文坛盟主，又是金元之际文学上承前启后的桥梁，被尊为"北方文雄""一代文宗"。元好问擅作诗、文、词、曲，其中以诗作成就最高，其"丧乱诗"尤为有名；其词则为金代一朝之冠，可与两宋名家媲美；其散曲虽传世不多，但当时影响很大，有倡导之功。

有《元遗山先生全集》《中州集》等作品传世。词风豪放、婉约兼具，经典名句如“问世间、情是何物，直教生死相许？天南地北双飞客，老翅几回寒暑？”（《摸鱼儿·雁丘词》）、“天若有情天亦老，世间原只无情好”（《蝶恋花》）等。

（二）豪放派

豪放派是继北宋范仲淹发端之后，由苏轼、辛弃疾发扬光大，经陈与义、叶梦得、朱敦儒、陆游、张孝祥、陈亮等人承流接响，至南宋刘过、张炎、刘克庄、刘辰翁等逐渐式微的宋词流派。豪放派喜欢摄取军情国事等重大题材入词，使词能像诗文一样反映生活，所谓“无言不可入，无事不可入”，因而境界宏大、气势恢宏、不拘格律、汪洋恣意、崇尚直率。

范仲淹（989—1052年），字希文，谥号“文正”，世称“范文正公”，苏州吴县人。范仲淹开创了豪放派之先河，代表作品有《渔家傲·秋思》：“塞下秋来风景异，衡阳雁去无留意。四面边声连角起。千嶂里，长烟落日孤城闭。浊酒一杯家万里，燕然未勒归无计。羌管悠悠霜满地，人不寐，将军白发征夫泪。”《苏幕遮·怀旧》：“碧云天，黄叶地，秋色连波，波上寒烟翠。山映斜阳天接水，芳草无情，更在斜阳外。黯乡魂，追旅思，夜夜除非，好梦留人睡。明月楼高休独倚，酒入愁肠，化作相思泪。”范仲淹散文成就也很高，名篇《岳阳楼记》所倡导的“先天下之忧而忧，后天下之乐而乐”的思想，对后世影响深远。

苏轼的“豪放词”取得了非凡的文学成就，价值和意义超过了他的散文和诗。他继柳永之后，对词体进行了全面改革。他提出了“词为诗之苗裔”“诗词一体”“以诗为词”等理论，突破了“艳科”“小道”的格局，提高了词的文学地位，使词从音乐的附属品（歌词）变成一种独立的抒情诗体，从根本上改变了词的发展方向，被王灼评价为“偶尔作歌，指出向上一路，新天下耳目”。当时的人对比他与柳永的作品说：“柳郎中词，只合十七八女郎，执红牙板，歌‘杨柳岸晓风残月’；学士词，须关西大汉，铜琵琶，铁绰板，唱‘大江东去’。”他与南宋的辛弃疾并称“苏辛”，都是豪放词创作的集大成者。他的词集是《东坡乐府》，代表作品有《念奴娇·赤壁怀古》《江城子·密州出猎》《水调歌头·明月几时有》等。苏轼的婉约词也缠绵悱恻，如悼亡词《江城子·乙卯正月二十日夜记梦》《蝶恋花·春景》等。

名篇名句摘选：

老夫聊发少年狂，左牵黄，右擎苍，锦帽貂裘，千骑卷平冈。为报倾城随太守，亲射虎，看孙郎。

酒酣胸胆尚开张，鬓微霜，又何妨？持节云中，何日遣冯唐？会挽雕弓如满月，西北望，射天狼。

——《江城子·密州出猎》

十年生死两茫茫。不思量，自难忘。千里孤坟，无处话凄凉。纵使相逢应不识，尘满面，鬓如霜。

夜来幽梦忽还乡。小轩窗，正梳妆。相顾无言，惟有泪千行。料得年年肠断处，明月夜，短松冈。

——《江城子·乙卯正月二十日夜记梦》

花褪残红青杏小。燕子飞时，绿水人家绕。枝上柳绵吹又少。天涯何处无芳草。

墙里秋千墙外道。墙外行人，墙里佳人笑。笑渐不闻声渐悄。多情却被无情恼。

——《蝶恋花·春景》

莫听穿林打叶声，何妨吟啸且徐行。竹杖芒鞋轻胜马，谁怕？一蓑烟雨任平生。

料峭春风吹酒醒，微冷，山头斜照却相迎。回首向来萧瑟处，归去，也无风雨也无晴。

——《定风波·莫听穿林打叶声》

细雨斜风作晓寒，淡烟疏柳媚晴滩。入淮清洛渐漫漫。

雪沫乳花浮午盏，蓼茸蒿笋试春盘。人间有味是清欢。

——《浣溪沙·细雨斜风作晓寒》

试问岭南应不好，却道：此心安处是吾乡。

——《定风波·南海归赠王定国侍人寓娘》

长恨此身非我有，何时忘却营营？夜阑风静縠纹平。小舟从此逝，江海寄余生。

——《临江仙·夜归临皋》

辛弃疾（1140—1207 年），字幼安，号稼轩，山东济南人，豪放派词人，有**“词中之龙”**之称。与苏轼合称“苏辛”，与李清照并称“济南二安”。辛弃疾存词 600 多首，是两宋存词最多的作家。辛词艺术风格多样，以豪放为主，大多抒写力图恢复中原的爱国热情，倾诉壮志难酬的悲愤，指责执政者的屈辱求和，也有不少吟咏祖国河山的作品。他的词题材广阔，写政治、哲理，写朋友、恋情，写田园风光、民俗人情，写日常生活、读书感受等，凡是能写入任何文学样式的东西，他都能写入词中。而且随着内容、题材和感情的变化，那些词时而雄伟奔放、慷慨激昂，时而缠绵悱恻、细腻柔媚，而且善用典故。词体称**“稼轩体”**，词风被誉为“肝肠似火，色貌如花”。词集是《稼轩长短句》，代表作品有**《摸鱼儿·更能消几番风雨》**《南乡子·登京口北固亭有怀》《菩萨蛮·书江西造口壁》《西江月·夜行黄沙道中》《丑奴儿·书博山道中壁》《破阵子·为陈同甫赋壮词以寄之》《永遇乐·京口北固亭怀古》《青玉案·元夕》等。

名篇名句摘选：

更能消、几番风雨，匆匆春又归去。惜春长怕花开早，何况落红无数。春且住，见说道、天涯芳草无归路。怨春不语。算只有殷勤，画檐蛛网，尽日惹飞絮。

长门事，准拟佳期又误。蛾眉曾有人妒。千金纵买相如赋，脉脉此情谁诉？君莫舞，君不见、玉环飞燕皆尘土！闲愁最苦！休去倚危栏，斜阳正在，烟柳断肠处。

——《摸鱼儿·更能消几番风雨》

楚天千里清秋，水随天去秋无际。遥岑远目，献愁供恨，玉簪螺髻。落日楼头，断鸿声里，江南游子。把吴钩看了，栏杆拍遍，无人会，登临意。

休说鲈鱼堪脍，尽西风，季鹰归未？求田问舍，怕应羞见，刘郎才气。可惜流年，忧愁风雨，树犹如此！倩何人唤取，红巾翠袖，揾英雄泪！

——《水龙吟·登建康赏心亭》

醉里挑灯看剑，梦回吹角连营。八百里分麾下炙，五十弦翻塞外声。沙场秋点兵。

马作的卢飞快，弓如霹雳弦惊。了却君王天下事，赢得生前身后名。可怜白发生！

——《破阵子·为陈同甫赋壮词以寄之》

千古江山，英雄无觅、孙仲谋处。舞榭歌台，风流总被、雨打风吹去。斜阳草树，寻常巷陌，人道寄奴曾住。想当年，金戈铁马，气吞万里如虎。

元嘉草草，封狼居胥，赢得仓皇北顾。四十三年，望中犹记，烽火扬州路。可堪回首，佛狸祠下，一片神鸦社鼓。凭谁问，廉颇老矣，尚能饭否？

——《永遇乐·京口北固亭怀古》

少年不识愁滋味，爱上层楼。爱上层楼，为赋新词强说愁。

而今识尽愁滋味，欲说还休。欲说还休，却道天凉好个秋。

——《丑奴儿·书博山道中壁》

郁孤台下清江水，中间多少行人泪？西北望长安，可怜无数山。

青山遮不住，毕竟东流去。江晚正愁余，山深闻鹧鸪。

——《菩萨蛮·书江西造口壁》

东风夜放花千树，更吹落星如雨……蛾儿雪柳黄金缕，笑语盈盈暗香去。众里寻他千百度，蓦然回首，那人却在，灯火阑珊处。

——《青玉案·元夕》

千古兴亡多少事？悠悠。不尽长江滚滚流……天下英雄谁敌手？曹刘。生子当如孙仲谋。

——《南乡子·登京口北固亭有怀》

七八个星天外，两三点雨山前。旧时茅店社林边，路转溪头忽见。

明月别枝惊鹊，清风半夜鸣蝉。稻花香里说丰年，听取蛙声一片。

——《西江月·夜行黄沙道中》

（三）其他词人词作

姜夔（约 1155—1209 年），字尧章，号白石道人，南宋格律派词人的代表。姜夔的词题材广泛，有感时、抒怀、咏物、恋情、写景、记游等。他在词中抒发了自己流落江湖却不忘君国的感时伤世的思想，描写了漂泊的羁旅生活，展现了超凡脱俗、如孤云野鹤般的个性。代表作品有《扬州慢·淮左名都》《暗香·旧时月色》《疏影·苔枝缀玉》等。《扬州慢·淮左名都》："淮左名都，竹西佳处，解鞍少驻初程。过春风十里，尽荠麦青青。自胡马窥江去后，废池乔木，犹厌言兵。渐黄昏，清角吹寒，都在空城。杜郎俊赏，算而今重到须惊。纵豆蔻词工，青楼梦好，难赋深情。二十四桥仍在，波心荡、冷月无声。念桥边红药，年年知为谁生？"

蒋捷（约 1245—约 1305 年），字胜欲，号竹山，南宋词人。南宋覆灭，深怀亡国之痛，隐居不仕，人称“竹山先生”“樱桃进士”，其气节为时人所重。长于词，与周密、王沂孙、张炎并称“宋末四大家”。其词多抒发故国之思、山河之恸，风格多样，以悲凉清俊、萧寥疏爽为主。尤以造语奇巧之作，在词坛上独具一格。《虞美人·听雨》（“少年听雨歌楼上，红烛昏罗帐。壮年听雨客舟中。江阔云低、断雁叫西风。而今听雨僧庐下。鬓已星星也。悲欢离合总无情，一任阶前、点滴到天明。”）、《一剪梅·舟过吴江》（“一片春愁待酒浇。江上舟摇，楼上帘招。秋娘渡与泰娘桥，风又飘飘，雨又萧萧。何日归家洗客袍？银字笙调，心字香烧。流光容易把人抛，红了樱桃，绿了芭蕉。”）都是脍炙人口的佳作。

三、宋诗与元曲

宋代作家创作的诗歌，形式大多与唐代流行的诗歌相同，简称“宋诗”；元代诗歌的主要形式是散曲，简称“元曲”，包括“小令”和“套数”两种类型。

（一）宋诗

宋诗讲究“以文为诗”“以理入诗”，总体成就不如宋词。北宋初年，流行以杨亿、钱惟演为代表作家的“西昆体”，继承了李商隐的风格，委婉含蓄，言辞华美，长于用典，风格柔靡，脱离社会现实与生活，而且非常难以理解。北宋中期，王禹偁率先发起“诗文革新运动”，梅尧臣、苏舜钦为之摇旗呐喊，至欧阳修而注重气骨、长于思想。在欧阳修的领导和影响下，王安石、苏轼、黄庭坚相继雄起，合称“北宋四大诗人”。其中，黄庭坚开创了影响巨大的“江西诗派”。南宋时期，陆游、杨万里、范成大和尤袤均出身于江西诗派，又自立门户，合称“南宋四大诗人”。此后，诗坛相继出现了“永嘉四灵”（徐照、徐玑、翁卷、赵师秀）和“江湖诗派”（刘克庄、戴复古等），但是现实感弱，风格轻浮。南宋末年，文天祥等人的爱国诗篇浩气磅礴，为宋诗增添了最后一笔光彩。

1. 北宋四大诗人

欧阳修对宋诗的最大贡献在于矫正了“西昆体”诗歌的柔靡、颓废风格。他提出“诗穷而后工”的诗歌理论，深受韩愈的影响，擅长以散文手法和议论手法写诗。如《画眉鸟》：“百啭千声随意移，山花红紫树高低。始知锁向金笼听，不及林间自在啼。”

王安石的诗歌深受杜甫影响，“学杜得其瘦硬”，具有“丰神远韵”的风格，长于说理与修辞，在北宋诗坛自成一家，世称“王荆公体”，被誉为“如空中之音，相中之色，欲有寻绎，不可得矣”和“如邓艾缒兵入蜀，要以险绝为功”，代表作有《登飞来峰》（“飞来山上千寻塔，闻说鸡鸣见日升。不畏浮云遮望眼，自缘身在最高层。”）、《泊船瓜洲》（“春风又绿江南岸，明月何时照我还。”）、《元日》（“爆竹声中一岁除，春风送暖入屠苏。千门万户曈曈日，总把新桃换旧符。”）、《梅花》（“墙角数枝梅，凌寒独自开。遥知不是雪，为有暗香来。”)、《明妃曲》(二首，其一：“君不见咫尺长门闭阿娇，人生失意无南北。”) 是王安石的组诗作品，被称为咏王昭君最好的诗篇。

苏轼擅长写理趣诗（说理诗），具有“以文字为诗，以才学为诗，以议论为诗”的特点，内容多批判社会现实和思考人生哲理，并以生动、鲜明的意象自然地表达出来，而不是经过推理分析出来，既优美动人，又饶有趣味，深得受众喜爱，被誉为“天仙化人，飞行绝迹，尽变唐人面目，另辟门户，敏妙超脱，巧夺天工，在宋人中独为大宗”，代表作品有《题西林壁》(“不识庐山真面目，只缘身在此山中。”)、《惠崇春江晚景》(“竹外桃花三两枝，春江水暖鸭先知。”)、《慈湖夹阻风》(其五）(“卧看落月横千丈，起唤清风得半帆。”)、《饮湖上初晴后雨》(“欲把西湖比西子，淡妆浓抹总相宜。”)、《惠州一绝》(“日啖荔枝三百颗，不辞长作岭南人。”)、《六月二十七日望湖楼醉书》(五首，其一：“卷地风来忽吹散，望湖楼下水如天。”)。

> 苏轼是宋代著名的书法家，擅长写行书、楷书，存世作品有《赤壁赋》《黄州寒食诗》《祭黄几道文》等帖。其行书代表作《寒食帖》被誉为“天下第三行书”。苏轼还是著名的画家，擅长画墨竹，重视神似，提倡“诗画本一律，天工与清新”，明确提出“士人画”的概念，为以后“文人画”的发展奠定了理论基础。代表作品有《古木怪石图卷》《潇湘竹石图卷》等。

黄庭坚（1045—1105 年），字鲁直，号“山谷道人”“山谷老人”，世称黄山谷、黄太史、黄文节、豫章先生，江西人，著名文学家、书法家，“江西诗派”开山之祖，与杜甫、陈师道、陈与义合称“一祖三宗”（黄庭坚为一宗）；与张耒、晁补之、秦观师从苏轼，合称“苏门四学士”。他的诗歌继承了杜甫的风格，提出了“点铁成金”“脱胎换骨”的诗歌理论，成就与苏轼齐名，并称“苏黄”，影响深远，代表作品有《牧童诗》(“多少长安名利客，机关用尽不如君。”)、《寄黄几复》(“桃李春风一杯酒，江湖夜雨十年灯。”)。

2. 南宋四大诗人

南宋四大诗人，又称“南宋中兴四大诗人”“南宋四大家”，是南宋前期尤袤、杨万里、范成大、陆游四位诗人的合称。他们摆脱了当时“江西诗派”的牢笼，写出了一批思想、艺术各有特色的作品，在当时影响很大，呈现了宋代诗歌史上第二个繁荣时期。

陆游（1125—1210 年），字务观，号放翁，越州山阴（今浙江绍兴）人。他一生苦吟，存诗 9000 多首，收录于《剑南诗稿》，内容极为丰富，富有强烈的爱国主义热情，被誉为“小李白”。他的词也蔚为可观，婉约词写得清丽缠绵、真挚动人，豪放词写得“激昂慷慨者，稼轩不能过”。他还著有《渭南文集》《老学庵笔记》《南唐书》。诗词代表作品有《书愤》(“出师一表真名世，千载谁堪伯仲间。”)、《游山西村》(“山重水复疑无路，柳暗花明又一村。”）、《临安春雨初霁》（“小楼一夜听春雨，深巷明朝卖杏花。”）、《沈园》（其一）（“伤心桥下春波绿，曾是惊鸿照影来。”）、《秋夜将晓出篱门迎凉有感》（其二）（“遗民泪尽胡尘里，南望王师又一年。”）、《十一月四日风雨大作》（“夜阑卧听风吹雨，铁马冰河入梦来。”）、《示儿》（“王师北定中原日，家祭无忘告乃翁。”）、《卜算子·咏梅》（“驿外断桥边，寂寞开无主。已是黄昏独自愁，更著风和雨。无意苦争春，一任群芳妒。零落成泥碾作尘，只有香如故。”）、《钗头凤》（“红酥手，黄縢酒，满城春色宫墙柳。东风恶，欢情薄。一怀愁绪，几年离索。错、错、错。春如旧，人空瘦，泪痕红浥鲛绡透。桃花落，闲池阁。山盟虽在，锦书难托。莫、莫、莫！”）。

杨万里（1127—1206年），字廷秀，号诚斋，自号“诚斋野客”，吉州吉水（今江西吉水）人。相传他一生写诗20000多首，只有4200多首流传下来，擅长用七言绝句描写景物、反映民情、抒发情感，开创了语言浅近、清新自然、富有幽默感和生活情趣的“诚斋体”。代表作品有《晓出净慈寺送林子方》（“接天莲叶无穷碧，映日荷花别样红。”）、《小池》（“泉眼无声惜细流，树阴照水爱晴柔。小荷才露尖尖角，早有蜻蜓立上头。”）。

范成大（1126—1193年），字致能，号“石湖居士”，平江府吴县（今江苏苏州）人，南宋时期著名的田园诗人。他的诗风清新飘逸，语言明快质朴，揭露社会问题比较深刻。代表作品有《四时田园杂兴》等。《四时田园杂兴》共60首，宛如农村生活的长幅画卷，绘制了一幅幅生动的田园农作动态图，如：“梅子金黄杏子肥，麦花雪白菜花稀。日长篱落无人过，惟有蜻蜓蛱蝶飞。”（《四时田园杂兴·其二十五》）、“昼出耘田夜绩麻，村庄儿女各当家。童孙未解供耕织，也傍桑阴学种瓜。”（《四时田园杂兴·其三十一》）

尤袤（1127—1194年），字延之，号“遂初居士”，晚号“乐溪”“木石老逸民”，常州无锡（今江苏无锡）人。南宋著名诗人、大臣、藏书家。诗歌平易自然、晓畅清新，没有华丽的辞藻，不用生僻的典故。可惜，尤袤的大量诗稿和其他著作以及三万多卷藏书，在一次火灾中全被焚毁。《青山寺》可称为他现存诗歌中的代表作：“峥嵘楼阁插天开，门外湖山翠作堆。荡漾烟波迷泽国，空蒙云气认蓬莱。香销龙象辉金碧，雨过麒麟剥翠苔。二十九年三到此，一生知有几回来。”

3. 其他诗人

赵师秀（1170—1219年），字紫芝，号灵秀、灵芝，又号天乐，人称“鬼才”，永嘉（今浙江温州）人。赵师秀是“永嘉四灵”中较出色的诗人。诗学姚合、贾岛，尊姚、贾为“二妙”。代表作是《约客》：“黄梅时节家家雨，青草池塘处处蛙。有约不来过夜半，闲敲棋子落灯花。”

文天祥（1236—1283年），字宋瑞、履善，号文山，自号浮休道人、文山，庐陵人，南宋末年政治家、文学家，民族英雄，与陆秀夫、张世杰并称为“宋末三杰”。著有《正气歌》（“天地有正气，杂然赋流形。”）、《指南录》、《指南后录》。其诗歌充满爱国主义的浩然正气，代表作品是《过零丁洋》：“辛苦遭逢起一经，干戈寥落四周星。山河破碎风飘絮，身世浮沉雨打萍。惶恐滩头说惶恐，零丁洋里叹零丁。人生自古谁无死，留取丹心照汗青。”此诗气势磅礴、情调高亢，激励了后世众多为理想而奋斗的仁人志士。其他如《扬子江》：“几日随风北海游，回从扬子大江头。臣心一片磁针石，不指南方不肯休。”

（二）元曲

“元曲”的概念有狭义和广义之分。狭义的元曲，指的是元代散曲；广义的元曲，指的是元代散曲和北曲杂剧。其中，散曲与唐诗、宋词相埒，既是新诗体，也是歌词，时人称之为“乐府”或“今乐府”。散曲源自民间俗谣、俚曲，融合了北方和中原的曲调，包括“小令”和“套数”两种类型，代表着元代诗歌创作的最高成就。“小令”只有一个曲牌、一套曲词；“套数”有多个曲牌、多套曲词，表达一个主旨。元代散曲作家有 200 余人，存世作品有小令 3800 多首、套数 470 余套。

1. 北派元曲

关汉卿（1219—1301 年），名不详，字汉卿，号已斋（又作一斋、已斋叟），解州人，元杂剧的奠基者，被誉为“曲圣”。关汉卿与白朴、马致远、郑光祖合称“元曲四大家”，关汉卿居四大家之首。

关汉卿的散曲，描绘都市的繁华与艺人的生活，羁旅行役与离愁别绪，以及自抒抱负的述志遣兴。内容丰富多彩，格调清新刚劲，具有很高的艺术价值。写男女恋情的作品最多，对妇女心理的刻画细致入微，写离愁别恨真切动人。风格豪放，曲词泼辣风趣。语言通俗自然、朴实生动、极富性格，评论家以“本色”二字概括其特色。喜用白描手法，善于写景，所用比喻形象生动。剧本中的曲词都不事雕琢，感情真切，精练优美，浅显而深邃。散曲代表作品是《[南吕]一枝花 · 不伏老》，塑造了一个具有反叛与战斗精神的浪子形象，实为作者带有自述心志性质的自喻：“我是个蒸不烂、煮不熟、捶不扁、炒不爆、响当当一粒铜豌豆”，还自称“我是个普天下郎君领袖，盖世界浪子班头”。

白朴（1226—约 1306 年），字太素，号兰谷，元代著名的曲作家、杂剧家，南京汴梁（今河南开封）人。著杂剧十五种，现存《梧桐雨》《墙头马上》两种；另有《天籁集》，收词作二百余首，后附散曲四十多首。

白朴的散曲儒雅端庄，代表作有《夺锦标》、《寄生草 · 饮》（“不达时皆笑屈原非，但知音尽说陶潜是。”）、《天净沙》（春夏秋冬）等。其《天净沙 · 秋》可与马致远的《天净沙 · 秋思》相媲美：“孤村落日残霞，轻烟老树寒鸦，一点飞鸿影下。青山绿水，白草红叶黄花。”

马致远（约 1251—约 1321 年），字千里，号东篱，元朝大都人，元代戏曲作家、散曲家、散文家。马致远的散曲思想内容丰富，涉及元散曲中的咏史、叹世、归隐、闺情、叙事诸题材，并各具成就，拓展了散曲的题材范围，被誉为“曲状元”。他的散曲典雅清丽，被誉为“朝阳鸣凤”，收录于《东篱乐府》；代表作品有小令《天净沙·秋思》（“枯藤老树昏鸦，小桥流水人家，古道西风瘦马。夕阳西下，断肠人在天涯。”），被誉为“秋思之祖”；套数《【双调】夜行船·秋思》，被誉为“万中无一”。

郑光祖（？—1324年之前），字德辉，元代著名杂剧家、散曲家。代表作有小令《【正宫】塞鸿秋》（“频将浊酒沽，识破兴亡数，醉时节笑捻着黄花去。”）等。

张养浩（1270—1329年），字希孟，号云庄、齐东野人，济南人，散曲多写归隐之乐，收于《云庄乐府》，代表作品有《山坡羊·潼关怀古》：“峰峦如聚，波涛如怒，山河表里潼关路。望西都，意踌躇。伤心秦汉经行处，宫阙万间都做了土。兴，百姓苦；亡，百姓苦！”《山坡羊·骊山怀古》：“骊山四顾，阿房一炬，当时奢侈今何处？只见草萧疏，水萦纡。至今遗恨迷烟树，列国周齐秦汉楚。赢，都变做了土；输，都变做了土。”

张可久（约1280—约1352年），字小山，元代著名散曲家、剧作家，与乔吉并称“双璧”，与张养浩合为“二张”。现存小令800余首，为元曲作家最多者，占现存全元散曲的五分之一，也是元代散曲中“清丽派”的代表作家。张可久作品风格多样，擅长写景状物，刻意于炼字断句，尤其讲求对仗协律，他的作品形成了一种清丽典雅的风格。可以说，元曲到张可久，已经完成了文人化的历程。代表作《【中吕】卖花声·怀古》：“阿房舞殿翻罗袖，金谷名园起玉楼，隋堤古柳缆龙舟。不堪回首，东风还又，野花开暮春时候。美人自刎乌江岸，战火曾烧赤壁山，将军空老玉门关。伤心秦汉，生民涂炭，读书人一声长叹。”

另有无名氏的流行于元代的一首小令《醉太平·讥贪小利者》：“夺泥燕口，削铁针头，刮金佛面细搜求：无中觅有。鹌鹑嗉里寻豌豆，鹭鸶腿上劈精肉，蚊子腹内刳脂油。亏老先生下手！”全曲寓庄于谐，嬉笑怒骂，皆成妙文，体现出元曲爽朗、幽默、风趣的特色。

2. 南派元曲

睢景臣（约1275—约1320年），江苏扬州人，元代著名散曲、杂剧作家。一生著述甚多，著有散曲集《睢景臣词》，其中最广为人知的作品是《【般涉调】哨遍·高祖还乡》。此曲以嬉笑怒骂的手法，通过一个熟悉刘邦底细的乡民的口吻，把刘邦“威加海内兮归故乡”之举写成一场滑稽可笑的闹剧，以辛辣的语言揭露了刘邦的无赖出身，剥下了封建帝王的神圣面具，还其欺压百姓的真面目，被誉为“风管秋声”。杂剧有《莺莺牡丹记》《千里投人》《屈原投江》等。

四、话本小说与北曲杂剧

宋元时代是我国小说创作日渐繁荣的时代，也是我国戏剧（曲）史上第一次大收获的时代。该时期的小说叫作“话本小说”，戏剧（曲）包括“北曲杂剧”和“南曲戏文”。

（一）话本小说

话本即说话的底本，又叫说话、词话，是自宋代开始流行的小说形式，主要包括讲史和小说两大类。讲史话本有《五代史平话》《大宋宣和遗事》《全相平话五种》等。这些话本以正史为主要依据，但也采入一些传说、异闻等，同时也不免虚构，以增强吸引力；小说一般为短篇故事，多表现现实生活，其中爱情和公案题材比较多。作品人物形象鲜明，颇具个性色彩，善于通过行动、对话表现人物性格和心理。女性形象塑造得尤为成功，如《快嘴李翠莲》中的李翠莲、《碾玉观音》中的璩秀秀等。

（二）北曲杂剧

元代，北曲杂剧（简称“元杂剧”）在唐代讲唱文学、宋代诸宫调、金代院本的基础上日臻成熟：首先，表演形式为“唱、白、科”相结合；其次，角色主要包括“末、旦、净”（男主角为“正末”，女主角为“正旦”）；再次，模式为“四折一楔子”，“四折”即开端、发展、高潮和结局，“楔子”多为序幕或过场；最后，用“北曲”演唱，一人主唱（仅限主角）。元杂剧作家约 80 人，以关汉卿、白朴、马致远、郑光祖这“元曲四大家”和王实甫的成就最高。

关汉卿一生的戏剧创作十分丰富，题材广阔，按内容大致可分为三类：第一类是公案剧，代表作品有《窦娥冤》；第二类是女性生活剧，代表作品有《救风尘》（宋引章、赵盼儿）、《望江亭》（谭记儿）、《拜月亭》（王瑞兰）等；第三类是历史剧，代表作品有《单刀会》等。长期的创作实践使关汉卿的杂剧作品形成了主题深刻、结构严谨、形象活泼鲜明、语言泼辣质朴的特色。关汉卿是我国戏剧史上作品最多、成就最大的作家，被誉为“中国的莎士比亚”。

《窦娥冤》（全名《感天动地窦娥冤》）是元曲中最优秀、最光辉的剧本，它犹如一篇声讨元代统治者的檄文，通过纯洁、善良的窦娥的悲剧，揭露了元代社会高利贷盘剥、地痞流氓横行和官吏贪赃枉法、草菅人命的罪行，鞭挞了元代社会的混乱、畸形和吃人的丑恶本质。

白朴善于利用历史题材敷演故事，因旧题、创新意，词采优美，情意深切绵长，代表作品有《墙头马上》（又称《裴少俊墙头马上》，是一部优秀的爱情剧作。作品以通俗质朴的语言，鲜明地呈现了作者对裴少俊与李家千金争取婚姻自由的赞扬，以及对封建家长制的讽刺）、《梧桐雨》（全名《唐明皇秋夜梧桐雨》，取材于白居易的《长恨歌》以及其他关于唐明皇和杨贵妃的故事，通过大量对唐明皇内心世界的叙写，描绘了一个帝王在同时失去权力与爱情时内心的孤独与哀伤，表达了作者对人世沧桑和人生悲凉的感触）等。

马致远以散曲的方式创作杂剧，使其所创作的杂剧具有抒情诗人的思维方式和创作笔法，呈现散曲化的倾向。代表作为《汉宫秋》（又称《破幽梦孤雁汉宫秋》，改编自汉元帝时期昭君出塞的故事)、《青衫泪》(全名《江州司马青衫泪》,从白居易长诗《琵琶行》出发,写白居易与歌女裴兴奴的爱情故事)、《吕洞宾三醉岳阳楼》等。

郑光祖的剧作以文采见长,语言典雅,受王实甫影响颇深。其因主要活动在南方,成为南方戏剧圈中的巨擘,所作杂剧在当时"名闻天下,声振闺阁"。郑光祖所作杂剧以《倩女离魂》最为著名。《倩女离魂》(全名《迷青琐倩女离魂》)以唐朝陈玄祐的《离魂记》小说为素材改编而成,写秀才王文举与倩女的悲欢离合。其中的"离魂"情节,对明人汤显祖的传奇《牡丹亭》的创作也有一定影响。

王实甫(约1260—约1336年),名德信,元代杰出戏剧家,与关汉卿齐名,其作品全面继承了唐诗宋词精美的语言艺术,又吸收了元代民间生动活泼的口头语言,创造了文采璀璨的元曲词汇,成为中国戏剧史上"文采派"的杰出代表。他擅长写儿女风情,代表作品有《西厢记》、《丽春堂》、《破窑记》(写刘月娥和吕蒙正悲欢离合的故事)等。其散曲被誉为"花间美人"。

《西厢记》取材于唐代传奇《莺莺传》,以金代董解元《西厢记诸宫调》为蓝本,演绎为五本二十一折的长剧,在当时杂剧中号为"天下夺魁"。作品演绎了一对青年男女追求自由的爱情与婚姻的故事,塑造了张生、崔莺莺、红娘等鲜明的艺术形象,人物刻画丰满细致,情节曲折动人,语言优雅而不失活泼。该剧具有强烈的反封建思想。著名唱词:"碧云天,黄花地,西风紧,北雁南飞,晓来谁染霜林醉,总是离人泪。"

纪君祥,元代杂剧、戏曲作家,生平不详,约元世祖至元年间在世。其所撰杂剧6种,今仅存《赵氏孤儿》1种。

《赵氏孤儿》是一部具有浓郁悲剧色彩的历史剧,取材于《左传》《史记·赵世家》及刘向的《新序·节士》,主要描述春秋时晋国奸臣屠岸贾谋害忠臣赵盾,将赵家满门抄斩,义士程婴为了保护赵氏唯一的血脉,献出了自己的儿子。二十年后,赵氏孤儿长大成人,终于报仇雪恨。该作品深刻地反映了一种强烈的复仇意识,强调弱者对于残暴势力压迫的反抗。《赵氏孤儿》在18世纪传入欧洲,被法国著名文学家伏尔泰翻译成《中国孤儿》上演,轰动巴黎。《赵氏孤儿》是我国第一部传入欧洲的戏剧作品,在元曲中被喻为"雪里梅花"。

元杂剧知识点荟萃:四大悲剧指关汉卿的《窦娥冤》、白朴的《梧桐雨》、马致远的《汉宫秋》、纪君祥的《赵氏孤儿》;四大爱情剧指关汉卿的《拜月亭》、白朴的《墙头马上》、郑光祖的《倩女离魂》、王实甫的《西厢记》。另外,近代学者王国维将白朴的《梧桐雨》、马致远的《汉宫秋》、郑光祖的《倩女离魂》誉为元杂剧"三大杰作",称赞"白之悲壮,马之雄劲,郑之幽艳,可谓千古绝品"。

（三）南戏

南戏又称“南曲戏文”，是中国戏曲最早的表现形式，它形成于南北宋之交的浙江温州（古称永嘉）一带的民间，所以又称为“温州杂剧”或“永嘉杂剧”。南戏在形成和发展过程中吸收了大曲、诸宫调、滑稽戏等民间说唱技艺，曲调轻柔婉转，伴奏以管乐为主，剧中各个角色可以分唱或合唱。

元末明初高明所作的南戏《琵琶记》代表了南戏的最高成就，被誉为“南戏之祖”。该作品写的是汉代书生蔡伯喈与赵五娘悲欢离合的故事，是中国古代戏曲中的一部经典名著。

四大南戏指的是《荆钗记》、《白兔记》（又名《刘知远白兔记》）、《拜月亭记》、《杀狗记》。这四部著名的南戏作品也被称为“四大传奇”，简称“荆刘拜杀”。其中，《拜月亭记》是流传最广、影响最大的一部剧。四大南戏的曲文都写得比较通俗易懂，以民间口语为主，朴素自然。具有生活气息也是南戏在艺术表现上的共同特点。

另外，《张协状元》是唯一完整保存下来的南宋戏文，也是中国迄今发现最早的、保存最完整的中国古代戏曲剧本。该作品由南宋时期温州九山书会的才人编撰，写的是书生张协赴考遇盗，得贫女相救，后结为夫妇，但中状元后，却不与其相认、忘恩负义的故事。该作品人物形象鲜明，曲文通俗浅近，具有浓郁的民间文学气息，但最后的大团圆结局，削弱了作品的感人力量。《张协状元》收录在《永乐大典》中，与《宦门子弟错立身》《小孙屠》统称为“《永乐大典》戏文三种”。

本节自测

真题演练

（一）单项选择题

1.“崔莺莺”这一人物形象出自以下哪部著作？（　　）【2022】

A.《牡丹亭》　B.《桃花扇》　C.《西厢记》　D.《墙头马上》

2.下列诗词名句中，作者为柳永的是（　　）。【2021】

A.衣带渐宽终不悔，为伊消得人憔悴　B.泪眼问花花不语，乱红飞过秋千去

C.桃李春风一杯酒，江湖夜雨十年灯　D.不识庐山真面目，只缘身在此山中

3.下列元杂剧作品中，作者为马致远的是（　　）。【2020】

A.《救风尘》　B.《梧桐雨》　C.《汉宫秋》　D.《赵氏孤儿》

4.李清照的《醉花阴》是一首（　　）。【2017】

A.咏物词　　B.写景词　　C.言志词　　D.闺怨词

5.下列属于“唐宋八大家”的是（　　）。【2017】

A.辛弃疾　　B.陆游　　C.苏轼　　D.柳永

6.李清照曾因三句带“瘦”的诗词而被称为“三瘦诗人”，下列不属于李清照“三瘦”的是（　　）。【2016】

A.新来瘦，非干病酒，不是悲秋　　B.知否，知否，应是绿肥红瘦

C.莫道不消魂，帘卷西风，人比黄花瘦　　D.是人总道新来瘦，也著甚来由

7.元杂剧《梧桐雨》写的是（　　）的故事。【2013】

A.唐明皇与杨贵妃　　B.崔莺莺与张生

C.杜丽娘与柳梦梅　　D.汉元帝与王昭君

8.“凡有井水饮处即能歌柳词”是说（　　）将词的表现范围发展到“无意不可入，无事不可言”的境界。【2013】

A.李清照　　B.柳永　　C.苏轼　　D.秦观

9.王实甫的代表戏剧是（　　）。【2011】

A.《牡丹亭》　　B.《桃花扇》　　C.《西厢记》　　D.《窦娥冤》

10.提出词应“别是一家”的理论主张的词人是（　　）。【2010】

A.苏轼　　B.李清照　　C.辛弃疾　　D.陆游

11.“唐宋八大家”之首是（　　）。【2010】

A.苏轼　　B.韩愈　　C.柳宗元　　D.王安石

12.《稼轩长短句》的作者是（　　）。【2007】

A.辛弃疾　　B.苏轼　　C.李煜　　D.晏殊

（二）填空题

1.王安石“意态由来画不成，当时枉杀毛延寿”两句诗，说的是西汉美女________的故事。【2023】

2.宋代________的诗句“纸上得来终觉浅，绝知此事要躬行”强调了实践的重要性。【2022】

3.苏轼《留侯论》中所写的“留侯”是秦末汉初辅佐刘邦统一天下的谋士________。【2014】

4.李清照，号易安居士，南宋________派代表词人。【2014】

5.李清照《醉花阴》“莫道不消魂，帘卷西风”的下句是________。【2012/2007】

6.苏轼的《水调歌头》：“________，千里共婵娟。”【2011】

7.林逋的《山园小梅》：“________，暗香浮动月黄昏。”【2009】

8.柳永是宋代________词派的代表作家。【2007】

巩固练习

（一）单项选择题

1.“爆竹声中一岁除，春风送暖入屠苏”，这里的“屠苏”指的是（　　）。

A.苏州　　B.房屋　　C.酒　　D.庄稼

2.“月上柳梢头，人约黄昏后”描写的是哪个传统节日？（　　）

A.中秋节　　B.元宵节　　C.端午节　　D.七夕节

3.“一门父子三词客，千古文章四大家”这副对联中提到的“三父子”是（　　）。

A.曹操、曹丕、曹植　　B.苏洵、苏轼、苏辙

C.班彪、班固、班超　　D.孙坚、孙策、孙权

4.“词苑千载，群芳竞秀，盛开一枝女儿花”说的是历史上的哪位才女？（　　）

A.朱淑真　　B.秦良玉　　C.李清照　　D.卓文君

5.李清照词中的“绿肥红瘦”描写的是什么季节的景色？（　　）

A.晚春　　B.仲夏　　C.初秋　　D.深秋

6.苏轼在《念奴娇·赤壁怀古》中写道：“羽扇纶巾，谈笑间，樯橹灰飞烟灭。”“羽扇纶巾”形容的是下面哪位历史人物？（　　）

A.诸葛亮　　B.周瑜　　C.曹操　　D.孙权

7.我国传统文化中的“杏林”指的是（　　）

A.教育界　　B.医学界　　C.文学界　　D.艺术界

8.王实甫在《西厢记》中写道：“淋漓襟袖啼红泪，比司马青衫更湿。”其中“司马青衫”指的是（　　）。

A.司马相如　　B.司马迁　　C.白居易　　D.杜甫

9.“但愿人长久，千里共婵娟”，苏轼借这首词表达了对谁的思念之情？（　　）

A.妻子　　B.兄弟　　C.朋友　　D.父亲

10.下列植物中，不应当出现在《岁寒三友图》中的是（　　）。

A.菊　　B.梅　　C.竹　　D.松

11.睢景臣的散曲《【般涉调】·哨遍·高祖还乡》讽刺的皇帝是（　　）。

A.秦始皇　　B.汉高祖　　C.唐高祖　　D.宋太祖

12.（　　）是“苏门四学士”之一，工于填词，其词被后人奉为婉约派正宗。

A.黄庭坚　　B.秦观　　C.晁补之　　D.张耒

13.《四库全书总目提要》用“慷慨纵横，有不可一世之概”之语评价的是（　　）的词。

A.范仲淹　　B.苏轼　　C.张孝祥　　D.辛弃疾

14.主张“词，别是一家”的宋代词人是（　　）。

A.六一居士　　B.东坡居士　　C.易安居士　　D.稼轩居士

15.“愿普天之下有情的都成了眷属”出自戏曲（　　）。

A.《牡丹亭》　B.《桃花扇》　C.《西厢记》　D.《长生殿》

（二）填空题

1.李清照论词强调协律，崇尚典雅、情志，提出词“______”之说，反对以作诗文之法作词。

2.北宋第一个专力填词的作家是______。

3.朱熹称______为“有史以来天地间第一流人物”，他领导的庆历革新运动成为后来王安石变法的前奏。

4.______是北宋诗文革新运动公认的文坛领袖，文学贡献以散文为主。

5.______被列宁誉为“中国十一世纪伟大的改革家”，也是“唐宋八大家”之一。

6.______是我国第一部传入欧洲的戏剧作品，在元曲中被喻为“雪里梅花”。它的作者是元代戏曲家______。

7.被誉为“杂剧之冠”的元杂剧是______的______。

8.元代成就最高、影响最大的剧作家是______，代表作是元杂剧中最著名的悲剧______。

9.______在元代梨园名声响亮，有“曲状元”之称，其代表作是______。

10.张养浩的散曲作品______体现了他的“民本”思想，为千古绝唱。

参考答案

第四节　明清文学

明代是小说、戏曲等俗文学昌盛而正统诗文相对衰微的时期。然而这种力量消长的变化并不表现于诗文数量的减少，而是表现在作品思想和艺术质量的退化上。从数量上看，明代诗文作家及作品的数量远在唐宋之上，然而从质量上看，明代诗文作家很难找到像李白、杜甫、苏轼那样在诗文方面做出划时代贡献的巨匠，缺乏唐宋诗文作家在艺术上的创新精神。

清代文学集封建时代文学发展之大成，是古代文学的一个光辉总结。各种文体无不具备，蔚为大观，诸多样式齐头并进，全面繁荣。诗、词、散文等传统文学样式，在清代得到复兴；小说、戏曲、民间讲唱等新兴文学样式，在清代继续得到发展。清代还出现了数量众多的优秀小说，如曹雪芹的《红楼梦》、吴敬梓的《儒林外史》和石玉昆的《三侠五义》等。一般认为，中国古代文学发展到鸦片战争（1840 年）以前告终。鸦片战争之后，开始进入近代文学阶段。

“二十四史”分别是《史记》《汉书》《后汉书》《三国志》《晋书》《宋书》《南齐书》《梁书》《陈书》《魏书》《北齐书》《周书》《隋书》《南史》《北史》《旧唐书》《新唐书》《旧五代史》《新五代史》《宋史》《辽史》《金史》《元史》《明史》。

“前四史”指《史记》《汉书》《后汉书》《三国志》；“后四史”指《宋史》、《元史》、《明史》、《清史稿》(《清史稿》并不属于“二十四史”，并且是残本，有学者将其列为“二十五史”或“二十六史”之一)。

《永乐大典》是明朝永乐年间内阁首辅解缙总编的一部中国古代集大成的旷世大典，是 15 世纪初世界上第一部百科全书，也是中国古代最大的一部百科全书。

一、明清小说

明代和清代是中国古典小说的繁荣时期，长篇、短篇小说大量涌现，社会作用和文学价值充分显示出来，并与唐诗、宋词、元曲并列，代表着当时的最高文学成就。

（一）明代小说

明代长篇小说的体裁主要是“章回体”小说，短篇小说主要是“拟话本”小说。章回体小说从宋元时期的“话本小说”发展而来，特点是分章叙事、分回标目，每回故事相对独立，但又前后勾连，将全书构成统一的整体。包括历史演义、神魔小说、世情小说等；拟话本小说是模仿宋元时期的“话本小说”进行创作的，代表作品是“三言二拍”。

1. 长篇：章回体小说

（1）讲史小说。

这种小说有两种倾向，或成为通俗演义的形式，或向英雄传奇小说发展，分别以《三国演义》《水浒传》为代表。

《水浒传》是我国第一部用白话文写成的英雄传奇小说，位列“四大名著”之一。作品生动描写了北宋末年一百零八位梁山好汉从起义到兴盛再到最终失败的全过程，广泛地反映了封建社会的黑暗现实，深刻地揭露了统治阶级的罪恶，反映了人民群众的痛苦，揭示了尖锐复杂的社会矛盾，鲜明地表现了“官逼民反”的主题。通过对好汉们“忠义”行为的描述，《水浒传》歌颂了他们的反抗精神。梁山泊的“有福同享，有难同当”也与当时现实社会形成了鲜明的对比，从而描绘了一个作者心目中的理想社会模式。《水浒传》中塑造的人物形象个性鲜明，被清代学者金圣叹誉为“一百零八个人性格，真是一百零八个样”。

《水浒传》主要人物绰号：

九纹龙——史进	花和尚——鲁智深	打虎将——李忠
小霸王——周通	豹子头——林冲	小旋风——柴进
青面兽——杨志	美髯公——朱仝	赤发鬼——刘唐
智多星——吴用	入云龙——公孙胜	白日鼠——白胜
及时雨／呼保义——宋江	铁扇子——宋清	行者——武松
菜园子——张青	矮脚虎——王英	白面郎君——郑天寿
小李广——花荣	霹雳火——秦明	混江龙——李俊
神行太保——戴宗	黑旋风——李逵	浪里白条——张顺
病关索——杨雄	拼命三郎——石秀	鼓上蚤——时迁
一丈青——扈三娘	母大虫——顾大嫂	双鞭——呼延灼
玉麒麟——卢俊义	浪子——燕青	大刀——关胜

《水浒传》主要人物性格及事件：

林冲：重情重义、武艺高强、懦弱隐忍；主要事件是“误入白虎堂”“棒打洪教头”“风雪山神庙”“火烧草料场”“火并王伦”等；马军五虎将之一（其他四个是关胜、秦明、呼延灼、董平）。

鲁智深：嫉恶如仇、侠肝义胆、粗中有细、勇而有谋、豁达明理；主要事件是“拳打镇关西”“倒拔垂杨柳”“大闹野猪林”等。

武松：有勇有谋、光明磊落，无所畏惧、使性逞强；主要事件是“景阳冈打虎”“斗杀西门庆”“醉打蒋门神”等。

杨志：精明能干、粗暴蛮横；主要事件是“杨志卖刀”“智取生辰纲”。

吴用：足智多谋、神机妙算；主要事件是“智取生辰纲”“智赚玉麒麟”等。

宋江：为人仗义、谦虚谨慎、任人唯才；主要事件是“怒杀阎婆惜”“浔阳楼题反诗”“梁山聚义”等。

《水浒传》的作者据传为元末明初的施耐庵，并由罗贯中加以润色及编排。

施耐庵（1296—1370年），名彦端，字肇瑞，号耐庵，或称“钱塘施耐庵”，江苏兴化人。其著作《水浒传》是中国历史上第一部赞扬农民起义的长篇章回体白话小说，在中国文学和世界文学史上具有重要意义。

《三国演义》是罗贯中根据陈寿《三国志》及范晔《后汉书》、元代《三国志平话》和一些民间传说写成的，描写了从汉灵帝中平元年黄巾起义到晋武帝太康元年司马炎统一全国近百年的历史。它主要通过描述魏、蜀汉、吴三国的兴衰过程及其相互之间尖锐复杂的政治、军事、外交斗争，广泛而深刻地反映了三国时期社会的复杂和动荡，表现了统治集团的谋略手段和人民在战争年代的灾难与痛苦。

《三国演义》凝聚了中华民族的传统文化价值观念，以儒家的伦理道德为核心，强调仁、义、忠、信、智、勇等美德，批判了狡诈、阴险、残暴等丑行，同时融会了千百年来人民群众渴望和平的思想感情和理想愿望。语言文白相间，形成了一种“文不甚深，言不甚俗”的语体风格。

《三国演义》中的著名故事及相关人物：

桃园三结义——刘备・关羽・张飞

温酒斩华雄——关羽

连环计——王允・貂蝉・董卓・吕布

辕门射戟——吕布・刘备・纪灵

过五关斩六将——关羽

单刀赴会——关羽

官渡之战——曹操・袁绍

威震长坂坡——张飞

群英会——蒋干・周瑜・曹操

火烧赤壁——周瑜・曹操・诸葛亮

割须弃袍——曹操・马超

定军山之战——黄忠・夏侯渊・张郃

火烧连营——刘备

七擒孟获——诸葛亮

空城计——诸葛亮・司马懿

怒鞭督邮——张飞

三英战吕布——刘备・关羽・张飞・吕布

三让徐州——陶谦・刘备

煮酒论英雄——曹操・刘备

千里走单骑——关羽

古城相会——刘备・关羽・张飞・赵云

三顾茅庐——诸葛亮・刘备

舌战群儒——诸葛亮

草船借箭——诸葛亮・鲁肃・曹操

三气周瑜——诸葛亮

单骑救幼主——赵云

败走麦城——关羽

白帝城托孤——诸葛亮・刘备

失街亭——马谡

《三国演义》中跟随刘备建蜀的“五虎上将”是关羽、张飞、赵云、马超、黄忠。

“人中吕布，马中赤兔”出自《三国志》，用以比喻非常出众的人才，万里挑一。

《三国演义》中赤兔马的主人有董卓、吕布、曹操、关羽。

全书的人物描写具有“脸谱化”倾向，被鲁迅批评为“欲显刘备之长厚而似伪，状诸葛之多智而近妖”。

罗贯中（约1330—约1400年），名本，号“湖海散人”，太原人，代表作品《三国演义》是中国第一部长篇章回体历史演义小说，全名《三国志通俗演义》，位列“四大名著”之一，被誉为“中国章回体小说的鼻祖”。

（2）神魔小说。

神魔小说中，成就最大的是《西游记》，其次是《封神演义》。

《西游记》是中国古代第一部浪漫主义章回体长篇神魔小说。今见最早的《西游记》版本是明代万历二十年金陵世德堂《新刻出像官板大字西游记》，未署作者姓名。鲁迅、董作宾等人根据《淮安府志》“吴承恩《西游记》”的记载予以最终论定“吴承恩原著”。

该小说主要讲述了孙悟空出世，跟随菩提祖师学艺及大闹天宫后，遇见了唐僧、猪八戒、沙僧和白龙马，西行取经，一路上历经艰险，降妖除魔，经历了九九八十一难，终于到达西天见到如来佛祖，最终五圣成真的故事。该小说以“玄奘取经”这一历史事件为蓝本，经作者的艺术加工，深刻地描绘出明代百姓的社会生活状况。

《西游记》是中国神魔小说的经典之作，达到了古代长篇浪漫主义小说的巅峰，与《三国演义》《水浒传》《红楼梦》并称为中国古典四大名著。

《西游记》中的著名地点及相关人物（故事）：

两界山——孙悟空　　鹰愁涧——白龙马　　高老庄——猪悟能／猪八戒

流沙河——沙悟净／沙和尚　　万寿山五庄观——悟空偷镇元子大仙“人参果”

白虎岭——三打白骨精　　车迟国——遇虎力、鹿力、羊力三妖

吴承恩（约1500—约1582年），字汝忠，号“射阳山人”，山阳人，代表作品是《西游记》，位列“四大名著”之一，被誉为中国“第一部浪漫主义长篇神魔小说”和“最杰出的神魔小说”。

《封神演义》（俗称《封神榜》，又名《商周列国全传》《武王伐纣外史》《封神传》等）是明代许仲琳（有争议）创作的虚构长篇小说，以武王伐纣、商周易代的历史为框架，叙写天上的神仙分成两派卷入这场战争的神魔小说。小说以历史观念、政治观念作为支撑全书的思想框架，表现了作者对于仁君贤主的拥护和赞颂以及对于无道昏君的不满和反抗。书中的哪吒闹海、姜子牙下山、文王访贤、三抢封神榜、众仙斗阵斗法等情节，展现了古人丰富的想象力。

许仲琳（约1560—约1630年），号“钟山逸叟”，应天人，代表作品是《封神演义》。

> “四大民间传说”是指在中国民间以口头、文稿等形式流传广泛、影响最大的四个神话传说，分别为《牛郎织女》《梁山伯与祝英台》《孟姜女哭长城》《白蛇传》。民间传说故事是中国民间文化的一个重要组成部分，对广大民众的生活有着深刻的影响。以上四个传说全部是爱情故事，也反映了人们对真挚感情的认同。

（3）世情小说。

《金瓶梅》是明代长篇白话世情小说，一般认为是中国第一部文人独立创作的章回体长篇小说。其成书时间大约在明代隆庆至万历年间，作者署名兰陵笑笑生。《金瓶梅》书名由书中三个女主人公潘金莲、李瓶儿、庞春梅名字中各取一字合成。小说题材由《水浒传》中武松杀嫂一段演化而来，通过对兼有官僚、恶霸、富商三种身份的市侩势力代表人物西门庆及其家庭罪恶生活的描述，再现了当时社会生活的面貌，描绘了一个上至朝廷擅权专政的太师，下至地方官僚恶霸乃至市井地痞、流氓、帮闲所构成的鬼蜮世界，揭露了明代中叶社会的黑暗和腐败，具有深刻的认识价值。《金

瓶梅》被列为明代“四大奇书”之一，问世后曾被改编为多种戏曲，后来又被多次改编成影视作品。

兰陵笑笑生，真实姓名已无从考证，大约生活于明神宗年间，历来被怀疑是其人者有60多位，以“王世贞说”最为流行。《金瓶梅》位列“四大奇书”之首，号称“第一奇书”，是我国第一部现实主义长篇世情小说。

2. 短篇：拟话本小说

拟话本小说是模仿宋元话本小说创作的短篇小说，代表作家作品是冯梦龙的“三言”与凌濛初的“二拍”，标志着我国古代短篇白话小说创作和整理时代的到来。

（1）“三言”：《喻世明言》《警世通言》《醒世恒言》。

冯梦龙（1574—1646年），字犹龙、子犹，号“龙子犹”“姑苏词奴”，长洲人，代表作品有长篇章回体小说《东周列国志》，短篇拟话本小说集《喻世明言》《警世通言》《醒世恒言》（合称“三言”）。

冯梦龙的“三言”是我国第一部规模宏大的白话短篇小说集，是明朝末年市民阶层出现、人性大解放、通俗文学盛行的产物，多描写商人、手工业者、妓女等市民阶层的悲欢离合，从各角度反映了市民阶层的生活面貌和思想感情。其中，《喻世明言》中的代表作品有《蒋兴哥重会珍珠衫》《沈小霞相会出师表》；《警世通言》中的代表作品有《杜十娘怒沉百宝箱》《白娘子永镇雷峰塔》；《醒世恒言》中的代表作品有《卖油郎独占花魁》、《十五贯戏言成巧祸》（即宋元话本小说《错斩崔宁》）等。

（2）“二拍”：《初刻拍案惊奇》《二刻拍案惊奇》。

凌濛初（1580—1644年），字玄房，号初成，别号空观主人，乌程人，代表作品是《初刻拍案惊奇》《二刻拍案惊奇》（合称“二拍”）。“二拍”是我国第一部由文人独立完成的短篇白话小说集，大多是根据文言笔记小说集、戏曲故事、社会传闻创作而成，是对传统陈腐观念的冲击与反抗，表现了比“三言”更强烈的市民社会意识。但是，“二拍”由于是应书商的要求而编写，因此编造痕迹比较明显，在艺术成就上远不及“三言”。

（二）清代小说

清代时期，长篇小说依然是“章回体”小说，短篇小说主要是“文言笔记”小说。章回体小说包括世情小说、讽刺小说、谴责小说等；文言笔记小说是六朝志怪小说、志人小说的延续、发展与终结。二者分别将白话小说和文言小说的创作推向了巅峰。

1. 长篇：章回体小说

（1）世情小说。

曹雪芹（约1715或1721—约1764年），名霑，字梦阮，号“雪芹”“芹溪”等，辽阳人，创作出了被誉为“古今第一小说”的《红楼梦》。《红楼梦》是中国古典小说与世情小说史上的巅峰之作，是中国封建社会的大百科全书，被誉为我国古典小说的艺术高峰。

《红楼梦》又名《石头记》，全书共一百二十回，前八十回为曹雪芹所作，后四十回多认为是高鹗续成。《红楼梦》以贾宝玉、林黛玉的爱情悲剧为主线，描写了在以贾家为代表的“贾、史、王、薛”四大家族的衰落过程中，贾宝玉和一群女子的悲剧命运，反映了具有一定觉醒意识的青年男女在封建体制和封建家族遏制下的历史宿命，批判并揭示了封建社会制度濒于崩溃和必然灭亡的历史趋势。

鲁迅先生曾评价《红楼梦》说：“自有《红楼梦》出来以后，传统的思想和写法都被打破了。”《红楼梦》打破了中国传统的悲中有喜的悲剧意识，具有一种彻底的悲剧精神；《红楼梦》与《聊斋志异》是中国古典小说创作上的“双璧”。

《红楼梦》的开卷诗：

满纸荒唐言，一把辛酸泪。都云作者痴，谁解其中味。

《红楼梦》的歌词：

枉凝眉

一个是阆苑仙葩，一个是美玉无瑕。若说没奇缘，今生偏又遇着他；若说有奇缘，如何心事终虚化？

一个枉自嗟呀，一个空劳牵挂。一个是水中月，一个是镜中花。想眼中能有多少泪珠儿，怎禁得秋流到冬，春流到夏！

曹雪芹对《红楼梦》的评说：

浮生着甚苦奔忙？盛席华筵终散场。悲喜千般同幻渺，古今一梦尽荒唐。漫言红袖啼痕重，更有情痴抱恨长！字字看来皆是血，十年辛苦不寻常。

《红楼梦》主要人物性格及描写：

贾宝玉是小说的核心人物，在他身上体现了一种新的人生追求与传统价值观的冲突，以及这种追求不可能实现的痛苦。书中对其外貌进行描写的诗句是：“面若中秋之月，色如春晓之花，鬓若刀裁，眉如墨画，面如桃瓣，目若秋波。虽怒时而若笑，即嗔视而有情。”

林黛玉既是一个封建的叛逆者，也是一个被不合理的封建社会所损害的弱女子，在她身上体现出了现实世界对这种诗意纯净的感情的毁灭。书中对其外貌进行描写的诗句是：“两弯似蹙非蹙笼烟眉，一双似喜非喜含情目。态生两靥之愁，娇袭一身之病。泪光点点，娇喘微微。闲静时如姣花照水，行动处似弱柳扶风。心较比干多一窍，病如西子胜三分。”另有别人眼中的黛玉描写：“年貌虽小，其举止言谈不俗，身体面庞虽怯弱不胜，却有一段自然的风流态度，便知她有不足之症。”

薛宝钗是一个封建社会的标准淑女，是一个封建制度的卫道士，在她身上表现了一个被封建礼教所逐步吞噬的、失去人性之美的灵魂。书中对其外貌描写的诗句是：“生得肌骨莹润，举止娴雅。唇不点而红，眉不画而翠，脸若银盆，眼如水杏。”

王熙凤是封建时代大家庭中精明强干、泼辣狠毒的主妇性格的高度结晶。书中对其外貌描写的诗句是：“一双丹凤三角眼，两弯柳叶吊梢眉，身量苗条，体格风骚，粉面含春威不露，丹唇未启笑先闻。”

金陵十二钗即林黛玉、薛宝钗、贾元春、贾迎春、贾探春、贾惜春、李纨、妙玉、史湘云、王熙凤、贾巧姐、秦可卿。金陵十二钗图册出现在《红楼梦》第5回，宝玉在警幻仙姑的指引下梦游太虚幻境，在薄命司中看到有大橱装载着各省薄命女子的生平判词，遂找到自己家乡金陵的柜子取册观看，有金陵十二钗正册、金陵十二钗副册、金陵十二钗又副册3册。

《红楼梦》主要人物判词：

林黛玉与薛宝钗：可叹停机德，堪怜咏絮才。玉带林中挂，金簪雪里埋。

贾元春：二十年来辨是非，榴花开处照宫闱。三春争及初春景，虎兕相逢大梦归。

贾迎春：子系中山狼，得志便猖狂。金闺花柳质，一载赴黄粱。

贾探春：才自精明志自高，生于末世运偏消。清明涕送江边望，千里东风一梦遥。

贾惜春：勘破三春景不长，缁衣顿改昔年妆。可怜绣户侯门女，独卧青灯古佛旁。

李纨：桃李春风结子完，到头谁似一盆兰。如冰水好空相妒，枉与他人作笑谈。

妙玉：欲洁何曾洁，云空未必空。可怜金玉质，终陷污泥中。

史湘云：富贵又何为，襁褓之间父母违。展眼吊斜晖，湘江水逝楚云飞。

王熙凤：凡鸟偏从末世来，都知爱慕此生才。一从二令三人木，哭向金陵事更哀。

巧姐：势败休云贵，家亡莫论亲。偶因济刘氏，巧得遇恩人。

秦可卿：情天情海幻情身，情既相逢必主淫。漫言不肖皆荣出，造衅开端实在宁。

香菱（副册）：根并荷花一茎香，平生遭际实堪伤。自从两地生孤木，致使香魂返故乡。

晴雯（又副册）：霁月难逢，彩云易散，心比天高，身为下贱，风流灵巧招人怨。寿夭多因诽谤生，多情公子空牵念。

袭人（又副册）：枉自温柔和顺，空云似桂如兰，堪羡优伶有福，谁知公子无缘。

（2）讽刺小说。

吴敬梓（1701—1754年），代表作品《儒林外史》是我国文学史上第一部长篇讽刺小说，以封建时代知识分子为主要描写对象，以周进、范进为例，通过二人中举前后的悲喜剧，揭示了八股取士制度对士人心灵的摧残，并由此扩展到对当时的官僚制度、人伦关系乃至整个社会风尚的批判，被誉为我国古典讽刺小说的艺术高峰。

（3）谴责小说。

“晚清四大谴责小说”分别为李宝嘉（李伯元）的《官场现形记》、吴沃尧（吴趼人）的《二十年目睹之怪现状》、刘鹗的《老残游记》以及曾朴的《孽海花》，标志着中国小说创作进入又一个繁荣时期。

李宝嘉（1867—1906年），名伯元，号“南亭”，武进人。《官场现形记》是中国近代第一部在报刊上连载并取得社会轰动效应的长篇章回体小说。它由30多个相对独立的官场故事连缀起来，以封建末世的官场为描写对象，全面而深刻地揭示了官场的黑暗、政治的腐败，开创了近代小说批判现实的风气。

吴趼人（1867—1910年），名宝震，南海人。《二十年目睹之怪现状》以主人公“九死一生”的经历为主要线索，从他为父亲奔丧开始，到经商失败结束，通过“九死一生”二十年间的遭遇和见闻，描述了日益殖民地化的中国封建社会的政治状况、道德面貌、社会风尚以及世态人情，真实地再现了一个分崩离析时代的道德颠覆过程，揭露了晚清社会和封建制度行将灭亡、无可挽救的历史命运。

刘鹗（1857—1909年），字铁云，号“老残”，署名“鸿都百炼生”，丹徒人。《老残游记》以游记体的形式，通过“老残”两个月间的旅行见闻，描摹社会风俗，寄寓了作者的情怀，以散文化的笔触、生动清新的语言，表现了当时的社会境况。《老残游记》是描写济南风情景物最多的古代小说，“家家泉水，户户垂杨”至今流传。

曾朴（1872—1935年），字太朴、孟朴，号铭珊，笔名“东亚病夫”，常熟人。《孽海花》以战争作为背景，通过人物的琐事反映历史现象，将国政大事与主人公的情事结合在一起，真切地凸显了那个风云变幻的时代以及在时代变换中无法把握的个人命运。

（4）其他长篇小说。

《镜花缘》是清代文人李汝珍创作的长篇小说，也是一部讨论妇女问题的小说。小说前半部分描写了唐敖、多九公等人乘船在海外游历的故事，包括他们在女儿国、君子国、无肠国等国的经历。后半部分写了武则天科举选才女，由百花仙子托生的唐小山及其他各花仙子托生的一百位才女考中，并在朝中有所作为的故事。其神幻诙谐的创作手法，奇妙地勾画出一幅绚丽斑斓的图像。

《三侠五义》是道光年间的说书艺人石玉昆所著的长篇侠义公案小说，是中国第一部真正意义上的武侠小说，堪称中国武侠小说的开山鼻祖，书中脍炙人口的故事对中国近代评书曲艺、武侠小说乃至文学艺术的内容都产生了深远的影响。小说叙写北宋仁宗年间，包拯在众位侠义之士的帮助下，审奇案、平冤狱，以及众侠士除暴安良、行侠仗义的故事。三侠指南侠展昭、北侠欧阳春、双侠丁兆兰与丁兆蕙兄弟，五义指锦毛鼠白玉堂、钻天鼠卢方、彻地鼠韩彰、穿山鼠徐庆、翻江鼠蒋平。他们路见不平、拔刀相助的正义行为，表现出他们侠之大者、为国为民的本质。鲁迅称《三侠五义》是一部“为市井细民写心”的作品。

2. 短篇：文言笔记小说

蒲松龄（1640—1715年），字留仙、剑臣，号“柳泉居士”，淄川人，世称“聊斋先生”，自称“异史氏”，出身于半农半商的家庭，后来逐渐贫困。虽然十几岁就成为诸生，但屡次失意于乡试，只得作幕宾、塾师为生。七十一岁才援例成为贡生。因终身郁郁不得志，又较多接触社会底层，对黑暗的社会现实有深刻的认识，故具有“孤愤”“狂痴”的人生态度，以描写“鬼狐花妖”抒发愤懑、寄托理想，代表作品是《聊斋志异》。

《聊斋志异》（简称《聊斋》，俗名《鬼狐传》）代表着我国文言短篇小说的最高成就，被鲁迅誉为“花妖狐媚，多具人情”，被郭沫若誉为“写鬼写妖高人一等，刺贪刺虐入骨三分”，被老舍誉为“鬼狐有性格，笑骂成文章”。全书的名篇有《莲香》《小谢》《鸦头》《细侯》《连城》《石清虚》《席方平》《素秋》《小翠》《婴宁》等。

《聊斋志异》全书将近五百篇，主要分为以下几种类型：一是爱情故事，占据着全书最大的比重，故事的主要人物大多不惧封建礼教，勇敢追求自由爱情。这类作品代表作有《莲香》《小谢》《连城》《宦娘》《鸦头》等。二是抨击科举制度对读书人的摧残，《叶生》《司文郎》《于去恶》《王子安》等都是这类作品。三是揭露统治阶级的残暴和对人民的压迫，具有社会意义，如《席方平》《促织》《梦狼》《梅女》等。

《罗刹海市》主要讲述了在古代罗刹国的海市蜃楼之间，马骥和龙女小乔担纲主演了一出才子佳人的故事。在故事中，马骥厌倦了浮华的世界，来到罗刹国，在这里找到了他一直向往的生活。龙女小乔则一直生活在海市蜃楼中，对马骥的才情十分钦佩。在蒲松龄的笔下，这个故事充满了奇幻色彩，描绘了一个异域风情的海市蜃楼和一个才子佳人的故事。此篇乃愤世嫉俗之文章，作者巧借醉乡以指桑骂槐，旁敲侧击。

纪昀（1724—1805年），字晓岚，号“春帆”“观弈道人”，河间人，曾经担任《四库全书》总纂官，学宗汉儒，博览群书，才华横溢，代表作品是《阅微草堂笔记》，主要内容是以描写“鬼狐花妖”论道说理，与《聊斋志异》并称清代笔记小说中的“双璧”。

二、明清散文

明代，散文创作没有出现像“唐宋八大家”那样的杰出作家，但仍有不少优秀作品，以取材广泛、表现手法多样，特别是晚明小品文的突破性成就而在中国散文发展史上占有重要地位。明初，一批由元入明的散文家的创作成就最高，代表作家有宋濂、刘基等；此后，出现了众多的文学流派，如“前后七子”“唐宋派”“公安派”“竟陵派”等，晚明则有“小品文”占尽风情。

清代的散文创作，主要成就有“国初三大家”“桐城派”“新文体”。

（一）明代散文

宋濂（1310—1381年），字景濂，号潜溪，别号龙门子，元末明初著名政治家、文学家、史学家、思想家，与高启、刘基并称为“明初诗文三大家”，被明太祖朱元璋誉为“开国文臣之首”。他坚持散文要明道致用、宗经师古，但也强调“辞达”，注意“通变”，要求“因事感触”而为文，所以他的散文内容较为充实，同时也有一定艺术功力。他的传记散文最为突出，他善于抓住富于特征性的细节，凸显人物的精神风貌。《王冕传》《记李歌》《杜环小传》等都是较为优秀的名篇，《送东阳马生序》是他的一篇赠序。

刘基（1311—1375 年），字伯温，浙江青田人，元末明初政治家、文学家，明朝开国元勋。刘基精通天文、兵法、数理等，尤以诗文见长。诗文古朴雄放，不乏抨击统治者腐朽、同情民间疾苦之作。刘基的散文比较擅长议论，精悍警厉、鞭辟入里。代表作有《郁离子》（寓言体政论散文集）、《卖柑者言》（寓言体讽刺散文 / 政治寓言。成语“金玉其外，败絮其中”即出于此）等。

“前后七子”，包括“前七子”与“后七子”两个团体，存续于明孝宗至明神宗年间（1487—1620 年），提倡“文必秦汉，诗必盛唐”，尽扫“台阁体”的浮艳习气，但是一味拟古，了无生意。其中，以“后七子”中的宗臣最为出色。宗臣（1525—1560 年），字子相，号方城山人，兴化人，代表作品是《报刘一丈书》，被誉为“描写逢迎之状态如画”。

唐宋派存续于明代嘉靖年间，推崇纯正的唐宋古文，反对前后七子的泥古不化，主张“文道合一”，代表人物和集大成者为归有光。归有光（1507—1571 年），字熙甫，号震川、项脊生，昆山人，世称“震川先生”“归太仆”。因文风朴实、感情真挚，被誉为“今之欧阳修”“明文第一”，代表作品有《项脊轩志》《先妣事略》。

公安派存续于明神宗年间，在李贽“童心说”的基础上提出了“性灵说”，反对“前后七子”的泥古不化，主张文章要“独抒性灵，不拘格套”，代表人物为“公安三袁”（袁宗道、袁宏道、袁中道）。其中，以袁宏道的成就最高。袁宏道（1568—1610 年），字中郎，号石公、六休，公安人，开创了号称“公安体”的文学风格，代表作品是《徐文长传》《满井游记》。

> 李贽（1527—1602 年），字宏甫，号卓吾，别号温陵居士、百泉居士等，福建泉州人，明代思想家、文学家，泰州学派的一代宗师，一生充满着对传统和历史的重新考虑，其重要著作有《藏书》《续藏书》《焚书》《续焚书》《史纲评要》。他评点过的《水浒传》《西厢记》《浣纱记》《拜月亭》等，仍是至今流行的版本。文学方面，李贽提出“童心说”，主张创作要“绝假还真”，抒发己见。在诗文写作风格方面，李贽也主张“真心”，反对当时风行的“摹古”文风，对晚明文学产生了重要影响。

竟陵派存续于明朝灭亡前夕，赞同公安派的“性灵说”，又提出“幽深孤峭”理念，代表人物为钟惺、谭元春。

小品文是一种短篇散文，用于抒情或讽刺。明代小品文作家中的代表人物和集大成者是张岱。

张岱（1597—1689 年），一名维城，字宗子，又字石公，号陶庵、陶庵老人，晚年号六休居士，浙江山阴人，明清之际史学家、文学家，著有《陶庵梦忆》《西湖梦寻》《夜航船》《琅嬛文集》等。他的散文清新活泼、形象生动、广览简取、丰神绰约、富有诗意。他被誉为“小品圣手”，代表作品有《西湖七月半》（“西湖七月半，一无可看，止可看看七月半之人。”）、《湖心亭看雪》（“雾凇沆砀，天与云与山与水，上下一白。湖上影子，惟长堤一痕，湖心亭一点，与余舟一芥，舟中人两三粒而已。”）、《柳敬亭说书》等。

（二）清代散文

《古文观止》是清代以来最流行的古代散文选本之一，由吴楚材、吴调侯于康熙年间选定。《古文观止》上自先秦、下迄明代，选文222篇，以散文为主，按时间顺序编排，旧时为启蒙读本。入选之文皆为语言精练、短小精悍、便于传颂的佳作。

清朝初期，散文创作的代表人物是魏禧、侯方域、汪琬，此三人被称为“清初三大家”。其中，以侯方域的成就最高。

侯方域（1618—1654年），字朝宗，归德（河南商丘）人，出身世家，“复社”领袖，明末清初文学家、诗文作家，被认为是明末清初散文第一人。他的散文注意学习《史记》、韩、欧，并吸收了传奇小说的艺术手法，以撰写人物传记见长，《李姬传》《马伶传》等，均用唐代传奇笔法，具有短篇小说的特点。

《李姬传》歌颂了明末秦淮名伎李香君明大义、辨是非，不阿附权贵的高尚品德。侯方域与李香君的爱情故事，被清代戏剧家孔尚任编成名剧《桃花扇》。该剧除被多种剧种上演外，还搬上了银幕和荧屏，影响颇大。

汪琬（1624—1691年），字苕文，号钝庵，晚号尧峰，长洲（今江苏苏州）人，明末清初文学家、学者、散文家。他的散文疏畅通达，主张才气要归于节制，以呼应开阖，操纵顿挫，避免散乱。代表作有《陈处士墓表》《尧峰山庄记》《送王进士之任扬州序》等。《传世楼记》是一篇名为“记”实则为“论”的名篇。

桐城派是清代最大的散文流派，创始于方苞，主要代表人物还有刘大櫆、姚鼐等人。桐城派散文的基本特征是以程朱理学为思想基础，以清王朝的政权稳固为服务目的，以先秦两汉和唐宋八大家的古文为楷模，是唐宋古文运动的继续、发展和终结。“桐城派”主盟清代文坛200余年，其影响延及近代，对当代为文亦不无启迪借鉴之作用。正式打出“桐城派”旗号的是曾国藩，义理、考据、辞章是桐城派三位一体的论学论文术语。

方苞（1668—1749年），字灵皋，号望溪，桐城人，与刘大櫆、姚鼐合称“桐城三祖”，在清代乾隆时被誉为“一代文宗”。方苞提出了著名的作文“义法”，即文章要有充实的内容和义理、层次清晰的表现方法，形式要为内容服务。在义法理论指导下，他把古文写得清新雅洁、自然流畅，并富有极强的感染力，在清初文坛独树一帜，代表作品有《左忠毅公逸事》《狱中杂记》等。

刘大櫆（1698—1779年），字才甫，号海峰，桐城人，师从方苞，是桐城派中承前启后的人物，他的散文注重辞藻、风格清峻，文风“日丽春敷，风云变态”，代表作品是《游三洞记》。

姚鼐（1732—1815年），字姬传，号惜抱，桐城人，师从刘大櫆，是桐城派的集大成者。他提出文章要义理、考证、辞章兼备，还将多种文风归结为“阳刚”和“阴柔”两种。代表作品是《登泰山记》：“极天云一线异色，须臾成五采。日上，正赤如丹，下有红光，动摇承之。”后辞官归隐，讲学江南，为桐城派摇旗呐喊四十余年。

袁枚（1716—1798年），字子才，号简斋，晚年自号仓山居士、随园主人、随园老人，钱塘（今浙江杭州）人，清代诗人、散文家、文学批评家和美食家。袁枚少有才名，擅长写诗文，倡导“性灵说”，主张诗文审美创作应该抒写性灵，写出诗人的个性，表现其个人生活遭际中的真情实感，与赵翼、蒋士铨合称“乾嘉三大家”（或“江右三大家”），又与赵翼、张问陶并称“性灵派三大家”，为“清代骈文八大家”之一。袁权文笔与大学士纪昀齐名，时称“南袁北纪”。主要著作有《小仓山房文集》《随园诗话》《随园诗话补遗》《随园食单》《子不语》《续子不语》等。散文代表作《祭妹文》，古文论者将其与唐代韩愈的《祭十二郎文》并提；《黄生借书说》提出“书非借不能读也”的观点，出人意表，引人深思。礼赞平凡生命的励志诗歌《苔》（“白日不到处，青春恰自来。苔花如米小，也学牡丹开。”）经由《经典咏流传》节目的播出，重新被更多人知道。

汪中（1745—1794年），字容甫，江都（今属江苏扬州）人，清代哲学家、文学家、史学家，一生境遇甚惨，禀性孤直，恃才傲物，被视为狂人。在骈文创作上，他取材于现实，情感上吐自肺腑，艺术上“状难写之情，含不尽之意”，悲愤抑郁，沉博绝丽。其名作《哀盐船文》被誉为骈文中的绝作，此文一出，轰动京师。

清代中后期，随着社会的急剧变化，散文创作也开始出现新变化，出现了龚自珍、魏源、梁启超等代表作家。

龚自珍（1792—1841年），字璱人，号定庵，浙江仁和（今杭州）人，清代思想家、诗人、文学家和改良主义的先驱者。他的诗文主张“更法”“改图”，揭露清统治者的腐朽，洋溢着爱国热情，被柳亚子誉为“三百年来第一流”。他著有《定庵文集》，留存文章300余篇。代表作有《病梅馆记》《送钦差大臣侯官林公序》等。

魏源（1794—1857年），原名远达，字默深，湖南邵阳人。清代启蒙思想家、政治家、文学家，近代中国“睁眼看世界”的首批知识分子的代表。魏源认为论学应以“经世致用”为宗旨，提出“变古愈尽，便民愈甚”的变法主张，倡导学习西方的先进科学技术，总结出“师夷长技以制夷”的新思想。代表作《海国图志》是我国第一部较完整的世界地理书。

梁启超（1873—1929年），字卓如、任甫，号任公、饮冰室主人、自由斋主人，清代新会人，青年时期与其师康有为倡导变法维新，并称“康梁”，是百日维新的领袖之一。倡导“三界革命”（文界革命、诗界革命、小说界革命），形成了具有策士之风的“新文体”，代表作品有《少年中国说》、《敬业与乐业》（演讲稿）、《李鸿章传》、《变法通议》、《论毅力》等。著有《饮冰室合集》。

名篇名句摘选：

我确信“敬业乐业”四个字，是人类生活的不二法门。

百行业为先，万恶懒为首。

我生平最受用的有两句话：一是“责任心”，二是“趣味”……敬业即是责任心，乐业即是趣味。

——《敬业与乐业》

少年智则国智，少年富则国富，少年强则国强，少年独立则国独立，少年自由则国自由，少年进步则国进步，少年胜于欧洲则国胜于欧洲，少年雄于地球则国雄于地球。

红日初升，其道大光。河出伏流，一泻汪洋。潜龙腾渊，鳞爪飞扬。乳虎啸谷，百兽震惶。鹰隼试翼，风尘翕张。奇花初胎，矞矞皇皇。干将发硎，有作其芒。天戴其苍，地履其黄。纵有千古，横有八荒。前途似海，来日方长。

美哉我少年中国，与天不老！壮哉我中国少年，与国无疆！ ——《少年中国说》

王国维（1877—1927年），字静安，初号礼堂，晚号观堂，是清末至近现代在文学、美学、史学、哲学、古文字、考古学等方面成就卓著的学术巨子、国学大师，著述多达62种，成就甚高。代表作品有《人间词话》《〈红楼梦〉评论》《宋元戏曲史》等。

王国维在《人间词话》中提出了治学的“三种境界”：第一种境界是“昨夜西风凋碧树，独上高楼，望尽天涯路”（晏殊），意思是做学问、成大事业者，首先要有执着的追求，登高望远，明确目标与方向，了解事物的概貌。第二种境界是“衣带渐宽终不悔，为伊消得人憔悴”（柳永），意思是成大事业、大学问者，不是轻而易举、随便可得的，必须坚定不移，经过一番辛勤劳动，废寝忘食，直至人瘦带宽也不应该后悔。第三种境界是“众里寻他千百度，蓦然回首，那人却在灯火阑珊处”（辛弃疾），意思是做学问、成大事业者，要达到第三种境界，必须有专注的精神，反复追寻、研究，下足功夫，自然会豁然贯通、有所发现，而一旦有所发现，就能够从必然王国进入自由王国。

三、明清戏剧

明代和清代是中国古典戏曲创作与演出的高峰时期。明代，杂剧逐步走向衰落，传奇戏曲逐渐发展起来；清代，传奇戏曲又衍生出了“雅部”和“花部”戏曲。

（一）明代戏剧

明代，戏曲创作分为传奇戏曲与杂剧两类。其中，传奇戏曲由“南曲戏文”发展而来，文学成就较大；杂剧继承了元代“北曲杂剧”的衣钵，但是逐渐走向没落。明代前期，高明的《琵琶记》、无名氏的《荆钗记》、无名氏的《白兔记》、施君美的《幽闺记》、徐仲由的《杀狗记》，号称“五大传奇”，标志着戏曲由南戏向传奇转变；明代中期，李开先的《宝剑记》、王世贞的《鸣凤记》、梁辰鱼的《浣纱记》，成就相对较高；明代后期，以汤显祖为首的“临川派”扛起了戏曲创作的旗帜。汤显祖的《牡丹亭》代表着明代传奇戏曲的最高成就。杂剧方面，康海的《中山狼》、徐渭的《四声猿》影响最大。

汤显祖（1550—1616年），字义仍，号海若、若士、清远道人，江西临川人，被誉为“中国戏圣”和“东方的莎士比亚”。他的代表作品有《牡丹亭》《南柯记》《邯郸记》《紫钗记》，合称“临川四梦”，又称“玉茗堂四梦”，多取材于唐代的传奇小说，如《南柯记》取材于李公佐的《南柯太守传》，《邯郸记》取材于沈既济的《枕中记》，《紫钗记》取材于蒋防的《霍小玉传》。其中，《牡丹亭》又名《还魂记》《牡丹亭梦》等，是我国戏曲史上的浪漫主义杰作，代表了明代戏曲创作的最高峰。全剧采用浪漫主义手法，描写了官家千金杜丽娘对梦中书生柳梦梅倾心相爱，竟伤情而死，化为魂魄寻找现实中的爱人，人鬼相恋，最后起死回生，终于与柳梦梅永结同心的故事，表达了作者对封建礼教的批判、对美好爱情的赞颂、对人性自由的呼唤，成功塑造了杜丽娘千古独步的光辉形象。汤显祖在《题词》中说：“如杜丽娘者，乃可谓之有情人耳。情不知所起，一往而深。生者可以死，死亦可生。生而不可与死，死而不可复生者，皆非情之至也。”明朝学者沈德符说：“《牡丹亭梦》一出，家传户诵，几令《西厢》减价。”

《游园》经典唱词：“原来姹紫嫣红开遍，似这般都付与断井颓垣；良辰美景奈何天，赏心乐事谁家院！”

徐渭（1521—1593年），字文长，号青藤、天池生、水田月、南腔北调人等，绍兴山阴（今浙江绍兴）人，明代中期文学家、书画家、戏曲家、军事家。徐渭多才多艺，在诗文、戏剧、书画等各方面都独树一帜。他是中国“泼墨大写意画派”的创始人，对后世的“八大山人”、石涛、“扬州八怪”等影响极大；书善行草，兼工诗文，被誉为“有明一代才人”；能操琴，谙音律；爱戏曲，所著《南词叙录》为中国第一部关于南戏的理论专著。另有杂剧《四声猿》《歌代啸》及文集传世。杂剧代表作品《四声猿》是明代曲坛公认的艺术杰作，包括四个短剧：《狂鼓史渔阳三弄》《玉禅师翠乡一梦》《雌木兰替父从军》《女状元辞凰得凤》。

“明代三才子”是杨慎、解缙及徐渭三人的通称。

杨慎，明代文学家，“明代三才子”之首，明代著述最丰富的文学家，一生著作有四百余种。《三国演义》的开篇词《临江仙》就是杨慎所作：“滚滚长江东逝水，浪花淘尽英雄。是非成败转头空，青山依旧在，几度夕阳红。白发渔樵江渚上，惯看秋月春风。一壶浊酒喜相逢，古今多少事，都付笑谈中。”

解缙，明初文学家、内阁首辅，不仅文章写得好（“词劲意精”“雄劲奇古，新意迭出”），书法更是一绝，一生业绩当是《永乐大典》。《永乐大典》全书共有22877卷，囊括了中国14世纪以前各类传统文化，不仅是我国最全面的一套百科全书，也是当时世界上最大的百科全书，比法国狄德罗编纂的百科全书和英国的《不列颠百科全书》还要早300多年，是中华民族最珍贵的文化遗产。解缙的才华得到了太祖、成祖、仁宗三位皇帝的一致认可，明成祖朱棣甚至说：“天下不可一日无我，我则不可一日少解缙。”

（二）清代戏剧

苏州派是清初戏剧流派，以李玉为首，包括朱素臣、朱佐朝、毕魏、丘园等人。他们交往密切，有时合作创作剧本，因为都是苏州人，故称“苏州派”。苏州派的剧作大多能联系社会现实，思想性强，在当时的剧坛产生了一定影响。代表作品有李玉的《清忠谱》、朱素臣的《十五贯》等。

李玉（约1602—约1676年），字玄玉，号苏门啸侣，明末清初戏曲作家。李玉的早期剧作以描写人情世态为主，最负盛名的是“一笠庵四种曲（《一捧雪》《人兽关》《永团圆》《占花魁》）”，即所谓“一人永占”。《一捧雪》写严世蕃倚仗其父严嵩之势，为夺取一只玉杯，害得莫怀古家破人亡。《人兽关》写桂薪的忘恩负义。《永团圆》写江纳的贪富欺贫。《占花魁》根据《醒世恒言》中的《卖油郎独占花魁》改编，通过卖油小贩秦重和受骗失身的莘瑶琴之间的爱情生活，反映了市民阶层的思想意识。晚期代表作以描写历史人物为主，表达兴利除弊、惩恶扬善的主题，作品有《清忠谱》《牛头山》《麒麟阁》等。《清忠谱》是李玉晚年的代表作，被列为“中国十大古典悲剧”之一。描写的是明朝末年东林党反对魏忠贤等阉党残暴统治的斗争故事，集中揭露了当时魏党特务政治的罪恶。

李渔（1611—1680年），字笠鸿，号笠翁，别号觉世稗官、笠道人、随庵主人、湖上笠翁等，金华兰溪（今属浙江）人，素有才子之誉，世称“李十郎”，是清代著名的戏曲作家和戏曲理论家，也是中国戏曲史上第一位专门从事喜剧创作的作家。在戏剧结构方面，李渔主张：“立主脑”，即突出主要人物和中心事件；“脱窠臼”，即题材内容应重视创意；“密针线”，即紧密情节结构，使全剧浑然一体；“减头绪”，即删削旁支、明晰主线。在戏剧语言方面，李渔反对用书面文学的标准来衡量戏曲创作，认为必须首先从适合舞台演出来考虑，要“贵显浅”“重机趣”“戒浮泛”“忌填塞”等。代表作品有《闲情偶寄》《奈何天》《比目鱼》《风筝误》等。《闲情偶寄》是我国第一部完整的戏曲理论著作，内容包含戏曲理论、饮食、营造、园艺、养生等。该书文字清新隽永，叙述娓娓动人，读后留香齿颊、余味无穷。这部作品不仅熏陶、影响了一大批现代散文大师，开现代生活美文之先河，而且对现代人提高生活品位、营造艺术的人生氛围也有着极大的借鉴作用。

清代的戏曲以洪昇与孔尚任的“爱情剧”最有价值。洪昇的《长生殿》和孔尚任的《桃花扇》堪称清代传奇的双璧，代表了17世纪末传奇创作的最高成就，并称“南洪北孔”。

洪昇（1645—1704年），字昉思，号稗畦、南屏樵者，浙江钱塘人，著名戏曲作家，代表作品是《长生殿》《四婵娟》等。《长生殿》得名于白居易的《长恨歌》：“七月七日长生殿，夜半无人私语时。”和元代剧作家白朴的剧作《梧桐雨》一样，《长生殿》讲述的是唐玄宗李隆基和贵妃杨玉环之间的爱情故事。《长生殿》既歌颂了唐玄宗和杨贵妃两人的真挚感情，又批判了他们的荒淫无度，寄寓了一种“乐极哀来，垂戒来世”的思想。

孔尚任（1648—1718年），字聘之、季重，号东塘，别号岸堂，自称云亭山人，山东曲阜人，著名戏曲作家，代表作品是《桃花扇》。《桃花扇》是一部伟大的现实主义历史剧，也是少数能够将悲剧精神贯彻到底的作品之一，打破了中国剧作大团圆的结局。《桃花扇》通过侯方域与李香君悲欢离合的爱情故事，反映了明末动荡的社会现实及统治阶级内部的派系斗争，从而揭示了南明覆灭的根本原因。全剧的一大特色是，以男女情事来写国家兴亡。“借离合之情，写兴亡之感，实事实人，有凭有据。”经典唱词（《哀江南》）：“眼看他起朱楼，眼看他宴宾客，眼看他楼塌了！”

“中国古典十大喜剧”分别是：关汉卿的《救风尘》、白朴的《墙头马上》、王实甫的《西厢记》、康进之的《李逵负荆》、郑廷玉的《看钱奴》、施惠的《幽闺记》、康海的《中山狼》、高濂的《玉簪记》、吴炳的《绿牡丹》、李渔的《风筝误》。

“中国古典十大悲剧”分别是：关汉卿的《窦娥冤》、马致远的《汉宫秋》、纪君祥的《赵氏孤儿》、高明的《琵琶记》、冯梦龙的《精忠旗》、孟称舜的《娇红记》、李玉的《清忠谱》、洪昇的《长生殿》、孔尚任的《桃花扇》、方成培的《雷峰塔》。

四、明清诗词

到明清时期，虽然以诗文为代表的传统文学逐渐让位于以小说、戏曲为代表的通俗文学，但是诗词的数量以及涌现出的流派依旧很多。

（一）明代诗词

1. 明前期

吴中四杰指的是高启、杨基、张羽、徐贲四人。他们都经历过元末的社会动乱，故诗中多反映战争，且基调凄凉。四人中高启成就最高。刘基文章与宋濂并为一代之宗，而诗歌可与高启相抗衡，诗歌风格古朴、雄放，古体诗成就较高，如他的《五月十九日大雨》："风驱急雨洒高城，云压轻雷殷地声。雨过不知龙去处，一池草色万蛙鸣。"

台阁体是明永乐之后占据文坛主导地位的一种诗歌体裁，是以当时馆阁文臣杨士奇、杨荣、杨溥为代表的一种新的文学创作风格，多为题赠、酬应及歌功颂德之作。

在台阁体流行的高峰期，于谦诗作归隐情怀的表达与慷慨悲凉的风貌预示了诗坛风气的转向。

于谦（1398—1457 年），字廷益，号节庵，浙江杭州人，明代著名民族英雄、军事家、政治家、诗人，与岳飞、张煌言并称"西湖三杰"，《明史》称赞其"忠心义烈，与日月争光"。于谦生性刚直，博文多识，其诗词多为忧国忧民之作，如《立春日感怀》："年去年来白发新，匆匆马上又逢春。关河底事空留客？岁月无情不贷人。一寸丹心图报国，两行清泪为思亲。孤怀激烈难消遣，漫把金盘簇五辛。"更有名的是他自抒襟怀的《石灰吟》："千锤万击出深山，烈火焚烧若等闲。粉身碎骨浑不怕，要留清白在人间。"《观书》："书卷多情似故人，晨昏忧乐每相亲。眼前直下三千字，胸次全无一点尘。活水源流随处满，东风花柳逐时新。金鞍玉勒寻芳客，未信我庐别有春。"

2. 明中期

前七子指的是李梦阳、何景明、王九思、边贡、康海、徐祯卿、王廷相七人，其中以李梦阳为核心。他们以诗酒相应和，共同研讨艺文，提倡复古，希望改变当时的文学现状。

后七子是明嘉靖后以李攀龙、王世贞为首的继承前七子的复古主张的七位文人。除李攀龙、王世贞外，还有谢榛、吴国伦、宗臣、徐中行、梁有誉。他们比前七子更加重视格调、法度，但流于形式主义。

王世贞（1526—1590 年），字元美，号凤洲，又号弇州山人，江苏太仓人，明代文学家、史学家，"后七子"的领袖，独领文坛二十年。他提出了"真情说"，在纠正当时诗人的虚假文风方面起到了重要作用。他的《登太白楼》传唱甚广："昔闻李供奉，长啸独登楼。此地一垂顾，高名百代留。白云海色曙，明月天门秋。欲觅重来者，潺湲济水流。"

3. 明晚期

公安派是晚明出现的以"性灵说"为主要主张的一个文学派别。主要代表人物是袁宗道、袁宏道、袁中道三兄弟，其中又以袁宏道影响最大。"性灵说"要求作者在进行诗歌创作时，真实表现自己的思想感情，同时反对粉饰和束缚。

竟陵派是继公安派之后并在一定程度上受公安派影响，以钟惺、谭元春为代表的一个流派。他们也主张创作应抒发作者真实的情感，看重学习古人的精神，追求怪字险韵。

（二）清代诗词

1. 清初

遗民诗人指的是明清易代之际，用诗来抒发爱国之情，具有反抗精神的一群诗人，主要以顾炎武、黄宗羲、王夫之三人为代表。他们的诗“或悲思故国，或讴歌贞烈，或谴责清兵，或表白气节……体验深切，感情真挚”（见于袁行霈主编《中国文学史》），为清诗的发展做好了铺垫。

虞山诗派指的是以常熟虞山命名的以钱谦益为首的一个重要流派。虞山诗派积极主张诗歌革新，取诸家之长而自成风格。后来在冯班的带领下，虞山诗派“诗坛旗鼓，遂凌中原而雄一代”。

梅村体指的是吴伟业在继承元、白诗歌的基础上形成的自成一体的七言歌行体叙事诗。梅村体以明清易代的史实为题材，反映社会变故，感慨朝代兴亡，抒发身世之感。《圆圆曲》是梅村体的代表作，名句：“恸哭六军俱缟素，冲冠一怒为红颜。”“妻子岂应关大计，英雄无奈是多情。”

阳羡词派学习苏轼、辛弃疾，以豪情抒悲愤。陈维崧是其创始人，除他外，阳羡词人还有曹贞吉、万树、蒋景祁等，他们互相唱和，为清词的发展做出了贡献。

浙西词派的创始人是朱彝尊，因其主要词人皆来自浙西，故得名浙西词派。朱彝尊与李良年、李符、沈皞日、沈岸登、龚翔麟并称“浙西六家”。浙西词派崇尚姜夔、张炎，标榜醇雅、清空，以婉约为正宗。但其忽视词的内容，往往显得破碎、晦涩。

纳兰性德（1655—1685年），字容若，号楞伽山人，父亲是康熙一朝权臣纳兰明珠。纳兰性德自幼饱读诗书，文武兼修。他的词“缀景荒凉，设色冷淡，个人命运的幽怨和回顾历史引发的惆怅，同悼亡的心灵创伤融为一体，酿成哀郁凄婉的情调”（见于袁行霈主编《中国文学史》），被誉为“满清第一词人”“第一学人”。王国维赞其曰：“以自然之眼观物，以自然之舌言情。初入中原未染汉人风气，北宋以来，一人而已。”纳兰性德与阳羡词派代表陈维崧、浙西词派掌门朱彝尊鼎足而立，并称“清词三大家”。其代表作有《长相思》（“山一程，水一程，身向榆关那畔行，夜深千帐灯。风一更，雪一更，聒碎乡心梦不成，故园无此声。”）、《蝶恋花》（“辛苦最怜天上月，一昔如环，昔昔都成玦。”）、《木兰花令·拟古决绝词》（“人生若只如初见，何事秋风悲画扇。等闲变却故人心，却道故心人易变。”）等。

神韵说是王士禛所倡导的诗歌理论，在清代前期统治诗坛达百年之久。神韵即风神韵味，王士禛极欣赏司空图在《诗品》中提出的“冲淡”“自然”“清奇”以及严羽在《沧浪诗话》中提出的“兴会”“神到”之说，故其神韵说提倡“不着一字，尽得风流”，要求诗歌有幽静淡远的境界和含蓄隽永的语言。

2. 清中叶

格调说是沈德潜提出的关于诗歌创作的观点。格调说要求诗人写诗须讲究格律声调，要写得含蓄、蕴藉，用唐诗的格调去表现封建政治和伦理思想。格调说实际上是为封建统治服务的。

肌理说是翁方纲的论诗主张，认为“为诗必以肌理为准”。他在《志言集序》中说：“义理之理，即文理之理，即肌理之理。”他要求以学问材料（肌理）为根底，并将它与思想意义（义理）、组织结构（文理）统一起来。

性灵说是袁枚在晚明公安派观点的基础上提出的诗歌主张，提倡“提笔先须问性情”，尊重人的自然本性，要求“不失赤子之心”，追求“真”。同题五言绝句《苔》两首就是袁枚主张的体现：“各有心情在，随渠爱暖凉。青苔问红叶，何物是斜阳？”“白日不到处，青春恰自来。苔花如米小，也学牡丹开。”这两首诗生动地表现了青苔生长的特性，咏叹它受本性和境遇的种种限制，但青苔依然有对于阳光的期待，有奋志孤进、从容自若的品性。全诗富于情趣，意蕴明彻而深邃，简约疏朗中具有浓重的哲理意味。

常州词派由张惠言所开创，至周济时发扬光大，蔚为宗派。常州词派推尊词体，向周邦彦、吴文英学习，注重词的比兴寄托，强调意内言外。

自成一派的郑燮（1693—1766 年），字克柔，号理庵，又号板桥，人称板桥先生，江苏兴化人，清代书画家（擅画兰、竹、石、松、菊等，尤长于画兰、竹，）、文学家，“扬州八怪”重要代表人物。诗文真挚风趣，为人民大众所喜诵。《潍县竹枝词》四十首尤为脍炙人口，亦能治印。其诗、书、画，世称“三绝”。他是清代比较有代表性的文人画家。“删繁就简三秋树，领异标新二月花”是郑板桥的创作原则。题画诗《竹石》展现了诗人刚正不阿、正直不屈、铁骨铮铮的骨气：“咬定青山不放松，立根原在破岩中。千磨万击还坚劲，任尔东西南北风。”题画诗《潍县署中画竹呈年伯包大丞括》寄寓了作者对百姓命运的深切关注和同情：“衙斋卧听萧萧竹，疑是民间疾苦声。些小吾曹州县吏，一枝一叶总关情。”

3. 清晚期

龚自珍（1792—1841 年），字璱人，号定盦（一作定庵），浙江杭州人，清代思想家、诗人、文学家和改良主义的先驱者。他的诗文主张“更法”“改图”，揭露清统治者的腐朽，洋溢着爱国热情，被柳亚子誉为“三百年来第一流”。代表作品有《己亥杂诗》《病梅馆记》等。《己亥杂诗》（其五）：“浩荡离愁白日斜，吟鞭东指即天涯。落红不是无情物，化作春泥更护花。”《己亥杂诗》（其二百二十）：“九州生气恃风雷，万马齐喑究可哀。我劝天公重抖擞，不拘一格降人才。”

林则徐（1785—1850 年），字元抚，福建侯官人，开明的政治家、杰出的民族英雄，“满清时代睁眼看世界的第一人”。他的诗歌渗透着忧时悯民的爱国情怀，名篇《赴戍登程口占示家人》作于 1842 年，共两首，其二最为著名：“力微任重久神疲，再竭衰庸定不支。苟利国家生死以，岂因祸福避趋之！谪居正是君恩厚，养拙刚于戍卒宜。戏与山妻谈故事，试吟断送老头皮。”

黄遵宪（1848—1905年），字公度，别署“人境庐主人”，广东嘉应州人，清代末期著名政治家、诗人，“诗界革命”的重要倡导者之一。黄遵宪倡导诗界革命，工于诗，喜以新生事物熔铸入诗，有“诗界革新导师”之称。在诗歌创作上，他主张“我手写我口，古岂能拘牵”，其诗题材广泛、内容丰富深刻，多为中国近代社会生活的真实写照，有晚清“诗史”之称。代表作品是《人境庐诗草》（收录诗歌六百余首，风格清新，成为近代诗成熟的重要标志）、《己亥杂诗》（仿龚自珍《己亥杂诗》之例而作，是一组自叙诗）。黄遵宪还被誉为“近代中国走向世界第一人”、“近世诗界三杰”之冠。

诗界革命是指戊戌变法前后的诗歌改良运动。最早反映出诗歌变革趋向并获得创作成功的是黄遵宪，而提出“诗界革命”口号的是梁启超。诗界革命冲击了长期统治诗坛的拟古主义、形式主义倾向，要求作家努力反映新的时代和新的思想。

随着清王朝的灭亡，中国历史掀开了新的一页，中国文学也将谱写新的篇章。

本节自测

真题演练

（一）单项选择题

1.下列地名中，属于《西游记》的是（　　）。【2021】

A.长坂坡　　B.野猪林　　C.陷空岛　　D.盘丝洞

2.判词“心比天高，身为下贱，风流灵巧招人怨”指的是《红楼梦》中的（　　）。【2021】

A.紫鹃　　B.袭人　　C.晴雯　　D.平儿

3.下列《聊斋志异》的故事中，以书生和花鬼狐妖的爱情为题材的是（　　）。【2020】

A.《婴宁》　　B.《促织》　　C.《席方平》　　D.《王六郎》

4.《聊斋志异》是一部（　　）。【2018/2012】

A.散文集　　B.短篇小说集　　C.戏曲故事集　　D.民间故事集

5.《游园》中的“袅晴丝吹来闲庭院，摇漾春如线”和“良辰美景奈何天，赏心乐事谁家院”所用的修辞手法分别是（　　）。【2018】

A.拟人和对偶　　B.双关和用典　　C.比喻和通感　　D.借代和对比

6.下列不属于汤显祖“临川四梦”的是（　　）。【2016】

A.《牡丹亭》　　B.《紫钗记》　　C.《邯郸记》　　D.《紫箫记》

（二）填空题

1.王国维在《人间词话》中认为古今之成大事业、大学问者必经过三重境界，他把宋代词人晏殊的“昨夜西风凋碧树。独上高楼，________”视为第一重境界。【2023】

2.人们通常把中国古代长篇小说分为历史演义、英雄传奇、神魔小说和“描摹世态人情”的世情小说等几类，产生于明代的《________》被认为是世情小说的开山之作。【2022】

3.清代剧作家洪昇的戏剧作品《________》写唐明皇和杨贵妃的爱情故事。【2022】

4.________，岂因祸福避趋之。【2020】

5.良辰美景奈何天，________。【2017】

巩固练习

（一）单项选择题

1.“态生两靥之愁，娇袭一身之病”，这是宝玉对黛玉的第一印象，其中“靥”是指（　　）。

A.酒窝　　B.眼睛　　C.嘴角　　D.腮帮

2.《三国演义》中的“三英战吕布”的“三英”指的是（　　）。

A.赵云　张飞　关羽　　B.刘备　关羽　张飞

C.文丑　颜良　张辽　　D.赵云　黄忠　关羽

3.被列为明代“四大奇书”之首的是（　　）。

A.《金瓶梅》　　B.《三国演义》　　C.《水浒传》　　D.《红楼梦》

4.下列小说属于用文言进行创作的是（　　）。

A.《红楼梦》　　B.《聊斋志异》　　C.《水浒传》　　D.《西游记》

5.“风雪山神庙”的故事发生在哪位梁山人物身上？（　　）

A.宋江　　B.鲁智深　　C.武松　　D.林冲

6.水浒一百单八将中有几位女性？（　　）

A.两位　　B.三位　　C.五位　　D.八位

7.下列地名中，属于《水浒传》的是（　　）。

A.长坂坡　　B.野猪林　　C.陷空岛　　D.盘丝洞

8.“金闺花柳质，一载赴黄粱”是《红楼梦》中哪个人物的判词？（　　）

A.元春　　B.迎春　　C.探春　　D.惜春

9.戏剧家（　　）被誉为“东方的莎士比亚”。

A.关汉卿　　B.马致远　　C.王实甫　　D.汤显祖

10.下列（　　）不属于“金陵十二钗”。

A.王熙凤　　B.李纨　　C.尤三姐　　D.史湘云

11.人物描写具有“脸谱化”倾向的是哪部名著？（　　）

A.《三国演义》　　B.《水浒传》　　C.《西游记》　　D.《红楼梦》

12.语言文白相间，形成“文不甚深，言不甚俗”的语体风格的是哪部名著？（　　）

A.《三国演义》　　B.《水浒传》　　C.《西游记》　　D.《红楼梦》

13.以下哪部小说不属于世情小说？（　　）

A.《金瓶梅》　　B.《醒世姻缘传》　　C.《红楼梦》　　D.《封神演义》

14.“字字看来皆是血，十年辛苦不寻常”描绘的是哪部小说创作的艰辛情态？（　　）

A.《三国演义》　　B.《水浒传》　　C.《西游记》　　D.《红楼梦》

15.“以男女情事来写家国兴亡”的戏剧是（　　）。

A.《长生殿》　　B.《桃花扇》　　C.《赵氏孤儿》　　D.《汉宫秋》

16.“心较比干多一窍，病如西子胜三分”是《红楼梦》中对（　　）的描写。

A.王熙凤　　B.薛宝钗　　C.林黛玉　　D.史湘云

17.“醉卧芍药裀”的唯美画面，刻画了《红楼梦》中（　　）的形象。

A.贾探春　　B.薛宝钗　　C.林黛玉　　D.史湘云

（二）填空题

1.中国古代最大的一部百科全书是________，由________主持纂修。

2.清代的“八大山人”指的是________。

3.袁枚《苔》：“苔花如米小，________。”

4.毛宗岗认为《三国演义》塑造的人物形象有“三绝”，分别是“奸绝”________、“义绝”________、“智绝”________。

5.被王国维誉为“北宋以来，一人而已”的词人是________。

6.《金瓶梅》故事由________中的“武松杀嫂”一段推衍而成，是我国第一部由文人独创的长篇小说，作者署名为________。

7.清初三大思想家是________、顾炎武、王夫之。

8.“天下兴亡，匹夫有责”的说法最早是________提出来的，而以八字成文的语型，出自________。

9.《________》以封建知识分子为主要描写对象，以批判________为中心，反映了封建社会末世的广阔社会图景。

10.仿效六朝志怪小说笔法而创作的笔记小说，在清代以________著的

《______》为代表。

11.中国第一部真正意义上的武侠小说是______。

12.《儒林外史》中吝啬鬼的典型是______。

13.明杂剧以______的成就最高，其代表作是______。

14.我国文学史上第一部长篇讽刺小说是______，作者是______。

15.______是描写济南风情景物最多的古代小说，“家家泉水，户户垂杨”至今流传。

16.拟话本小说代表作家作品是______的“三言”与凌濛初的“二拍”。

17.清朝的戏剧以“爱情剧”最有价值。______的______和______的______堪称双璧，代表了17世纪末传奇创作的最高成就，两位剧作家并称“______”。

18.判词“才自精明志自高，生于末世运偏消”指的是《红楼梦》中的______。

19.晚清文坛“诗界革命”的代表人物是______。

20.《杜十娘怒沉百宝箱》是明代通俗文学家______所纂的“三言”中的一篇。

21.清代文坛最大的散文流派是______，代表人物有方苞、刘大櫆、姚鼐。

参考答案

第三章　现当代文学

中国现代文学是在中国社会内部发生历史性变化的条件下，广泛接受外国文学影响而形成的新的文学。它不仅用现代语言表现现代科学民主思想，而且在艺术形式与表现手法上都对传统文学进行了革新，建立了话剧、新诗、现代小说、杂文、散文诗、报告文学等新的文学体裁，在叙述角度、抒情方式、描写手段及结构组成上，都有新的创造，具有现代化的特点，从而与世界文学潮流相一致，成为真正现代意义上的文学。

当代文学是指1949年新中国成立以后的文学，其中出现了许多文学流派。当代文学大致可以划分为四个阶段：20世纪50—70年代文学、20世纪80年代文学、20世纪90年代文学、新世纪文学。

20世纪50—70年代，当代文学遵循“文艺为政治服务，为工农兵服务”的指导方向，出现了郭小川、贺敬之等中国政治抒情诗的杰出代表和“三红一创”“青山保林”等革命小说。文学是时代的产物，反映在20世纪80年代文学上。1976年底“文化大革命”宣告结束，文艺界开始了拨乱反正，“寻根文学”“伤痕文学”“改革文学”等各种文学思潮此起彼伏。进入20世纪90年代，中国由计划经济向市场经济体制转变，社会发展日新月异，先锋派小说、大众化文学思潮逐渐流行起来。

进入新世纪，中国当代文学现象非常复杂，写作方式、作家身份、读者阅读等都发生了巨大的变化。在这个时期，文学进一步市场化，“80后”成为媒体和市场炒作的新热点，而一些“著名作家”的写作则严重地表现出“消极写作”和“反文化”的性质。但是，“底层写作”和“打工文学”却以令人震撼的尖锐和真实，反映了处于社会底层的人们的艰难境遇，叙述了进入都市的“农民工”的痛苦经验。

第一节　现当代文学概述

一、诗歌

20世纪一二十年代，在晚清梁启超“三界革命”和黄遵宪“旧瓶装新酒”“我手写我口”理念的影响下，白话诗歌快速蔓延开来，并且受到胡适、刘半农、钱玄同、李大钊、朱自清的大力推广。1921年，郭沫若出版的白话诗集《女神》，成为中国现代诗歌的奠基之作；1922年，汪静之、冯雪峰、应修人、潘漠华等，在杭州组成“湖畔诗派”；1923年，胡适、梁实秋、闻一多、徐志摩等，在北京组成“新月诗派”。

胡适（1891—1962年），字适之，安徽绩溪人，新月诗派主将，中国现代著名学者、作家，以倡导“白话文（诗）”、领导“新文化运动”而闻名于世。1917年初，胡适在《新青年》上发表了《文学改良刍议》，提倡以白话文代替文言文，并提出“白话文学之为中国文学之正宗”，被誉为“中国文化革命之父”。1920年，胡适出版了中国现代文学史上第一部白话新诗集——《尝试集》，初步确立了中国诗歌新的艺术形态，开创了一个伟大的“新诗纪元”。他还创作了中国第一部现代意义上的话剧——《终身大事》（独幕剧）。在文学理论方面，胡适编写了中国第一部具有现代学术风格的文学史专著——《白话文学史》。

刘半农（1891—1934年），江苏江阴人，新文化运动先驱，文学家、语言学家和教育家。《教我如何不想她》是刘半农1920年留学英国伦敦大学期间所作，是广为流传的重要诗篇。该诗由于音韵和谐、语言流畅，1926年被著名的语言学家赵元任谱成曲，广为传唱。刘半农在这首诗中首创“她”字的使用，受到广泛的赞誉。“天上飘着些微云，地上吹着些微风。啊！微风吹动了我的头发，教我如何不想她？”

郭沫若（1892—1978年），字鼎堂，号尚武，笔名郭沫若，四川乐山人，创造社主要成员，中国现当代著名诗人、戏剧家、历史学家、考古学家。郭沫若的作品大都气势宏伟、境界开阔，充满了无所畏惧的破坏精神和顶天立地的创造精神，通常表现爱国主义以及对光明、美好理想的追求和对大自然的歌颂。代表诗集是1921年出版的《女神》，《女神》是中国现代新诗的奠基之作。郭沫若的代表作品有《凤凰涅槃》《炉中煤》《天狗》《地球，我的母亲！》等，具有鲜明的革命浪漫主义精神。

诗集《女神》是现代浪漫主义诗歌的发端，充分表现了“五四”时代精神，把新诗艺术推向了新水平，是白话新诗真正取代文言旧诗的标志。《女神》中的诗篇充满了强烈的个性解放要求，也表达了作者对伟大祖国的深情，表现了作者对祖国美好明天的憧憬和向往。

> 创造社：中国现代文学史上最重要的团体之一，1921 年 6 月成立于东京，社团成员有郭沫若、郁达夫、成仿吾、张资平、田汉、郑伯奇等赴日留学的中国新文化运动健将。创造社的创作倾向是反帝反封建和积极的浪漫主义。创造社于 1929 年被国民党政府查封，其成员后来大多加入了左联。

闻一多（1899—1946 年），名家骅，字友三，湖北浠水人，新月诗派主将，其诗歌追求韵律、意象、结构的“三美”，多用象征手法。代表诗集有《红烛》《死水》等，著名诗篇有《七子之歌》（诗人将中国当时被列强掠去的澳门、香港、台湾、威海卫、广州湾、九龙、旅顺大连七处“失地”比作远离母亲的七个孩子）、《洗衣歌》等。闻一多的诗唯美、感伤，具有神秘色彩和强烈的爱国主义精神。第一本诗集《红烛》主要表达对祖国的思恋、眷顾与赞美，代表作品有《孤雁》《太阳吟》《红豆篇》；诗集《死水》主要表达深重的民族忧患意识，代表作品有《死水》（“这是一沟绝望的死水，清风吹不起半点漪沦”）、《一句话》（“有一句话说出就是祸，有一句话能点得着火。别看五千年没有说破，你猜得透火山的缄默？说不定是突然着了魔，突然青天里一个霹雳爆一声：‘咱们的中国！’”）等。

徐志摩（1896—1931 年），浙江海宁人，中国现代诗人，新月诗派主将，充满理想和浪漫主义情怀，被誉为“当代柳永”。代表诗集有《志摩的诗》《翡冷翠的一夜》《猛虎集》《云游集》等，主要抒写对美与爱、光明与自由的追求，略带有感伤的情调，代表作品是《再别康桥》。他的诗歌清新悠扬、比喻新奇、想象丰富、意境优美、神思飘逸、整饬华美，影响很大。如《沙扬娜拉——赠日本女郎》：“最是那一低头的温柔，像一朵水莲花不胜凉风的娇羞。”《偶然》：“我是天空里的一片云，偶尔投影在你的波心—— 你不必讶异，更无须欢喜——在转瞬间消灭了踪影。你我相逢在黑夜的海上，你有你的，我有我的，方向；你记得也好，最好你忘掉 / 在这交会时互放的光亮！”徐志摩被茅盾称为“中国第一个布尔乔亚诗人，也是最后一个布尔乔亚诗人”。

《再别康桥》是徐志摩诗歌中的绝唱，也是新月派诗歌的代表作。此诗以离别康桥时的感情起伏为线索，抒发了对康桥依依惜别的深情。全诗语言轻盈柔和，形式精巧圆熟，诗人用虚实相间的手法，描绘了一幅幅流动的画面，构成了一处处美妙的意境，细致入微地将诗人对康桥的爱恋，对往昔生活的怀念，对眼前的无可奈何的离愁，表现得真挚、浓郁、隽永。“轻轻的我走了，正如我轻轻的来；我轻轻的招手，作别西天的云彩。”“悄悄的我走了，正如我悄悄的来；我挥一挥衣袖，不带走一片云彩。”

新月社成立于1923年，是“五四”后的一个重要的文化团体，主要成员包括胡适、梁实秋、闻一多、陈源等，多系英美留学生。新月社以提倡格律诗而独树一帜，形成了现代诗史上一个重要的诗歌流派，人称“新月诗派”或“格律诗派”。为新月社诗歌理论做出最重要贡献的是闻一多，他系统地提出了新格律诗的理论，主张戴着格律的脚镣跳舞，并提出了著名的“三美”主张，即“音乐的美”（音节）、“绘画的美”（词藻）、“建筑的美”（节的匀称和句的均齐）。

20世纪三四十年代，“象征诗派”“现代诗派”承前启后而来，“七月诗派”“九叶诗派”创作蔚为大观。“象征诗派”以李金发出版的诗集《微雨》为诞生标志，代表人物有王独清、穆木天等。“现代诗派”吸收了象征诗派、新月诗派的特点，代表人物有戴望舒、何其芳、卞之琳等。“七月诗派”提倡革命现实主义，代表人物为艾青，因作品多收在胡风主编的《七月诗丛》《七月新丛》《七月文丛》中而得名。“九叶诗派”追求现实主义与现代主义相结合，代表人物是穆旦，因出版诗集《九叶集》而得名。

戴望舒（1905—1950年），原名梦鸥，浙江杭州人，现代诗派主将。他的诗歌多借苦闷的孤独者和飘忽的少女形象，抒写爱情的苦闷和个人的忧郁，感伤的情绪中徘徊着寻梦者的倔强，代表作品有《雨巷》《我用残损的手掌》。由于《雨巷》是他的成名作，故他被誉为“雨巷诗人”。著名诗集有《我的记忆》《灾难的岁月》《望舒草》。

卞之琳（1910—2000年），江苏海门人，诗人、文学评论家、翻译家。卞之琳上承新月诗派，中出现代诗派，下启九叶诗派，代表作品有《断章》《尺八》等。1936年，他的《数行集》、何其芳的《燕泥集》、李广田的《行云集》并版为《汉园集》，是为“汉园三诗人”。卞之琳的诗歌深受西方诗歌和中国古典诗歌的影响，充满智慧的闪光和哲理的趣味，如《断章》：“你站在桥上看风景，看风景人在楼上看你。明月装饰了你的窗子，你装饰了别人的梦。”

艾青（1910—1996年），原名蒋正涵，号海澄，浙江金华人，七月诗派主将。艾青的诗歌多用象征手法，是现实主义、浪漫主义和象征主义的有机结合体。他富于战斗精神，爱国主义是其作品中永远写不尽的主题。代表作品有《大堰河——我的保姆》、《我爱这土地》（“为什么我的眼里常含泪水？因为我对这片土地爱得深沉……”）、《北方》、《太阳的话》、《向太阳》、《光的赞歌》等。他的诗歌重点刻画“土地”“太阳”等意象，表现出对旧社会的痛恨和对充满光明、希望的新社会的向往。

田间（1916—1985年），原名童天鉴，七月诗派的代表人物，他的诗形式多样，在新诗的民族化、大众化方面做过一系列探索，以平朴的描述和激昂的呼唤形成了明快质朴的风格，闻一多称之为“擂鼓诗人”。其代表作品是《假使我们不去打仗》。

穆旦（1918—1977年），原名查良铮，浙江海宁人，现代主义诗人、翻译家，九叶诗派的代表诗人。穆旦的诗歌将西欧现代主义和中国诗歌传统结合起来，诗风富于象征寓意和心灵思辨。早在20世纪40年代，穆旦就成为当时最受欢迎的青年诗人。20世纪80年代之后，许多现代文学专家推其为现代诗歌第一人。穆旦于1942年2月投笔从戎，参加了中国人缅远征军。1945年9月，根据入缅作战的经历，他创作了中国现代主义诗歌史上的著名诗篇——《森林之魅——祭胡康河上的白骨》，另有相关创作《阻滞的路》《活下去》。代表诗作有《赞美》（以“一个民族已经起来”作为全诗的抒情基调，在中华民族抵御日本军国主义侵略的最艰苦的年代，唱出了一曲高昂的民族精神的赞歌，流露出诗人对历史耻辱的悲悯，对民族灾难与命运的忧虑和对人民力量的崇拜）、《哀国难》、《冬》等。

20世纪50—70年代，诗歌的创作成就较低。首先，1949—1966年的诗歌大多为颂歌，主题是“和平”与“建设”，缺少审美价值。其中，何其芳的《我们最伟大的节日》，标志着颂歌时代的开始；臧克家的《有的人》、郭小川的《致青年公民》、贺敬之的《放声歌唱》，成为难以逾越的作品。其次，“文化大革命”期间，诗歌创作深受政治形势的影响，审美价值降低。

何其芳（1912—1977年），四川万县人，现代文学家、诗人、散文家，主要诗作有《我们最伟大的节日》、《生活是多么广阔》（“生活是多么广阔／生活又是多么芬芳／凡是有生活的地方就有快乐和宝藏”）、《我为少男少女们歌唱》（“我为少男少女们歌唱／我歌唱早晨／我歌唱希望／我歌唱那些属于未来的事物／我歌唱那些正在生长的力量”）等。

臧克家（1905—2004年），山东诸城人，著名作家，以诗歌创作为主。臧克家擅长比喻，把感情和倾向性凝聚、隐蔽在诗的形象里，诗风质朴凝练、含蓄深沉，具有强烈的现实性。他也是一位以“土地和农民”为关注中心的作家。代表作品有《有的人》《老马》《烙印》等。其中，《有的人》是臧克家为纪念鲁迅逝世十三周年而写的一首抒情诗，讴歌了鲁迅先生甘为孺子牛的一生。《老马》表面上写的是一匹老马在鞭子的抽打之下负重前行，实际上写的是受苦受难的旧社会农民。散文《说和做——记闻一多先生言行片段》，被选入人教版初中语文教材。

《有的人》：有的人活着，他已经死了；有的人死了，他还活着。有的人／骑在人民头上：“呵，我多伟大！”有的人／俯下身子给人民当牛马。有的人／把名字刻入石头，想“不朽”，有的人／情愿作野草等着地下的火烧。有的人／他活着别人就不能活；有的人／他活着为了多数人更好地活。骑在人民头上的，人民把他摔垮；给人民作牛马的，人民永远记住他！把名字刻入石头的，名字比尸首烂得更早；只要春风吹到的地方，到处是青青的野草。他活着别人就不能活的人，他的下场可以看到；他活着为了多数人更好地活着的人，群众把他抬举得很高，很高。

《老马》：总得叫大车装个够，它横竖不说一句话，背上的压力往肉里扣，它把头沉重地垂下！这刻不知道下刻的命，它有泪只往心里咽，眼里飘来一道鞭影，它抬起头望望前面。

郭小川（1919—1976年），当代著名诗人。其诗歌多取材于工农兵群众的斗争生活，歌颂社会主义革命和事业的胜利，代表作品有《团泊洼的秋天》《平原老人》《投入火热的斗争》《致青年公民》《鹏程万里》《将军三部曲》《甘蔗林——青纱帐》《昆仑行》等，还有一些政论、杂文作品。

贺敬之（1924— ），山东峄县人，擅长用“信天游”体与“楼梯式”结构，善写政治抒情诗，代表作品是《回延安》、《桂林山水歌》（“云中的神呵，雾中的仙，神姿仙态桂林的山！情一样深呵，梦一样美，如情似梦漓江的水！”）、《放声歌唱》和新歌剧《白毛女》等。

20世纪八九十年代，相继出现“归来诗人群”“朦胧诗派”“新生代诗人”。1979年之后，“七月诗派”“九叶诗派”和在“文化大革命”中被停笔的诗人陆续复出，被称为“归来诗人群”。他们多写对历史的反思和对现实的思辨，名作有艾青的《鱼化石》《在浪尖上》《光的赞歌》，公刘的《沉思》，白桦的《阳光，谁也不能垄断》等。不久，“朦胧诗派”（因章明发表《令人气闷的“朦胧”》一文而得名）登上文坛。朦胧诗派在内容上反叛现实主义传统，肯定人的自我价值和尊严；在艺术上大量运用象征、隐喻、通感等现代诗歌的艺术创作手法，意蕴朦胧。主将多是在“文化大革命”中成长起来的青年诗人，如舒婷、北岛、顾城等。随后，“新生代”诗歌崭露头角，制造了中国诗坛上“美丽的混乱”，具有反英雄、反崇高、平民化，反意象、反修辞、口语化的特点，主要诗人是海子。进入20世纪90年代以来，由于市场经济冲击，诗歌彻底没落。

公刘（1927—2003年），当代著名诗人。他的早期作品表现了革命乐观主义精神，新时期以来的作品则风格沉郁，对历史和现实的感悟富有哲理。代表作品有《黎明的城》《在北方》《离离原上草》《仙人掌》等。

舒婷（1952— ），原名龚佩瑜，祖籍福建泉州，当代女诗人、朦胧诗派主将，成名作是1977年发表的《致橡树》。舒婷的诗歌具有女性特有的细腻和敏感，充盈着浪漫主义和理想色彩。她的诗擅长运用比喻、象征、联想等艺术手法表达内心感受，在朦胧的氛围中流露出理性的思考，朦胧而不晦涩。代表作品有《致橡树》《四月的黄昏》《神女峰》《祖国啊，我亲爱的祖国》《双桅船》等，著有诗集《双桅船》《会唱歌的鸢尾花》《始祖鸟》，散文集《心烟》等。

《致橡树》：“我如果爱你——绝不像攀援的凌霄花，借你的高枝炫耀自己；我如果爱你——绝不学痴情的鸟儿，为绿荫重复单调的歌曲。”“我必须是你近旁的一株木棉，作为树的形象和你站在一起。根，紧握在地下，叶，相触在云里。”“我们分担寒潮、风雷、霹雳；我们共享雾霭、流岚、虹霓。仿佛永远分离，却又终身相依。”“爱——不仅爱你伟岸的身躯，也爱你坚持的位置，足下的土地。”

《祖国啊，我亲爱的祖国》：“我是你河边上破旧的老水车，数百年来纺着疲惫的歌；我是你额上熏黑的矿灯，照你在历史的隧洞里蜗行摸索……”

《神女峰》：“美丽的梦留下美丽的忧伤”“与其在悬崖上展览千年 / 不如在爱人肩头

痛哭一晚”。

北岛（1949— ），原名赵振开，浙江湖州人，当代诗人、作家，朦胧诗派主将。“北岛”是诗人芒克给他取的笔名，也是他影响最为广泛的笔名。代表作《回答》是北岛1976年创作的一首朦胧诗，标志着朦胧诗时代的开始。诗中展现了悲愤之极的冷峻，以坚定的口吻表达了对暴力世界的怀疑：“卑鄙是卑鄙者的通行证，高尚是高尚者的墓志铭。”代表作《一切》讲述了诗人对生活的理解：生活不是一场悲剧，也不是一场完完全全的喜剧。欢乐与痛苦本来就相依相存，并在一定条件下相互转化：“一切都是命运／一切都是烟云／一切都是没有结局的开始／一切都是稍纵即逝的追寻……”

顾城（1956—1993年），当代著名诗人，朦胧诗派的代表人物，被称为当代的“唯灵浪漫主义”诗人。顾城在新诗、旧体诗和寓言故事诗上都有很高的造诣，其《一代人》中的一句“黑夜给了我黑色的眼睛／我却用它寻找光明”成为中国新诗的经典名句。顾城的诗歌有孩子般的纯稚风格与梦幻情绪，用直觉和印象式的语句来咏唱童话般的少年生活，唯美浪漫。顾城有“童话诗人”之称。代表作品有《一代人》、《我是一个任性的孩子》（“我想在大地上／画满窗子／让所有习惯黑暗的眼睛／都习惯光明”）、《远和近》、《生命幻想曲》，诗集《白昼的月亮》《黑眼睛》《顾城诗集》等。

海子（1964—1989年），原名查海生，安徽怀宁人，中国新诗史上最有影响力的诗人之一。他借助诗作表现了对一切美好事物的眷恋，但敏感而脆弱的心灵又构成了他极为忧郁的品格，最终以死亡来完成对诗歌的追求。代表作品有《面朝大海，春暖花开》《亚洲铜》《阿尔的太阳》《以梦为马》《五月的麦地》《黑夜的献诗——献给黑夜的女儿》等。

《面朝大海，春暖花开》：从明天起，做一个幸福的人／喂马、劈柴，周游世界／从明天起，关心粮食和蔬菜／我有一所房子，面朝大海，春暖花开／从明天起，和每一个亲人通信／告诉他们我的幸福／那幸福的闪电告诉我的／我将告诉每一个人／给每一条河每一座山取一个温暖的名字／陌生人，我也为你祝福／愿你有一个灿烂的前程／愿你有情人终成眷属／愿你在尘世获得幸福／我只愿面朝大海，春暖花开。

21世纪以来的中国诗歌虽然就其精神和美学上的“历史突破”而言，比不上很多人所怀念的20世纪80年代，但还是以其独特的诗歌成就开辟了一个新的时代。它不仅是中国当代诗歌史，甚至也是整个中国新诗史上的一个相当独特的“诗歌时代”，尤其是网络文化的兴盛使诗歌文化呈现出一种前所未有的景观。

另外，在100多年的现当代文学史上，还有很多著名的诗人和代表作品。由于篇幅有限和考试范围有限，不能一一详细讲解。在此仅补充列举部分如下：

冰心（1900—1999年），原名谢婉莹，福建福州人，诗人、作家、翻译家，文学研究会成员。冰心是“问题小说”的最早写作者之一，也是“繁星体”诗歌的开创者，还创造了清丽柔美的“冰心体”散文，其作品以“爱的哲学”为主题，充满了浓浓的爱国主义情思。她早期的代表作品有诗集《繁星》《春水》，小说集《去国》《冬儿姑娘》，散文集《南归》《寄小读者》等。1949年后，她又创作了《小桔灯》《再寄小读者》《樱花赞》等优秀作品，还有《山中杂记》《往事》《笑》等。其中《寄小读者》是中国儿童文学的奠基之作。冰心的作品语言清新纤柔，富有哲理性，大多是在歌咏母爱、手足之爱和人类之爱。

林徽因（1904—1955年），原名徽音，祖籍福建闽侯（今福建福州），出生于浙江杭州。林徽因是中国著名的建筑学家、作家，“中国现代文化史上的杰出女性”，著有《林徽因诗集》《林徽因文集》。林徽因在中华人民共和国国徽设计、人民英雄纪念碑设计和景泰蓝工艺革新等方面做出了突出贡献。林徽因不仅在建筑领域成就非凡，同时具有令人惊叹的文学造诣——她的著述文章别具一格，充满诗意又不失科学严谨；她的散文充满灵性，诗歌更是脍炙人口。金岳霖在其挽联中写道：“一身诗意千寻瀑，万古人间四月天。”

《你是人间的四月天》：我说 你是人间的四月天；笑响点亮了四面风；轻灵在春的光艳中交舞着变。你是四月早天里的云烟，黄昏吹着风的软，星子在无意中闪，细雨点洒在花前。那轻，那娉婷，你是，鲜妍百花的冠冕你戴着，你是天真，庄严，你是夜夜的月圆。雪化后那片鹅黄，你像；新鲜初放芽的绿，你是；柔嫩喜悦，水光浮动着你梦期待中白莲。你是一树一树的花开，是燕在梁间呢喃，——你是爱，是暖，是希望，你是人间的四月天！

冯至（1905—1993年），原名冯承植，河北涿州人，文学家、诗人、翻译家，代表作品有诗集《昨日之歌》《十四行集》《十年诗抄》等，散文集《山水》《东欧杂记》等，小说《蝉与晚秋》《仲尼之将丧》《伍子胥》等，传记《杜甫传》，译著《海涅诗选》《德国，一个冬天的童话》等。冯至擅长写浪漫主义诗歌，被鲁迅誉为“中国最杰出的抒情诗人”。

李季（1922—1980年），原名李振鹏，河南唐河人，现代著名诗人。他的代表作《王贵与李香香》是一首以信天游形式写成的民歌体叙事长诗，热情歌颂了陕北人民在共产党领导下翻身闹革命的斗争事迹，被誉为“民族形式的史诗”。

余光中（1928—2017年），福建泉州人，客居台湾，著名作家、诗人、学者、翻译家。余光中把一生从事的诗歌、散文、评论、翻译自称为自己写作的“四度空间”，他被誉为文坛的“璀璨五彩笔”、“诗坛最后的守夜人”。梁实秋评曰：“余光中右手写诗，左手写散文，成就之高，一时无两。”余光中驰骋文坛逾半个世纪，涉猎广泛，被誉为“艺术上的多栖主义者”。他的作品兼有中国古典文学和外国现代文学的气质，创作手法新颖灵活、比喻奇特，抒情细腻缠绵。代表作有诗集《白玉苦瓜》、散文集

《记忆像铁轨一样长》及评论集《分水岭上》等，其诗作如《乡愁》《乡愁四韵》，散文如《听听那冷雨》《我的四个假想敌》等都流传甚广。

《乡愁》：小时候，乡愁是一枚小小的邮票，我在这头，母亲在那头。长大后，乡愁是一张窄窄的船票，我在这头，新娘在那头。后来啊，乡愁是一方矮矮的坟墓，我在外头，母亲在里头。而现在，乡愁是一湾浅浅的海峡，我在这头，大陆在那头。

席慕容（1943— ），原籍内蒙古察哈尔部，客居台湾。其作品《七里香》《无怨的青春》《一棵开花的树》等诗篇脍炙人口，成为经典。席慕容的作品多写爱情、人生、乡愁，写得淡雅剔透、抒情灵动，饱含着对生命的挚爱真情，影响了整整一代人的成长历程。

《一棵开花的树》：如何让你遇见我 / 在我最美丽的时刻 / 为这 / 我已在佛前求了五百年 / 求它让我们结一段尘缘 / 佛于是把我化作一棵树 / 长在你必经的路旁 / 阳光下慎重地开满了花 / 朵朵都是我前世的盼望 / 当你走近，请你细听 / 颤抖的叶，是我等待的热情 / 而当你终于无视地走过 / 在你身后落了一地的 / 朋友啊，那不是花瓣 / 是我凋零的心

二、散文

20 世纪一二十年代，在晚清“文界革命”和民国“白话文运动”的影响下，出现了梁启超的“新文体”和自由派作家的“语丝社”。“语丝社”成立于北京，得名于周伏园创办的刊物《语丝》，存续于 1924—1930 年，代表作家是周作人、林语堂，形成了“任意而谈，无所顾忌”的“语丝体”风格。《语丝》是我国第一个以散文为主的文学刊物。

文学研究会是我国现代文学史上第一个文学团体，于 1921 年在北京中山公园成立。文学研究会由周作人、郑振铎、沈雁冰、郭绍虞、朱希祖、瞿世瑛、蒋百里、孙伏园、耿济之、王统照、叶绍钧、许地山十二人发起，以《小说月报》为阵地，宗旨是“研究介绍世界文学，整理中国旧文学，创造新文学”，宣扬“为人生而艺术”，也被称为“人生派”。

周作人（1885—1967 年），名櫆寿，号知堂，浙江绍兴人，现代著名散文家、文学理论家、诗人、翻译家，文学研究会成员。周作人宣扬“人的文学”，提出美文的概念，代表作品有《知堂文集》《雨天的书》《自己的园地》《谈虎集》等。周作人的散文，风格平和冲淡，清隽幽雅。在他的影响下，20 世纪 20 年代形成了包括俞平伯、废名等作家在内的散文创作流派。代表作是《故乡的野菜》。

林语堂（1895—1976 年），福建龙溪人，提倡幽默、闲适和“独抒性灵”的散文创作，是对明代“公安派”性灵文学的承续，具有“热心人冷眼看人生”的自由主

义特征，代表作品是《吾国与吾民》《生活的艺术》等，他创造性地将 humour 译成“幽默”。

20 世纪三四十年代，杂文创作收获颇丰，集大成者是鲁迅。与此同时，报告文学形成了创作热潮，代表作品有茅盾的《中国一日》、萧乾的《流民图》、夏衍的《包身工》等。此外，小品文和游记散文得到了空前发展，但是具有深远影响意义的作品不多。其中，小品文作家作品主要是丰子恺的《缘缘堂随笔》、梁实秋的《雅舍小品》等，游记散文作家作品主要是朱自清的《欧游杂记》、郁达夫的《屐痕处处》等。

鲁迅（1881—1936 年），原名周树人，字豫才，浙江绍兴人，著名文学家、思想家、革命家，新文化运动的重要参与者，中国现代文学的奠基人之一，被誉为“20 世纪东亚文化地图上占最大领土的作家”。毛泽东曾评价道：“鲁迅的方向，就是中华民族新文化的方向。”在他的一生中，特别是后期思想最成熟的年月里，鲁迅将他的大部分生命与心血都倾注于杂文创作中。他的杂文极具批判性，被誉为“匕首”“投枪”，代表作品包括《且界亭杂文》《伪自由书》《准风月谈》《花边文学》《而已集》《三闲集》《二心集》《集外集》《南腔北调集》等。

此外，他的散文集《朝花夕拾》（原名《旧事重提》），收录了 1926 年创作的 10 篇回忆性散文，包括《从百草园到三味书屋》《藤野先生》《范爱农》《琐记》等，是对青少年生活和求学经历的回忆，旨在“从纷扰中寻出一点闲静来”，属于“精神的桃花源”。

散文诗集《野草》，主要描写了北洋军阀政府统治下的社会状态，对革命力量的热烈呼唤，对劳动人民的深切同情，对国民劣根性不留情面的批评，以及对自我严格的解剖等，想象丰富、构思奇特、语言形象，富有抒情性和音乐性，具有强烈的艺术感染力。《秋夜》描写了同夜空进行不屈不挠战斗形象的两株枣树，赞颂了枣树的韧性战斗精神。（“在我的后园，可以看见墙外有两株树，一株是枣树，还有一株也是枣树。”）《聪明人和傻子和奴才》描写了维护旧社会的“聪明人”“奴才”，以及想改变旧社会的“傻子”。

> 杂文是散文的一种，是一种直接而迅速地反映社会事变或社会倾向的文艺性论文，以短小、活泼、锋利、隽永、富有战斗性为特点，内容广泛、形式多样，有关社会生活、文化动态以及政治事变的杂感、杂谈、杂论、随笔，都可归入这一类。在激烈的社会斗争中，杂文是战斗的利器，比如鲁迅先生的杂文就如同“匕首”“投枪”直刺一切黑暗的心脏。在和平建设年代，它也能起到赞扬真善美、鞭挞假恶丑的作用。
>
> 我国文学史上第一个提出“杂文”概念，并把它当作一种独立的文体的人，是南朝（梁）文艺理论家刘勰。

朱自清（1898—1948 年），原名自华，字佩弦，文学研究会成员，散文被誉为

"贮满一种诗意"，最擅长写景、抒情，代表作品有《背影》《匆匆》《给亡妇》《荷塘月色》《桨声灯影里的秦淮河》等。朱自清的作品写景则融情于景，叙事则化意入事，以优美的风景、真挚的情意、细致的观察、丰富的想象构成了浓郁诗情以及典雅风格，是中国现代散文和现代汉语的典范。

《匆匆》："燕子去了，有再来的时候；杨柳枯了，有再青的时候；桃花谢了，有再开的时候。但是，聪明的，你告诉我，我们的日子为什么一去不复返呢？"

《荷塘月色》："曲曲折折的荷塘上面，弥望的是田田的叶子。叶子出水很高，像亭亭的舞女的裙。层层的叶子中间，零星地点缀着些白花，有袅娜地开着的，有羞涩地打着朵儿的；正如一粒粒的明珠，又如碧天里的星星。微风过处，送来缕缕清香，仿佛远处高楼上渺茫的歌声似的。""月光如流水一般，静静地泻在这一片叶子和花上。薄薄的青雾浮起在荷塘里。叶子和花仿佛在牛乳中洗过一样；又像笼着轻纱的梦。"

20 世纪 50—90 年代，散文成就相对较低，影响比较大的作家作品有魏巍的通讯《谁是最可爱的人》、巴金的《随想录》、余秋雨的《文化苦旅》。

巴金（1904—2005 年），原名李尧棠，四川成都人，著有散文集《点滴》《生之忏悔》《梦与醉》等，晚年的重要作品是具有杂文性质的《随想录》，这部书被誉为"20 世纪中国文学的良心"。

魏巍（1920—2008 年），当代著名作家。他的作品能及时地反映现实生活，并擅长把叙事、写景、议论、抒情巧妙地融为一体，具有鲜明的艺术风格。代表作品有《谁是最可爱的人》《东方》等。其中，《谁是最可爱的人》是魏巍从朝鲜战场归来后创作的报告文学，记述了抗美援朝时期中国人民志愿军的感人事迹，1951 年 4 月 11 日在《人民日报》刊登。从此之后，解放军就被人们亲切地称为"最可爱的人"。

刘白羽（1916—2005 年），山东青州人，当代文学的杰出代表，卓越的散文家、报告文学家、小说家。创作以散文为主，作品富有深刻的哲理性，与杨朔、秦牧合称为 20 世纪 50 年代文坛的三大散文家。选入中学教材的《长江三峡》节选自《长江三日》，是一篇以日记形式写成的描绘祖国河山壮美景色的散文，写于 1960 年 11 月中旬。

秦牧（1919—1992 年），广东澄海人，著名作家，以散文著称于文坛，与杨朔并称为中国散文界的"南秦北杨"。他的散文继承和发展了现代散文史上的"谈话风"传统，代表作品有《土地》《花蜜与蜂刺》等。此外，他还写了不少儿童文学作品和美学论著，自选集《长河浪花集》是其散文的代表作。

杨朔（1913—1968 年），山东蓬莱人，当代著名散文家、小说家。杨朔的全部作品都以平凡普通的劳动者为描写对象，他提出"好的散文就是一首诗"的创作主张。他的散文是以诗化为主体，诗化、小说化、通讯化"三化"合一的统一体。他善于以诗的手法创造意境，在长期的散文创作中形成了一种抒情模式：以景（物）比兴——

写人叙事——激扬指点，被人称为“杨氏散文”。代表作品有《荔枝蜜》《樱花雨》《香山红叶》《茶花赋》《铁骑兵》等。

余光中，被梁实秋评为“右手写诗，左手写散文”，散文集有《逍遥游》《听听那冷雨》《青铜一梦》《粉丝与知音》等，评论集有《蓝墨水的下游》《举杯向天笑》等。散文代表作有《听听那冷雨》《我的四个假想敌》等；《焚鹤人》《记忆像铁轨一样长》《失帽记》《猛虎与蔷薇》等常出现在语文考试阅读题中。余光中的作品，既有浓浓的乡情，也有无尽的潇洒与快意。

三毛（1943—1991 年），本名陈平，著名女作家，旅行家。她的作品情感真实，展现的都是生活的原汁原味以及生活中的智慧与趣味，无论是小说还是散文，字里行间总是流露出女性的柔美和细腻，具有浓郁的抒情色彩。其代表作品有《梦里花落知多少》《雨季不再来》《撒哈拉的故事》等。

余秋雨（1946— ），浙江余姚人，当代著名文化学者，理论家、文化史学家、散文家。余秋雨的散文主要是表达一种文化的感受，以自己独特的思维方式对人类文明进行重新审视，以文化的视角借助自己的人生体验将历史文化事件发酵，使散文成为文化的一面镜子，被称为“文化散文”，代表作品有《文化苦旅》《千年一叹》《山居笔记》《行者无疆》《霜冷长河》等。选入教材的《都江堰》《洞庭一角》都选自《文化苦旅》。作家白先勇评价他：“余秋雨先生把唐宋八大家所建立的散文尊严又一次唤醒了。或者说，他重铸了唐宋八大家诗化地思索天下的灵魂。”诗人余光中评价他：“中国散文，在朱自清和钱锺书之后，出了余秋雨。”

三、戏剧

进入现代以来，我国戏剧创作的主流形式表现为话剧，主要成果有历史剧、讽刺喜剧和社会悲剧，产生了郭沫若、田汉、丁西林、曹禺、老舍等一大批著名戏剧作家。进入当代以来，有价值和重大影响的话剧作品不多，也无人能超越上述戏剧作家的文学成就。

郭沫若擅长历史剧。20 世纪 40 年代，为了宣传对日抗战，鼓舞民心士气，郭沫若创作了大量的话剧剧本，以《屈原》最受欢迎。代表作品有《卓文君》、《王昭君》、《棠棣之花》（聂嫈）、《虎符》（信陵君窃符救赵）、《高渐离》、《屈原》、《蔡文姬》（蔡琰）、《武则天》、《孔雀胆》（阿盖君主）、《南冠草》（夏完淳）。其中，卓文君、王昭君、聂嫈合称“三个叛逆的女性”。

丁西林（1893—1974 年），原名丁燮林，江苏泰兴人，擅长讽刺喜剧、短剧，以“欺骗”为观念，旨在讽刺社会现实，代表作品有《一只马蜂》（吉先生·余小姐·吉老太太）、《压迫》（房东太太与女儿·男客人·女客人）、《酒后》（夫·妻·客人）、《三块钱国币》（李嫂·吴太太·杨长雄·成众）、《北平的空气》（穷教书匠·上海来的朋友·老赵）等。

田汉（1898—1968年），原名田寿昌，湖南长沙人，中国现代戏剧三大奠基人（田汉、欧阳予倩、洪深）之一，早年留学日本时曾自署为“中国未来的易卜生”。夏衍视他为“现代的关汉卿”，称他为“中国的戏剧魂”。田汉擅长写作历史剧和社会悲剧，代表作品有历史剧《关汉卿》《文成公主》《谢瑶环》，社会悲剧《获虎之夜》《名优之死》《顾正红之死》《丽人行》，抗战剧《卢沟桥》《秋声赋》等。

田汉创作歌词的歌曲《万里长城》的第一段后来成为中华人民共和国国歌《义勇军进行曲》的歌词。

《义勇军进行曲》是由田汉作词、聂耳作曲的歌曲，是电影《风云儿女》的主题歌，被称为中华民族解放的号角，自1935年在民族危亡的关头诞生以来，对激励中国人民的爱国主义精神起了巨大的作用，后成为中华人民共和国国歌。

老舍（1899—1966年），原名舒庆春，字舍予，北京人，被誉为“平民诗人”“语言大师”，是新中国第一位获得“人民艺术家”称号的作家。老舍的作品大多取材于市民生活，“带泪的笑”是其一大特色。另外，老舍的小说创作还讲究“俗”和“白”，“俗”即描写普通的市井生活，写风俗和民俗，具有浓郁的市井风味和北京地方特色；“白”即语言朴实，特别注重口语的运用。小说代表作品有《骆驼祥子》《四世同堂》《月牙儿》《断魂枪》等。他是典型的“京味儿”作家，《骆驼祥子》和《四世同堂》描写的都是北京市民的生活，语言具有强烈的地域性。

《骆驼祥子》代表了老舍文学创作的最高成就。小说展现了都市人力车夫祥子的悲剧人生，通过记述以祥子为中心，与其相关的虎妞、小福子以及别的一些城市贫民的悲惨遭遇，表现了对下层劳动人民的深切同情和对社会黑暗的深刻揭示。书中的男女主人公分别是祥子和虎妞，其他人物还有刘四爷、小福子等。

《四世同堂》以北平小羊圈胡同为背景，通过复杂的矛盾纠葛，以胡同内的祁家为主，钱家、冠家以及其他居民为辅，刻画了当时社会各阶层众多普通人的形象，深刻地展示了普通人在大时代历史进程中所走过的艰难曲折的道路。

老舍早期创作的话剧代表作品成就一般；后期创作的话剧代表作品是《茶馆》《神拳》《龙须沟》，成就较高。

《茶馆》是老舍1956年创作的话剧。剧作展示了戊戌变法、军阀混战和新中国成立前夕三个时代近半个世纪的社会风云变化。结构上分三幕，以老北京一家叫裕泰的大茶馆的兴衰变迁为背景，展示了从清末到北洋军阀时期再到抗战胜利以后的近50年间，北京的社会风貌和各阶层的不同人物的生活变迁。书中的主人公是王利发，其他人物还有常四爷、松二爷、秦仲义等。

夏衍（1900—1995年），原名沈乃熙，浙江杭州人，中国著名文学、电影、戏剧作家和社会活动家，中国左翼电影运动的开拓者、组织者和领导者之一。著作有《心防》《法西斯细菌》。话剧剧本有《秋瑾传》《上海屋檐下》，报告文学有《包身工》，创作改编的电影剧本有《狂流》《春蚕》《祝福》《林家铺子》等。

《上海屋檐下》是一部三幕悲喜剧，创作于抗日战争前夕，通过一群生活在上海弄堂石库门中的小人物的悲惨遭遇和他们的喜怒哀乐，揭露了国民党统治下的黑暗现实，暗示出雷雨将至的前景，力图使观众“听到些将要到来的时代的脚步声”。主要人物：匡复、杨彩玉、林志成。

曹禺（1910—1996年），原名万家宝，天津人，是中国现代话剧成就最高的作家，代表作品有《雷雨》《日出》《原野》《北京人》《胆剑篇》《王昭君》《蜕变》《明朗的天》等。其中，《雷雨》《日出》《原野》组成了曹禺剧作的“生命三部曲”。

《雷雨》被公认为是中国现代话剧成熟的标志。此剧以1925年前后的中国社会为背景，描写了一个带有浓厚封建色彩的资产阶级家庭的悲剧。剧中以两个家庭、八个人物、三十年的恩怨为主线，伪善的资本家大家长周朴园，受新思想影响的单纯少年周冲，被冷漠的家庭逼疯了和被爱情伤得体无完肤的女人蘩漪，对过去所作所为充满了罪恶感、企图逃离的周萍，还有意外归来的鲁侍萍，单纯地爱与被爱的鲁四凤，受压迫的工人鲁大海，贪得无厌的管家等，不论是家庭秘密还是身世秘密，所有的矛盾都在雷雨之夜爆发，在叙述家庭矛盾纠葛、怒斥封建家庭腐朽顽固的同时，反映了更为深层的社会及时代问题。

《日出》以抗战前的天津社会为背景，以交际花陈白露为中心人物，以陈白露住的某大旅馆（惠中饭店）华丽的休息室和三等妓院为活动地点，写了黎明、黄昏、午夜、日出四幕，描写了20世纪30年代初期，受到资本主义世界经济恐慌影响下的半封建半殖民地的都市里，代表腐朽势力的上层社会在黑暗中“损不足以奉有余”的种种活动和下层社会的悲惨生活，表达了作者对现实生活强烈的爱憎和迫切期待东方红日的心情。

《原野》通过一个复仇的命运悲剧故事，深刻地展示出作家对“人生困境”的困惑以及对神秘宇宙的哲学思考。男女主人公分别为仇虎和金子。

四、小说

20世纪一二十年代，在晚清梁启超“三界革命”和“白话文”运动的影响下，“鸳鸯蝴蝶派小说”“旧式翻译小说”“乡土小说”“问题小说”“自叙传小说”竞相登场。鸳鸯蝴蝶派小说名作有张恨水的《啼笑因缘》《金粉世家》，旧式翻译小说名作有林纾的《巴黎茶花女遗事》《黑奴吁天录》，乡土小说名作有鲁迅的《孔乙己》《风波》《故乡》《祝福》，问题小说名作有冰心的《斯人独憔悴》《秋风秋雨愁煞人》，自叙传小说名作有郁达夫的《沉沦》。其中，问题小说由文学研究会倡导，关注社会人生；自叙传小说由创造社倡导，擅长心理描写。

鲁迅作为中国现代文学的奠基人，他的诗歌、散文、小说都有巨大影响。小说方面，他1918年用“鲁迅”这一笔名，在《新青年》杂志上发表了我国第一篇现代白话文小说——《狂人日记》。

鲁迅的小说集有《呐喊》《彷徨》《故事新编》。收录作品分别如下：

（1）《呐喊》是鲁迅第一部中、短篇小说集，主要收录的文章有《狂人日记》《孔乙己》《药》《一件小事》《风波》《故乡》《阿Q正传》《社戏》等。

在《狂人日记》中，鲁迅通过狂人的眼睛去揭露、批判，用迷狂、错乱的语言去点破旧礼教的实质。作品中对于封建礼教和封建文化“吃人”本质的揭示，实际上成为其余各篇小说的总主题。“我翻开历史一查，这历史没有年代，歪歪斜斜的每页上都写着‘仁义道德’几个字。我横竖睡不着，仔细看了半夜，才从字缝里看出字来，满本都写着两个字是‘吃人’！”这样触目惊心的文字，是鲁迅发出的振聋发聩的呐喊。

《药》通过茶馆主人华老栓夫妇为儿子小栓买人血馒头治病的故事，揭露了长期的封建统治给人民造成的麻木和愚昧，暗中颂扬了革命者夏瑜英勇不屈的精神，指出了辛亥革命未能贴近群众的局限性。

《阿Q正传》是鲁迅唯一一部中篇小说，他在广阔的社会历史背景下，成功地塑造了阿Q这个凝聚着“国民性”的典型形象。阿Q身上的“精神胜利法”既是其个人的，也是全体国民的。鲁迅充分挖掘了国民身上愚昧落后的因素，并予以鞭挞。

（2）《彷徨》收录有《祝福》《在酒楼上》《孤独者》《伤逝》等。

在《祝福》中，作者通过描写祥林嫂的悲剧命运，表现了男尊女卑的传统社会对妇女的束缚，也反映了中国农村妇女的共同命运。

鲁迅的唯一一部以爱情为题材的小说《伤逝》是一篇诗化小说，主人公是子君和涓生。“我是我自己的，他们谁也没有干涉我的权利！”这句话就出自子君之口。“爱情必须时时更新，生长，创造”“人必生活着，爱才有所附丽”是鲁迅先生借涓生之口发出的对爱情的理解与思考。他通过描写涓生和子君的爱情悲剧，指出人生的要义并不在于爱，而且对只追求个人幸福而不能与旧势力作“持久”斗争的人性弱点给予批判。

（3）《故事新编》取材于中国历史、神话、传说，包括《补天》《奔月》《理水》《采薇》《铸剑》《出关》《非攻》《起死》《怀旧》9篇作品和《序言》。鲁迅用现代意识去观照历史，运用夸张和讽刺的手法，对现实进行批判，全书贯穿着面对现实的斗争精神。

鲁迅小说集《呐喊》《彷徨》《故事新编》是中国现代文学的开端。其中，《呐喊》

《彷徨》是中国现代小说成熟的标志。

鲁迅的创作以散文和小说为主，但也写过不少优秀的诗歌。虽然数量不是很多，但成就很高。郭沫若曾评价道："鲁迅先生无心作诗，偶有所作，每臻绝唱。或则犀角烛怪，或则肝胆照人。"鲁迅的诗歌，古体诗尤为突出。如：

《自题小像》："灵台无计逃神矢，风雨如磐暗故园。寄意寒星荃不察，我以我血荐轩辕。"

《自嘲》："运交华盖欲何求，未敢翻身已碰头。破帽遮颜过闹市，漏船载酒泛中流。横眉冷对千夫指，俯首甘为孺子牛。躲进小楼成一统，管他冬夏与春秋。"

《无题》："惯于长夜过春时，挈妇将雏鬓有丝。梦里依稀慈母泪，城头变幻大王旗。忍看朋辈成新鬼，怒向刀丛觅小诗。吟罢低眉无写处，月光如水照缁衣。"

《答客诮》："无情未必真豪杰，怜子如何不丈夫？知否兴风狂啸者，回眸时看小於菟。"

《无题》："万家墨面没蒿莱，敢有歌吟动地哀。心事浩茫连广宇，于无声处听惊雷。"

张恨水（1895—1967年），原名张心远，鸳鸯蝴蝶派代表作家。张恨水的作品情节曲折复杂，结构布局严谨完整。张恨水将中国传统的章回体小说与西洋小说的新技法融为一体，被尊称为现代文学史上的"章回小说大家"。代表作品有《啼笑因缘》《金粉世家》《春明外史》等。其中，《啼笑因缘》（主人公樊家树与沈凤喜、何丽娜、关秀姑三位女子的恋爱纠葛）是张恨水在20世纪30年代创作的一部畅销小说。

郁达夫（1896—1945年），原名郁文，浙江富阳人，现代著名小说家、散文家、诗人，被称为中国的"现代小说之父"。代表作品有《沉沦》《薄奠》《春风沉醉的晚上》《银灰色的死》《采石矶》《过去》《迟桂花》等。郁达夫与郭沫若、田汉、成仿吾等人发起成立了新文学团体"创造社"。创造社在文学创作上主张"文学作品，都是作家的自叙传"。郁达夫的小说无一例外都是"自叙传"式的自我表现，坦诚、露骨，因此，其创作风格常常带有感伤的弱者情调、青年觉醒者的理想、反压迫的民主主义者的倾向等文学特色。

自叙传抒情小说是中国现代抒情小说的最初体式，以郁达夫和倪贻德为代表。郁达夫1921年出版的第一部现代白话短篇小说集《沉沦》使自叙传小说成为一种潮流。

庐隐（1898—1934年），原名黄英，福建闽侯人，"五四"时期著名的作家，与冰心、林徽因齐名，并称为"福州三大才女"。庐隐的小说风格感伤、基调悲戚，同时带有浓厚的自叙色彩，大多数采用日记、书信或讲故事的形式，结构趋向散文。前期以"社会问题小说"为主，后期则真正显出庐隐创作的个性：用哀伤的笔调叙写"五四"一代青年复杂的感情世界，尤其表现一代青年女性追求民主解放和爱情幸福最后却只能尝到苦果的实际情景。这一时期作品以"心理问题"小说为主，代表作为以自己和自己朋友的生活为蓝本写出的短篇《或人的悲哀》《丽石的日记》以及中篇《海滨故人》等。

20 世纪 30—40 年代，小说界流行“左翼文学”“京派文学”“海派文学”。其中，“左翼文学”是以鲁迅、茅盾、巴金等人为主将的作家群，与国民党官方倡导的“右翼文学”背道而驰。“京派文学”是北京作家群及其作品的统称，特点是描绘“真、善、美”，得名于沈从文挑起的文学争论，主将是沈从文、废名、凌叔华、林徽因、萧乾、芦焚、李健吾。“海派文学”（狭义的“海派文学”专指“新感觉派文学”）是上海作家群及其作品的统称，特点是揭露社会黑暗与人性丑恶，主将是张爱玲、施蛰存、刘呐鸥、穆时英、张资平、徐訏。

茅盾（1896—1981 年），原名沈德鸿，字雁冰，浙江桐乡人，文学研究会成员，被誉为“20 世纪的巴尔扎克”，中国社会剖析派小说的“坛主”，创造了“时代女性”“资本家”两大人物形象，代表作品有《农村三部曲》（《春蚕》《秋收》《残冬》）、《林家铺子》、《子夜》、《香市》、《蚀》三部曲（《幻灭》《动摇》《追求》）等，多写“大革命”失败后，中国工商业和农业的凋敝状况，号称“作家与革命家的完美结合”。其中，《春蚕》（老通宝）反映的是农村手工业者破产，《林家铺子》反映的是城镇工商业者破产，《子夜》（以民族工业资本家吴荪甫和买办金融资本家赵伯韬之间的矛盾和斗争为线索，反映了 1931 年左右中国的社会环境）反映的是民族资本家破产。

巴金一生创作颇丰，以小说最为有名。小说主要包括四大题材，即异国生活题材、青年生活题材、工农生活题材以及家庭生活题材。巴金的小说中包含正义与自由的政治追求，义无反顾的献身勇气，民主主义、人道主义、爱国主义等多种精神，其中融入了他无所羁绊的强烈感情，从而表现出一种博大、刚健的气度。

巴金擅长写以家庭生活为题材的小说，经常带有“自叙传”的性质，目的是“救人救己”，艺术特征是“青春 + 家庭 + 激情”。其中，长篇小说的代表作品是四个“三部曲”：“青春三部曲”（《死去的太阳》《灭亡》《新生》）、“爱情三部曲”（《雾》《雨》《电》）、“激流三部曲”（《家》《春》《秋》）、“抗战三部曲”（《火》《冯文淑》《田惠世》）。

“激流三部曲”是巴金的早期作品，其中以《家》的艺术成就最高。这三部作品是巴金呼吁自由、民主、尊重人格、人性解放的最鲜明的一面旗帜。“激流三部曲”不仅展现了封建家庭内部的罪恶和腐败、倾轧和迫害，还着力表现了青年一代在“五四”新思潮影响下的觉醒和对封建势力的不妥协、斗争，满怀激情地歌颂了他们反抗封建家庭、封建制度的革命行动。书中主要人物有“高氏三兄弟”（觉新、觉民、觉慧）。

《寒夜》是巴金 1944 年开始创作的一部长篇小说，故事发生在重庆。巴金在小说中成功地塑造了汪文宣、曾树生、汪母这三个人物形象，深刻地写出了抗战时期勤恳、忠厚、善良的小知识分子的悲惨命运。

小说《团圆》，1964 年由长春电影制片厂拍成电影《英雄儿女》。影片讲述了抗美援朝时期，志愿军战士王成为了守住阵地，高喊“向我开炮”而最终阵亡，他的妹妹王芳在政委王文清的帮助下坚持战斗，最终和养父王复标、亲生父亲王文清在朝鲜战场上团圆的故事。

沈从文（1902—1988 年），原名沈岳焕，字崇文，湖南凤凰人。其作品主要分为两类：一类是以湘西生活为题材的小说，通过描写家乡原始、自然的生命形式，赞美人性美，代表作品有《边城》、《长河》；一类是以都市生活为题材的小说，通过描写腐化、堕落的都市众生相，揭示“人性的扭曲”，代表作品有《绅士的太太》《八骏图》等。著有散文集《湘行散记》。“文化大革命”期间，在没有任何参考、仅凭记忆的前提下，沈从文完成了 21 万字的服装史《中国古代服装研究》，这是新中国成立以来第一部关于中国服饰文化研究的学术专著。

张爱玲（1920—1995 年），原名张煐，祖籍丰润，生于上海，移民美国，中国现代女作家，抗战时期沦陷区女作家的代表。张爱玲的创作多以婚恋为题材，侧重描写婚恋中的苦涩，注意挖掘人物的精神世界，表现人性中的种种病弱和丑拙，以此为突破口来感受人生之苦。代表作品有《倾城之恋》《金锁记》《半生缘》《第一炉香》《花凋》《色・戒》等，具有“华丽而苍凉，琐碎又大气”的风格。

《倾城之恋》是张爱玲最脍炙人口的短篇小说之一，是一篇探讨爱情、婚姻和人性在战乱及其前后怎样生存和挣扎的作品。故事的发生涉及香港和上海两座城市，书中的男女主人公分别是范柳原和白流苏。

《金锁记》讲述了一位女性曹七巧对自己亲生儿女迫害摧残的故事，展现了一个弱者、一个女性在追求金钱、权力、爱情方面所做的无望的挣扎，最终沦为男权社会牺牲品的命运。

《半生缘》是张爱玲第一部完整的长篇小说，原名《十八春》。作品通过主人公沈世钧和顾曼桢悲欢离合的故事，揭示了社会和人性的方方面面。

20 世纪五六十年代，小说多为历史和现实题材，政治色彩浓厚。以“三红一创”与“青山保林”成就最高。其中，“三红一创”指吴强的《红日》，罗广斌、杨益言的《红岩》，梁斌的《红旗谱》，柳青的《创业史》；“青山保林”指杨沫的《青春之歌》、周立波的《山乡巨变》、杜鹏程的《保卫延安》、曲波的《林海雪原》。其中，《红岩》被誉为“共产党人的正气歌”，《林海雪原》号称“新武侠小说”。此外，宗璞的《红豆》、王蒙的《组织部来了个青年人》也是值得肯定的名篇。

《红岩》是由罗广斌、杨益言合著的长篇小说。书中讲述了在重庆解放前夕，女共产党员江姐（江竹筠）得知丈夫被敌人杀害后，去华蓥山区参加农村武装斗争，由于叛徒甫志高的出卖，她和另一位同志许云峰被捕，他们在狱中保守党组织的秘密、同敌人展开顽强斗争的故事。书中成功塑造了“江姐”这一坚贞不屈的女共产党员的形象。《红岩》曾被改编成电影《烈火中永生》。

《红日》是吴强创作的长篇小说，以 1947 年发生在江苏涟水和山东莱芜、孟良崮的三次战役为主线。小说先写了涟水战役，在这一战役中，由于国共双方力量悬殊，解放军伤亡惨重，被迫撤退，后来解放军重整军队，在接下来的莱芜战役中取得了重大胜利，并在最后的孟良崮战役中全歼了国民党的 74 师，击毙了师长张灵甫。该小说后被改编成同名电视剧。

梁斌（1914—1996 年），当代著名作家。他的作品深沉、浑厚、雄健、豪放，富有浓郁的乡土气息和民族气魄。代表作品是长篇小说《红旗谱》，该书通过农民朱、严两家和地主冯老兰一家的斗争历史，成功地塑造了朱老忠这个革命农民的光辉形象，被誉为“一部描绘农民革命斗争的壮丽史诗”。

柳青（1916—1978 年），原名刘蕴华，当代著名小说家。其小说大都以农村生活为题材，生活气息浓厚，比较真实地反映了近几十年，历次重大历史时期农民的现实生活和精神面貌。代表作品《创业史》是一部反映农村社会主义革命的史诗性巨著，小说塑造了一系列饱满生动的人物形象，如梁生宝、郭振山、徐改霞等。

路遥的小说《人生》扉页上有这么一句话：“人生的道路虽然漫长，但紧要处常常只有几步。”这句话出自作家柳青的《创业史》，原文是：“人生的道路虽然漫长，但要紧处常常只有几步，特别是当人年轻的时候。没有一个人的生活道路是笔直的，没有岔道的，有些岔道口譬如政治上的岔道口，个人生活上的岔道口，你走错一步，可以影响人生的一个时期，也可以影响人生。”

杨沫（1914—1995 年），当代女作家，代表作品有《青春之歌》《芳菲之歌》《英华之歌》，这三部作品都以林道静为主人公，合称为杨沫的“青春三部曲”。

《青春之歌》是当代文学史上第一部描写学生运动、塑造革命知识分子形象和成长命运的优秀长篇小说。小说以“九一八”到“一二·九”这一历史时期为背景，以学生运动为主线，成功地描绘了林道静这一小资产阶级女性如何成长为无产阶级战士的艰难历程和其典型的革命者形象。书中的其他人物还有余永泽、江华、卢嘉川、白莉萍等。《青春之歌》还被拍成同名电影。

周立波（1908—1979 年），原名周绍仪，现当代著名作家。其作品擅长描写农村生活，乡土气息浓厚。代表作品有长篇小说《暴风骤雨》《山乡巨变》《铁水奔流》等。其中，《暴风骤雨》反映了土改运动中东北地区的农村生活，1951 年与丁玲的《太阳照在桑干河上》共同获得了苏联的斯大林文学奖。

杜鹏程（1921—1991 年），当代作家。他的小说内容多涉及重大题材，善于从严峻的斗争与考验中描写人物的精神面貌。代表作品《保卫延安》是我国第一部大规模正面描写革命战争史迹的有较高成就的长篇小说。其他作品还有《夜走灵官峡》《工地之夜》《延安人》等。

曲波（1923—2002年），当代作家。1938年参加八路军，1945年抗日战争胜利后，随部队开赴东北作战，曾率领一支英勇善战的小分队深入东北牡丹江一带进行艰难的剿匪战斗。1957年出版了第一部长篇小说《林海雪原》，小说曾先后被改编成电影、电视剧、戏剧上映上演，其中电影《林海雪原》和根据小说改编的京剧《智取威虎山》产生了非常广泛深远的影响。

《林海雪原》描写的是解放战争初期东北剿匪的战斗。1946年冬天，东北民主联军一支小分队，在团参谋长少剑波的率领下，深入林海雪原执行剿匪任务，侦察英雄杨子荣与威虎山座山雕匪帮斗智斗勇。《林海雪原》一直被视作"革命通俗小说"的典型代表，并被誉为"新的政治思想和传统的表现形式互相结合"的光辉典范，更是整个"十七年文学"发展之中不可替代的重要小说作品。

王蒙（1934— ），当代著名作家，作品大多反映中国人民在前进道路上的坎坷历程。1953年，王蒙开始创作长篇小说《青春万岁》。1956年发表的短篇小说《组织部来了个年轻人》是其成名作。小说代表作《春之声》借鉴了西方意识流的表现技巧。2015年，他的长篇小说《这边风景》获第九届茅盾文学奖。其他代表作品还有《活动变人形》《蝴蝶》《相见时难》《悠悠寸草心》等。

《青春万岁》是王蒙创作的长篇小说，动笔于1953年，出版于1979年。小说以高昂的革命乐观主义精神向读者展示了20世纪50年代初期北京高三女生热情洋溢的青春生活，刻画了一批成长于新旧交替时代的青年人特有的精神风貌：她们有理想、有热情，对生活积极乐观，"用青春的金线"和"幸福的缨珞"编织属于她们的日子。小说采用了色调鲜明的对比衬托手法，表现了不同社会制度下人物的命运，歌颂了青春的力量，塑造了个性鲜明的人物：纯真热情的班长杨蔷云、沉稳坚韧的团支部书记郑波、孤傲好胜的李春等。1983年，《青春万岁》被搬上银幕，后在苏联塔什干国际电影节上获纪念奖。

20世纪80年代以后，伤痕文学、反思文学、改革文学、寻根文学、先锋小说、知青小说、新写实小说等相继流行起来。伤痕文学，发端于刘心武的短篇小说《班主任》，名篇主要有张洁的《从森林里来的孩子》、周克芹的《许茂和他的女儿们》、张贤亮的《邢老汉和狗的故事》等。反思文学，发端于茹志鹃的短篇小说《剪辑错了的故事》，名篇主要有张一弓的《犯人李铜钟的故事》、史铁生的《我的遥远的清平湾》等。改革文学，发端于蒋子龙的短篇小说《乔厂长上任记》，名篇主要有张洁的《沉重的翅膀》、路遥的《平凡的世界》、高晓声的《陈奂生》系列、铁凝的《哦，香雪》。寻根文学，发端于韩少功的短篇小说《归去来》《爸爸爸》《女女女》，名篇主要有汪曾祺的《受戒》、阿城的《棋王》、王安忆的《小鲍庄》等。先锋小说，深受魔幻现实主义影响，名篇主要有莫言的《蛙》、陈忠实的《白鹿原》、余华的《现实一种》等。知青小说，表现为知青作家群和知青文学体，名篇主要有张承志的《北方的河》和《黑骏马》、梁晓声的“北大荒知青小说三部曲”(《这是一片神奇的土地》《今夜有暴风雨》《雪城》)、王安忆的《本次列车终点》、老鬼的《血色黄昏》等。新写实小说，名篇主要有刘恒的《狗日的粮食》、刘震云的《一地鸡毛》等。

伤痕文学是指经历了“文化大革命”最先出现的文学现象。小说沉痛地揭露了“文化大革命”给中华民族带来的灾难，深刻地提出了一系列社会问题，并引导人们去思考导致悲剧的原因。

刘心武（1942—　），当代著名作家、红学研究家。其作品以关注现实为特征，注重解剖心灵、刻画人性。代表作品有《班主任》《钟鼓楼》《如意》《立体交叉桥》《飘窗》《风过耳》等。其中，短篇小说《班主任》荣获首届全国优秀短篇小说奖，长篇小说《钟鼓楼》荣获第二届茅盾文学奖。

20世纪90年代后，刘心武成为《红楼梦》的积极研究者，著有《刘心武揭秘〈红楼梦〉》，他还曾在中央电视台《百家讲坛》栏目进行过系列讲座，对红学在民间的普及与发展起到了促进作用。

张贤亮（1936—2014年），当代著名作家。他的小说在表现知识分子的苦难历程时，往往把知识分子放到极端困苦的环境中，使人物的灵魂在人生的炼狱中被扭曲、分裂。代表作品有短篇小说《灵与肉》，中篇小说《绿化树》《龙种》，长篇小说《男人的风格》《我的菩提树》，散文集《追求智慧》等。其中，《灵与肉》被改编成电影《牧马人》，影片获得第六届大众电影百花奖最佳影片奖。

反思文学是伤痕文学的发展和深化，作家们不再满足于展示过去的苦难与创伤，而是力图追寻造成这一苦难的历史动因，开始从政治、社会层面上还原“文化大革命”的荒谬本质，从一般性地揭示社会谬误上升到历史经验教训的总结上。和伤痕文学相比，其目光更为深邃、清醒，主题更为深刻，带有更强的理性色彩。

史铁生（1951—2010年），当代作家、散文家，1969年去延安一带插队，因双腿瘫痪于1972年回到北京。自称“职业是生病，业余在写作”。其散文代表作《我与地坛》（被誉为20世纪中国散文经典力作）、《病隙碎笔》打动了一代又一代读者。小说代表作有短篇小说《我的遥远的清平湾》，长篇小说《务虚笔记》《我的丁一之旅》等。史铁生把写作当成对个人精神历程的叙述和探索，追求浓重的哲理意味。他的作品中贯穿着一种温情，同时也有着对宿命的感伤和抗争。

改革文学是伴随着全国性的经济体制改革而产生的。作家们开始把创作目光由历史拉到现实，一边关注着现实中的改革发展，一边在文学中发表自己关于祖国发展的种种思考和设想。

高晓声（1928—1999年），当代作家。他是新时期最杰出的专写农民的作家，被誉为继周立波、赵树理、柳青之后描写当代农村生活的高手。高晓声的作品歌颂了农民的淳朴、勤劳、善良和忍耐的品格。代表作品有小说《陈奂生上城》《李顺大造屋》等。

《陈奂生上城》通过主人公陈奂生上城卖油绳、买帽子、住招待所的经历及其微妙的心理变化，写出了背负历史重荷的农民在跨入新时期变革门槛时的精神状态。小说刻画了一个勤劳、憨厚、老实的农民形象——陈奂生。

铁凝（1957— ），当代著名女作家。她的作品多描写生活中普通的人与事，特别是细腻地描写人物的内心，从中反映人们的理想与追求、矛盾与痛苦，语言柔婉清新。代表作品有《大浴女》《没有纽扣的红衬衫》《哦，香雪》《麦秸垛》《对面》《玫瑰门》《笨花》等。

路遥（1949—1992 年），当代著名作家。他的小说大气磅礴，震撼人心，具有很强的现实主义色彩和批判性。代表作《平凡的世界》是路遥创作的一部百万字的小说。这部全景式地表现中国当代城乡社会生活的长篇小说，共三部，1986 年 12 月首次出版。该小说以中国 20 世纪 70 年代中期到 80 年代中期的十年间为背景，通过复杂的矛盾纠葛，以孙少安和孙少平两兄弟为中心，刻画了当时社会各阶层众多普通人的形象；劳动与爱情、挫折与追求、痛苦与欢乐、日常生活与巨大社会冲突纷繁地交织在一起，深刻地展示了普通人在大时代历史进程中所走过的艰难曲折的道路。1991 年 3 月，《平凡的世界》荣获第三届茅盾文学奖。作家陈忠实评价道：“《平凡的世界》是茅盾文学奖皇冠上的明珠，激励千万青年的不朽经典，最受老师和学生喜爱的新课标必读书。”

寻根文学是指以“文化寻根”为主题的文学形式，主张寻找民族文化的自我和作家个性的自我。寻根文学作家希望立足于我国自己的民族土壤中，挖掘分析国民的劣根性，发扬文化传统中的优秀成分，从文化背景来把握我们民族的思想方式和理想、价值标准，努力创造出具有真正民族风格和民族气派的文学。代表人物有阿城、韩少功、郑义、贾平凹等。

阿城（1949— ），当代寻根小说的重要代表作家。他的作品以白描的手法渲染民俗文化的氛围，透露出浓厚隽永的人生逸趣，寄寓了关于宇宙、生命、自然和人类的哲学玄思。代表作品有“三王”：《树王》、《孩子王》（曾被拍成同名电影）和《棋王》（曾被拍成同名电影）。

王安忆（1954— ），作家茹志鹃的女儿，代表作品有长篇小说《长恨歌》、中篇小说《向西，向西，向南》、短篇小说《发廊情话》等。其中，《长恨歌》荣获茅盾文学奖，以上海小姐王琦瑶“锦绣烟尘”式的传奇一生作为主要内容，将时代沧桑变幻同个人命运乖蹇紧密地联系在一起。寻根小说《小鲍庄》讲述了一个小村庄小鲍庄几户人家的生存状态和生活命运。小说通过对神话的借用和置换形成了宏大的书写视域与审美气象，运用反讽艺术在显性和隐性的双重话语对峙中发现了失根的历史真相，通过多重象征意蕴探讨了人类命运、人类苦难、人类文化等宏大命题。1987 年，《小鲍庄》获得第四届全国优秀中篇小说奖。

贾平凹（1952— ），陕西商洛人，当代著名作家。他是当代中国极具叛逆性、创造精神和广泛影响的具有世界意义的作家，被誉为“文学鬼才”。代表作品有短篇小说《满月儿》《山镇夜店》，中篇小说《腊月·正月》《天狗》，长篇小说《商州》《浮躁》《秦腔》《废都》《高兴》，散文集《月迹》《心迹》《爱的踪迹》等。

《浮躁》以农村青年金狗与小水之间的感情经历为主线，描写了改革开放初始阶段暴露出来的问题以及整个社会的浮躁状态和浮躁表面之下的空虚。《浮躁》是作者“商州系列”的第一部，奠定了贾平凹在文坛的实力派地位。该书一经出版即引起轰动，并获美国美孚飞马文学奖。

《废都》发表于1993年，小说描写的是20世纪80年代，我国西北一个大城市里一群知识分子的生活故事。小说的主人公叫庄之蝶。

《秦腔》出版于2005年4月，小说以两条线展开，一条线是秦腔戏曲，一条线是农民与土地的关系。这两条线相互纠结，表现了改革开放年代乡村人民的价值观念，人际关系在传统格局中的深刻变化，字里行间倾注了对故乡的一腔深情和对社会转型期农村现状的思考。《秦腔》荣获第七届茅盾文学奖。

先锋派小说又称“先锋小说”“新潮小说”，主要是指20世纪80年代中期以后出现的一批具有探索和创新精神的青年作家所创作的新潮小说。先锋派小说重视“文体的自觉”（即小说的虚构性）和小说叙述方法的意义和变化，带有很强的实验性，因此又称“实验小说”。代表作家有马原、洪峰、残雪、扎西达娃、苏童、格非、北村、孙甘露、余华等。

莫言（1955— ），原名管谟业，山东高密人，中国第一位获得诺贝尔文学奖的作家。他的创作深受魔幻现实主义影响，小说代表作品有《透明的红萝卜》《红高粱》《蛙》《酒国》《丰乳肥臀》《檀香刑》《生死疲劳》《天堂蒜薹之歌》等。莫言的小说充满了“怀乡”“怨乡”的复杂情感，他被定义为“寻根文学”作家，但是作品中洋溢着浓郁的西方现代主义文学色彩，既有魔幻现实主义的隐喻、象征、预言、神秘、魔幻，也有荒诞派戏剧的夸张、变形、荒诞，还有结构主义、感觉主义、象征主义，更有意识流小说的内心独白、心理分析、感觉印象、幻觉梦境、时空颠倒等特点。与此同时，他的作品还深受中国传统文化（古典文学、民间艺术、民间故事）影响，是新历史小说、先锋小说作家的代表。

1984年，莫言因《透明的红萝卜》而一举成名。2011年，他凭借小说《蛙》获得第八届茅盾文学奖。该小说通过讲述从事妇产科工作50多年的乡村女医生万心的人生经历，成功塑造了一个生动鲜明、感人至深的农村妇科医生形象，并结合计划生育过程中的复杂现象，剖析了以叙述人蝌蚪为代表的知识分子卑微、尴尬、纠结、矛盾的精神世界。《红高粱》被拍成同名电影，获得第 38 届柏林国际电影节金熊奖，成为首部获得此奖的亚洲电影。《白狗秋千架》被拍成电影《暖》，获得第 16 届东京国际电影节最佳影片金麒麟奖，第 23 届中国电影金鸡奖最佳故事片奖和最佳编剧奖。

诺贝尔文学奖是根据化学家诺贝尔的遗嘱创立的，颁给在文学方面创作出具有理想倾向的最佳作品的人，由瑞典文学院颁发。

余华（1960— ），浙江海盐人，当代著名作家。小说多写血腥、暴力、死亡、灾祸和人性的恶，展示了人和世界的黑暗，代表作品有《活着》、《十八岁出门远行》、《许三观卖血记》、《现实一种》、《难逃劫数》、《古典爱情》（颠覆才子佳人小说）、《鲜血梅花》（颠覆武侠小说）、《河边的错误》（颠覆公案小说）、《一个地主的死》（颠覆抗战小说）等。

《活着》讲述了在大时代背景下，随着内战、“三反五反”、“大跃进”、“文化大革命”等社会变革，徐福贵的人生和家庭不断经受着苦难，到了最后所有亲人都先后离他而去，仅剩下年老的他和一头老牛相依为命的故事。小说以普通、平实的故事情节讲述了在急剧变革的时代中福贵的不幸遭遇和坎坷命运，在冷静的笔触中展现了生命的意义和存在的价值，揭示了命运的无奈与生活的不可捉摸。1994 年，《活着》被拍成同名电影，在第 47 届戛纳国际电影节上获得评委会大奖。

苏童（1963— ），江苏苏州人，当代作家。他的作品着笔清雅而富有江南情调，代表作品有《妻妾成群》《米》《城北地带》《罂粟之家》《已婚男人》等。其中，《妻妾成群》被拍成电影《大红灯笼高高挂》。该片获得第 48 届威尼斯国际电影节银狮奖，并获得奥斯卡金像奖最佳外语片奖提名。

另外，在 100 多年的现当代文学史上，还有很多著名的作家和代表作品。只是由于篇幅有限和考试范围有限，不能一一详细讲解。在此补充列举部分如下：

叶圣陶（1894—1988 年），原名叶绍钧，江苏苏州人，文学研究会成员，被誉为“教育小说家”“优秀的语言艺术家”，是我国最早的童话作家之一，创办了我国第一个新诗刊物——《诗》。小说多写小市民灰色、卑琐的人生，代表作品有《潘先生在难中》《倪焕之》等。其中，《倪焕之》发表于 1928 年，是我国现代文学史上第一部长篇白话小说。

丁玲（1904—1986 年），原名蒋袆文，字冰之，又名蒋炜、蒋玮、丁冰之，湖南临澧人。她的文学创作分为三个时期：早期创作的中篇小说《莎菲女士的日记》是她的成名作，塑造了一个被称为“矛盾交织体”的人物形象；中期创作的长篇小说《太阳照在桑干河上》以“土地改革运动”为题材，与周立波的同题材长篇小说《暴风骤雨》一起荣获了“斯大林文学奖”；后期创作成就一般。毛泽东主席评价她为“昨天文小姐，今日武将军”。

赵树理（1906—1970年），原名赵树礼，山西沁水人，被誉为“山药蛋派”鼻祖，号称现代小说的“铁笔”“圣手”，代表了解放区小说的最高成就。赵树理是继鲁迅之后最了解农民的作家之一，但与鲁迅主要揭露农民精神上的创伤不同，赵树理着重表现的是农民思想改造的艰难历程。他在小说的民族化与大众化方面进行了探索，多以华北农村为背景，反映农村社会的变迁和矛盾斗争，写出了像《小二黑结婚》《李有才板话》《李家庄的变迁》等真实反映农民的思想、情感、愿望，符合农民的审美要求，真正为农民所欢迎的通俗乡土小说。赵树理的小说实现了艺术性与大众性比较完美的结合，因此被认为是新型文学发展的方向——“赵树理方向”。

钱锺书（1910—1998年），字默存，号“槐聚”，曾用笔名“中书君”，代表作品有长篇小说《围城》、短篇小说集《人·兽·鬼》和学术研究文集《谈艺录》《管锥编》等。其中，讽刺小说《围城》被认为是中国现代文学史上的“新《儒林外史》”。

《围城》主要写抗战初期知识分子的群像。主角方鸿渐是个从中国南方乡绅家庭走出的青年人，很多学者把他与俄罗斯文学中的“多余人”的形象联系起来，但“多余人”的悲剧在于思想上开始觉醒而缺乏行动的勇气和历史条件，而“围城人”的悲剧在于他的庸常。《围城》人物谱里更有独特意义的是孙柔嘉。

萧军（1907—1988年），辽宁锦州人，代表作品是《八月的乡村》《第三代》。

《八月的乡村》是表现东北人民革命军抗日斗争的长篇小说。作品描写“九一八”事变后，东北爱国军民在共产党领导下同日本侵略者浴血奋战的感人场景，展现了东北人民不当亡国奴、誓死保卫家乡、争取民族解放的决心和不屈不挠的斗争精神。小说题材和主题具有鲜明的时代性，是五四运动以来中国新文学中最早的、直接地正面描写中国共产党领导下武装反帝题材的小说之一；也是最早的直接反映“九一八”事变这个重大历史事件的文学作品之一；更是最早的直接记录了抗日英雄杨靖宇将军领导下的东北抗联的前身——初创时期的磐石游击队成长、壮大的史诗。

萧红（1911—1942年），黑龙江呼兰县人，“民国四大才女”之一，被誉为“20世纪30年代的文学洛神”，是20世纪30年代中国文坛最负盛名的女作家。萧红的文笔沉郁优雅，她擅长勾勒芜杂而生动的生活面貌，作品细腻深刻，委婉而隽永，深受鲁迅、茅盾等名作家激赏。她著有《生死场》、《呼兰河传》、《马伯乐》、《小城三月》（最后一部作品）等作品。

《生死场》是一部中篇小说，描述了一些女人在男权世界里卑微而无助的生活和死亡。全篇首尾呼应，一层套着一层，在三个家庭的空间里演绎着生与死的故事。“生死场”的

“场”，既可以说就是那块灾难深重的黑土地，又是那块土地上一个个痛苦的家庭。鲁迅评价道：“从《生死场》，看见了抗日前期的哈尔滨。这自然还不过是略图，叙事和写景，胜于人物的描写，然而北方人民的对于生的坚强，对于死的挣扎，却往往已经力透纸背；女性作者的细致观察和越轨的笔致，又增加了不少明丽和新鲜。”

《呼兰河传》是一部长篇小说，以萧红自己童年生活为线索，把孤独的童年故事串起来，形象地反映出呼兰这座小城当年的社会风貌、人情百态，从而无情地揭露和鞭挞了中国几千年的封建陋习在社会形成的毒瘤，以及这毒瘤溃烂漫浸所造成的瘟疫般的灾难。茅盾赞之为“一篇叙事诗，一幅多彩的风土画，一串凄婉的歌谣”。文本中的“呼兰河”不是《呼兰府志》所记载的那条流动的呼兰河，而是一座在松花江和呼兰河北岸有固定地理位置的小城。

“民国四大才女”指吕碧城、萧红、石评梅、张爱玲。她们才华横溢，以独具特色的创作风格及审美倾向而独树一帜。

孙犁（1913—2002年），原名孙树勋，字芸夫，河北安平人，被誉为“荷花淀派”的创始人。他的小说文笔清新、描写细腻、朴素明丽、秀美如画，善于从心灵、情感等生活层面表现人物性格，洋溢着浓郁的浪漫主义精神，号称“诗体小说”，代表作品有《荷花淀》《芦花荡》《嘱咐》《铁木前传》等。

林海音（1918—2001年），原名林含英，现当代著名女作家，是连接大陆与台湾文学、中国与世界文坛之间的桥梁。代表作品有《城南旧事》《春风丽日》《冬青树》《两地》《作客美国》等。其中，《城南旧事》取材于作者对北京往事的回忆，文笔流畅，风格优美典雅，1982年被改编成同名电影。

张洁（1937— ），北京人，经常以“人”和“爱”为创作主题，关注人性美、人情美。小说代表作品有《沉重的翅膀》《从森林里来的孩子》《谁生活得更美好》《条件尚未成熟》《无字》等，散文代表作品有《世界上最疼我的那个人去了》等。

冯骥才（1942— ），天津人，当代作家、画家、社会活动家，“津味小说”代表作家。代表作品有小说《铺花的歧路》《高女人和她的矮丈夫》《神鞭》《俗世奇人》《单筒望远镜》等，散文集《珍珠鸟》《灵魂不能下跪》等。冯骥才的小说多为市井题材小说，在反思传统民族文化弊端对人性残害的同时，对“奇”字误导人性的内涵进行了细致的描绘。

陈忠实（1942—2016年），陕西西安人，当代著名作家，长篇小说《白鹿原》是其成名作，并获得第四届茅盾文学奖。《白鹿原》浓墨重彩地刻画了白鹿村的兴衰，展现了关中大地民情风俗的嬗变，表现了传统中国农村买卖土地和房屋过程中的明争暗斗，宗族族长的地位和祠堂里的阴森恐怖，灾难岁月里的家庭和亲族关系，青年人的爱情、婚姻等问题。书中主要人物有白嘉轩、鹿子霖、田小娥、黑娃等。

毕淑敏（1952— ），作家、心理医生。1969 年从军入伍，在西藏阿里高原部队当兵 11 年。1987 年，发表中篇小说处女作《昆仑殇》。代表作品主要有《昆仑殇》、《预约死亡》（被誉为是“新体验小说”的代表作之一）、《红处方》、《血玲珑》、《拯救乳房》、《女心理师》、《鲜花手术》、《花冠病毒》等小说，另有散文集《提醒幸福》《我很重要》等。

海岩（1954— ），当代著名作家、编剧，主要从事小说、散文以及剧本的创作。代表作品有长篇小说《便衣警察》《一场风花雪月的事》《永不瞑目》《玉观音》《拿什么拯救你，我的爱人》《你的生命如此多情》《五星大饭店》等。

王朔（1958— ），当代著名小说家、编剧。他的小说叙述语言以戏谑、反讽为主，尤其对权威话语和知识分子的精英立场有嘲讽之意。代表作品有《一半是火焰，一半是海水》《顽主》《千万别把我当人》《我是你爸爸》《动物凶猛》《看上去很美》《过把瘾就死》等。其中，《动物凶猛》被拍成电影《阳光灿烂的日子》。

麦家（1964— ），当代著名小说家、编剧。他的小说具有奇异的想象力和独创性，人物内心幽暗神秘，故事传奇曲折，充满悬念。由他担任编剧的电视剧《暗算》和电影《风声》是掀起中国当代谍战影视狂潮的开山之作，影响巨大。其代表作品有长篇小说《解密》《暗算》《风声》《风语》《刀尖》《人生海海》等，其中《暗算》荣获第七届茅盾文学奖，《解密》英文版被收进英国“企鹅经典”文库，麦家也成为继鲁迅、钱锺书、张爱玲之后入选该文库的中国当代作家。

迟子建（1964— ），黑龙江省漠河市北极村人，当代著名作家，首位三次获得鲁迅文学奖的作家。代表作品有长篇小说《额尔古纳河右岸》《伪满洲国》《白雪乌鸦》《群山之巅》《烟火漫卷》等，中篇小说《北极村童话》《踏着月光的行板》等。迟子建在作品中偏爱呈现死亡，借以死亡的方式呈现出世上的人性、人情。但同时，迟子建将死亡看作生命的一场转机，于是在作品中想方设法实现对死亡的超越。乡土情怀是迟子建作品的另一重要主题，渴望以乡土文明的纯净来抵抗城市文明的浮华。

茅盾文学奖是著名作家茅盾先生将自己的 25 万元稿费捐献出来设立的长篇小说文学奖，以茅盾先生的名字命名。茅盾文学奖由中国作家协会主办，目的是鼓励优秀长篇小说的创作，推动我国文学的繁荣。从 1982 年开始，每四年评选一次，是我国最高荣誉的文学奖之一。

曾获得茅盾文学奖的重要作品：

第一届：周克芹《许茂和他的女儿们》、魏巍《东方》、古华《芙蓉镇》；

第二届：刘心武《钟鼓楼》、张洁《沉重的翅膀》；

第三届：路遥《平凡的世界》、刘白羽《第二个太阳》、霍达《穆斯林的葬礼》；

第四届：陈忠实《白鹿原》；
第五届：阿来《尘埃落定》、王安忆《长恨歌》；
第六届：熊召政《张居正》、宗璞《东藏记》、张洁《无字》；
第七届：贾平凹《秦腔》、迟子建《额尔古纳河右岸》、麦家《暗算》；
第八届：莫言《蛙》、刘震云《一句顶一万句》；
第九届：王蒙《这边风景》、苏童《黄雀记》；
第十届：梁晓声《人世间》。

刘慈欣（1963— ），著名**科幻小说家**，被誉为中国科幻文学的领军人物。其作品成功地将想象的空灵和厚重的现实结合起来，同时注重表现科学的内涵和美感，兼具人文主义的思考与关怀，为读者创造了一种具有中国特色的科幻文学样式，曾蝉联 1999—2006 年中国科幻小说银河奖。其代表作品有长篇小说**《超新星纪元》《球状闪电》《三体》**等，中短篇小说**《流浪地球》**《乡村教师》《朝闻道》《不能共存的节日》《全频带阻塞干扰》等。其中**《三体》三部曲**（《三体：地球往事》《三体 2：黑暗森林》《三体 3：死神永生》）被认为是中国科幻文学的里程碑之作。2015 年 8 月 23 日，**《三体》**获第 73 届世界科幻大会颁发的**雨果奖最佳长篇小说奖**，为亚洲作家首次获奖。

雨果奖，正式名称为“科幻成就奖”，是为纪念“科幻杂志之父”**雨果 · 根斯巴克**而设立的奖项，由世界科幻协会颁发。自 1953 年起，这个奖每年在世界科幻大会上颁发。雨果奖和星云奖是科幻文学领域的国际最高奖项，被誉为**“科幻文学界的诺贝尔奖”**。2015 年，由刘慈欣创作、刘宇昆翻译的**《三体》**获得该奖项。

《流浪地球》讲述了在未来某年，太阳即将毁灭，太阳系已经不适合人类生存。面对绝境，人类开启“流浪地球”计划，试图带着地球一起逃离，寻找新家园的故事。该小说被改编成同名电影，于 2019 年上映；2023 年，电影《流浪地球 2》上映。

刘慈欣的另外一部小说《乡村教师》被改编成电影《疯狂的外星人》，在内容上延续了科幻主题，讲述了两个生活拮据的普通人的生活被外星人完全打乱的故事。该片上映于 2019 年。

《三体》三部曲是长篇科幻小说系列，由《三体：地球往事》《三体 2：黑暗森林》《三体 3：死神永生》组成。作品讲述了地球人类文明和三体文明的信息交流、生死搏杀及两个文明在宇宙中的兴衰历程。《三体》最吸引人的地方在于通过对人类中心主义的解构，继而完成对人与自然、动物之间的伦理反思与文学表达，最终指向去人类中心化的思想内核。其第一部经过刘宇昆翻译后获得了第 73 届雨果奖最佳长篇小说奖，第三部英文版获得2017年轨迹奖最佳长篇科幻小说奖。

本节自测

真题演练

（一）单项选择题

1.下列选项与鲁迅诗句“寄意寒星荃不察，我以我血荐轩辕”意蕴相同的是（　　）。【2023】

A.长风破浪会有时，直挂云帆济沧海　　B.九死南荒吾不恨，兹游奇绝冠平生

C.人生自古谁无死，留取丹心照汗青　　D.千磨万击还坚劲，任尔东西南北风

2.下列女性形象中，出自老舍小说《骆驼祥子》的是（　　）。【2023】

A.虎妞　　B.四凤　　C.翠翠　　D.子君

3.食指诗句“当蜘蛛网无情地查封了我的炉台，当灰烬的余烟叹息着贫困的悲哀”所用的修辞手法是（　　）。【2023】

A.比喻　　B.比拟　　C.双关　　D.借代

4.我国“津味小说”的代表人物是（　　）。【2022】

A.张爱玲　　B.刘慈欣　　C.冯骥才　　D.路遥

5.梁实秋在《滑竿》一文中说：“坐滑竿的人都是人上人。”这句话所用的修辞手法是（　　）。【2022】

A.拟人　　B.双关　　C.夸张　　D.比喻

6.以下哪个文学作品的作家是钱锺书？（　　）【2021】

A.《彷徨》　　B.《围城》　　C.《沉沦》　　D.《子夜》

7.当代作家莫言创作的文学故乡是（　　）。【2021】

A.绍兴鲁镇　　B.高密东北乡　　C.湘西边城　　D.河北白洋淀

8.“我是你河边上破旧的老水车，数百年来纺着疲惫的歌；我是你额上熏黑的矿灯，照你在历史的隧洞里蜗行摸索”出自舒婷的（　　）。【2021】

A.《致橡树》　　B.《神女峰》

C.《双桅船》　　D.《祖国啊，我亲爱的祖国》

9.“你站在桥上看风景，看风景人在楼上看你”出自（　　）。【2020】

A.郭沫若《天狗》　　B.闻一多《死水》

C.徐志摩《偶然》　　D.卞之琳《断章》

10.下列小说中，以黄土高原生活为背景的是（　　）。【2020】

A.《古船》　　B.《边城》　　C.《平凡的世界》　　D.《受戒》

11.诗句“我是月底光，我是日底光，我是一切星球底光”出自郭沫若的（　　）。【2019】

A.《女神》　　B.《光的颂歌》　　C.《炉中煤》　　D.《地球，我的母亲》

12.余秋雨在《洞庭一角》一文中主要谈到中国一种独特的（　　）。【2019】

A.科举制度　　B.宦官文化　　C.贬官文化　　D.长官文化

13.以下属于当代作家贾平凹作品的是（　　）。【2019】

A.《女神》　　B.《废都》　　C.《雨巷》　　D.《文化苦旅》

14. 在余秋雨的散文《洞庭一角》中，被看作“中国文化中极其夺目的一个部位”的是（　　）。【2018】

A.人文关怀　　B.科举制度　　C.贬官文化　　D.山水情怀

15.《文学的趣味》是朱光潜的文章，以下不属于该文观点的是（　　）。【2018】

A.对于一章一句的欣赏可以见出一个人的一般文学趣味

B.文艺上的好恶和道德上的好恶往往不同，它更加强烈深固

C.一个人在创作和欣赏时所表现的趣味，是由三个因素决定的

D.要弥补在文艺趣味上有欠缺，唯一的方法是扩大眼界，加深知解

16.以下关于林语堂的《失败了以后》的说法错误的是（　　）。【2018】

A.以自我为中心，格调闲适　　B.构思精巧，立意新颖

C.语言精辟，富有哲理　　D.多用比喻、排比等修辞手法

17.《读书示小妹十八生日书》是贾平凹为妹妹过生日写的信，以下不属于文章内容的是（　　）。【2018】

A.兄妹感情　　B.苦难经历　　C.读书乐趣　　D.写作经验

18.王蒙创作的小说《春之声》所运用的现代表现手法是（　　）。【2018】

A.蒙太奇　　B.意识流　　C.荒诞主义　　D.象征主义

19. 在《文学的趣味》一文中，朱光潜认为：“许多人在文艺趣味上有欠缺，大半由于在知上有欠缺。”以下各项中不属于“知上有欠缺”表现的是（　　）。【2017】

A.自以为知　　B.根本不知　　C.知得不正确　　D.知得不周全

20.余光中的《听听那冷雨》的体裁是（　　）。【2017】

A.诗歌　　B.散文　　C.小说　　D.戏剧

21.下列不属于《围城》中的人物是（　　）。【2017】

A.方鸿渐　　B.孙柔嘉　　C.岳之峰　　D.苏文纨

22.“世界要是没有光，等于人没有眼睛”两句的作者是（　　）。【2015】

A.艾青　　B.郭沫若　　C.戴望舒　　D.雪莱

23.下列作品中，以20世纪上半叶知识分子的生存与婚姻状态为表现内容的是（　　）。【2015】

A.《伤逝》　　B.《围城》　　C.《春之声》　　D.《失败了以后》

24.“厦门街的雨巷走了二十年与记忆等长”一句出自（　　）。【2015】

A.《雨巷》　　B.《听听那冷雨》　　C.《洞庭一角》　　D.《怀念萧珊》

25.新中国第一位获得“人民艺术家”称号的作家是（ ）。【2014】

A.巴金 B.老舍 C.曹禺 D.郭沫若

26.王蒙的小说《春之声》是用（ ）的表现手法创作的。【2014】

A.蒙太奇 B.意识流 C.黑色幽默 D.象征主义

27.《听听那冷雨》是台湾诗人余光中所写的（ ）。【2014】

A.诗歌 B.小说 C.戏剧 D.散文

28.以下关于作品、作者、体裁对应关系的说法，错误的是（ ）。【2014】

A.《洞庭一角》—余秋雨—散文 B.《席方平》—蒲松龄—小说

C.《伤逝》—鲁迅—戏剧 D.《老人与海》—海明威—小说

29.莫言获诺贝尔文学奖的作品是（ ）。【2013】

A.《生死疲劳》 B.《丰乳肥臀》 C.《檀香刑》 D.《蛙》

30.王小波“时代三部曲”中以“文化大革命”为背景的是（ ）。【2013】

A．黄金时代 B．白银时代 C．青铜时代 D.黄铜时代

31.以下关于钱锺书的《围城》说法错误的是（ ）。【2013】

A.《围城》被很多人誉为现代的《儒林外史》

B.《围城》作者善用新奇的比喻和辛辣的讽刺

C.《围城》刻画了抗战时期一批知识分子形象：他们受过西方文化的熏陶，对现实不满，却又没有勇气奋起反抗

D.《围城》男主人公方鸿渐通过努力进入了唐晓芙的“围城”

32.钱锺书的长篇小说《围城》被称为现代的（ ）。【2012】

A.《官场现形记》 B.《金瓶梅》 C.《红楼梦》 D.《儒林外史》

33.朱光潜是我国现当代最负盛名并赢得崇高国际声誉的（ ）大师。【2012】

A.文学 B.文章学 C.哲学 D.美学

34.余秋雨的《洞庭一角》探讨了（ ）这一中国历史文化中特有的现象。【2012】

A.宦官专权 B.贬官文化 C.长官意志 D.副官形象

35.以下说法正确的是（ ）。【2012】

A.《读书示小妹十八生日书》是贾平凹为妹妹过生日写的信，信中告诫妹妹，不仅要广泛阅读以拓宽思路，还要通过精读真正掌握本事

B．在人生态度上，林语堂所欣赏的是一种“闲适的生活”，这种享乐主义的人生态度，在《失败了以后》一文中得到充分体现

C．在《赠与今年的大学毕业生》一文中，胡适认为大学生毕业后如果不继续求学，就会走向堕落

D．在《文学的趣味》一文中，朱光潜十分赞同孔子所说的“知之者不如好之者，好之者不如乐之者”，认为道出了艺术欣赏一层深一层的特点

36.诗集《女神》的作者是（ ）。【2010】

A.闻一多 B.戴望舒 C.郭沫若 D.冰心

37.冰心《往事》借助对大海的描绘来抒写自己的主观情志，这叫作（　　）。【2010】

A.铺张扬厉　B.托物言志　C.映衬对比　D.渲染烘托

38.因为经济不独立，爱情也无所附丽的子君形象出自（　　）。【2009】

A.《失败了以后》　B.《围城》　C.《春之声》　D.《伤逝》

39.“我是月底光，我是日底光”两句出自郭沫若的诗（　　）。【2009】

A.《地球，我的母亲》　B.《女神》　C.《天狗》　D.《凤凰涅槃》

40.《光的赞歌》一诗的作者是（　　）。【2009】

A.郭沫若　B.胡适　C.王蒙　D.艾青

41.《又是一年芳草绿》一文的作者是（　　）。【2009】

A.老舍　B.余秋雨　C.贾平凹　D.林语堂

42.《文学的趣味》一文的体裁是（　　）。【2009】

A.文艺论文　B.诗歌评论　C. 科普杂文　D. 文学赏析

43.鲁迅的杂文集是（　　）。【2008】

A.《坟》　B.《呐喊》　C.《彷徨》　D.《故事新编》

44.鲁迅小说《风波》收入（　　）。【2007】

A.《呐喊》　B.《故事新编》　C.《彷徨》　D.《坟》

45.小说《子夜》的作者是（　　）。【2007】

A.老舍　B.巴金　C.茅盾　D.林语堂

46.曾经荣获“人民艺术家”称号的作家是（　　）。【2007】

A.茅盾　B.巴金　C.老舍　D.冰心

（二）多项选择题

1.以下关于作品内容的说法错误的是（　　）。【2014】

A.《读书示小妹十八生日书》是贾平凹为妹妹过生日写的信，信中告诫妹妹，不仅要广泛阅读以拓宽思路，还要通过精读真正掌握本事

B.在人生态度上，林语堂所欣赏的是一种“闲适的生活”，这种享乐主义的人生态度，在《失败了以后》一文中得到充分体现

C.在《赠与今年的大学毕业生》一文中，胡适认为大学生毕业后如果不继续求学，就会走向堕落

D.在《文学的趣味》一文中，朱光潜十分赞同孔子所说的“知之者不如好之者，好之者不如乐之者”，认为道出了艺术欣赏一层深一层的特点

2.以下关于现代诗《光的赞歌》的说法正确的是（　　）。【2014】

A.诗歌写于20世纪70年代末期

B.“光”是科学与民主的象征

C.诗歌借用了古希腊神话中普罗米修斯盗火的故事，歌颂传播光明的英雄，表达对光

明的向往

D.诗人认为在追求“光”的斗争中，要肯定个人的作用，但是更重要的是依靠群体的力量

（三）填空题

1.现代作家曹禺剧作中被称为“生命三部曲”的是《雷雨》、《________》和《原野》。【2023】

2.当代作家________的散文《我与地坛》表达了对人类普遍生存困境的追问和思考。【2023】

3.贺敬之诗歌《回延安》采用陕北民歌________的艺术形式，表达了对革命老区的深挚情感。【2023】

4.小说《流浪地球》的作者是________，他曾经凭《三体》获得世界科幻文学“雨果奖”。【2023】

5.吴荪甫是茅盾长篇小说________里面的人物形象。【2022】

6.艾青的《我爱这土地》中“为什么________？因为我对这土地爱得深沉”，表达了诗人对祖国深沉的爱。【2022】

7.魏巍在纪实散文《谁是最可爱的人》中，将________誉为“最可爱的人”，歌颂了他们崇高的爱国主义、英雄主义和国际主义精神。【2022】

8.梁晓声的长篇小说《________》刻画了周秉昆等平民子弟跌宕起伏的人生，并且于2022年被改编为同名电视剧在网络热播。【2022】

9.晚清文学家________的《老残游记》是描写济南风情景物最多的古代小说，“家家泉水，户户垂杨”至今流传。【2021】

10.“悲剧将人生有价值的东西毁灭给人看，喜剧将那无价值的撕破给人看”出自________的杂文《再论雷峰塔的倒掉》。【2021】

11.曹禺的《雷雨》塑造的人物形象中，有资产阶级特征的封建家庭的家长是________。【2021】

12.王小波的《________》通过写一只猪的境遇，揭示出大多数人的生活、前途、命运等被某种力量所设置而浑然不知的生存处境。【2021】

13.余光中的《乡愁》选取“________”“船票”“坟墓”“海峡”四个意象，把乡愁主题所包含的亲情、爱情、乡情等融合为一，内涵却极为沉重。【2021】

14.“在我的后园，可以看见墙外有两株树，一株是枣树，还有一株也是枣树”出自鲁迅的散文诗《________》。【2020】

15.被北京市人民政府授予“人民艺术家”称号的现代作家是________。【2020】

16.巴金自述由故居照壁上的“长宜子孙”四字引发对人生道路的思索，创造了散文《________》。【2020】

17.丁玲所写的《________》是中国文学史上第一次对女性焦虑进行艺术表达的作品，拓展了“五四”时期人性解放的主题。【2019】

18.小说的三要素包括________、________、________。【2019】

19.《怀念萧珊》是巴金散文集《________》中的一篇，是为悼念其妻子萧珊而作。【2018】

20.《雨巷》在艺术上一个重要的特色是运用了________的方法抒情。【2018】

21.钱锺书的长篇小说《________》被称为现代的《儒林外史》。【2018】

22.《光的赞歌》作者________，是中国现代诗的代表诗人之一。【2018】

23.《天狗》是郭沫若的第一部诗集《________》中的诗歌。【2018】

24.小说《春之声》的作者是当代作家________。【2017】

25.被称为“雨巷诗人”的中国现代诗人是________。【2017】

26.鲁迅创作的唯一一部以青年知识分子恋爱为题材的小说是________。【2017】

27.我国第一个获诺贝尔文学奖的作家是________。【2016】

28.《天狗》节选自郭沫若的长诗________。【2016】

29.在我国首开意识流小说先河的作家是________。【2016】

30.《又是一年芳草绿》的作者是现代作家________。【2015】

31.余秋雨在其散文《________》中提到了“贬官文化”。【2015】

32.“春天的旋律，生活的密码，这是非常珍贵的”出自王蒙的小说《________》。【2015】

33.《怀念萧珊》的作者是现代著名作家________，他的小说代表作《家》《春》《秋》合称________三部曲。【2014】

34. 戴望舒曾因发表了著名的诗作《雨巷》而被称为________诗人。【2014】

35. ________是钱锺书的作品，小说的主人公是方鸿渐。【2014】

36.《光的赞歌》作者________是中国现代诗的代表诗人之一，主要作品有《________——我的保姆》。【2014】

37.鲁迅的小说《伤逝》的主人公是涓生和________。【2012】

38.________所写的《尝试集》是中国第一部白话诗集。【2012】

39.新中国第一位获得“人民艺术家”称号的作家是________，他是《又是一年芳草绿》的作者。【2012】

40.王蒙创作的《春之声》体裁是________。【2012】

41.《骆驼祥子》是________的代表作。【2011】

42.吴荪甫是茅盾长篇小说________的主人公。【2011】

43.“乡愁是一枚小小的邮票”是诗歌《乡愁》的诗句，《乡愁》的作者是________。【2011】

44.鼓吹诗的“三美”，即音乐美、建筑美、绘画美的诗人是________。【2011】

45.《小城三月》的作者是________。【2010】

46.巴金的小说《家》《春》《秋》合称________。【2010】
47.鲁迅的《秋夜》是一篇________。【2010】
48.巴金曾写了一篇题为________的文章，来纪念他的夫人。【2009】
49.《赠与今年的大学毕业生》是________在1932年6月写的一篇鼓励大学生努力奋发的文章。【2009】
50.戴望舒在其诗作________中选择了雨中丁香作为人们愁心的象征。【2009】
51.茅盾的________是中国现代文学史上的写实主义巨著。【2008】
52.徐志摩是________的代表人物。“轻轻的我走了，正如我轻轻的来”是其诗作________中的句子。【2008】
53.老舍曾被北京市政府授予________的称号。【2008】
54.________被称为“雨巷诗人”。【2007】
55.巴金作品“爱情三部曲”指________、________、________。【2007】
56.中国现代文学史上第一篇白话小说是________。【2007】
57.《京华烟云》是现代著名作家________的作品。【2006】
58.胡适给中国公学毕业生的赠言是________________。【2006】

巩固练习

（一）单项选择题

1.1921年诗集《女神》出版，宣告了新诗的最终形成。《女神》的作者是（　　）。
A.郭沫若　　B.胡适　　C.刘半农　　D.鲁迅

2.巴金创作的三个中篇《雾》《雨》《电》小说结集为（　　）。
A.《激流三部曲》　　B.《青春三部曲》　　C.《爱情三部曲》　　D.《抗战三部曲》

3.《围城》批判知识分子灰色与病态人生的最具有典型意义的人物是（　　）。
A.方鸿渐　　B.苏文纨　　C.唐晓芙　　D.李梅亭

4.张洁获茅盾文学奖的小说是（　　）。
A.《爱，是不能忘记的》　　B.《沉重的翅膀》
C.《方舟》　　D.《祖母绿》

5.小说《组织部来了个年轻人》的作者是（　　）。
A.茹志鹃　　B.王蒙　　C.高晓声　　D.冯骥才

6.奠定金庸武侠小说大宗师地位的小说是（　　）。
A.《倚天屠龙记》　　B.《天龙八部》
C.《书剑恩仇录》　　D.《射雕英雄传》

7.改编为电影《大红灯笼高高挂》的苏童小说是（　　）。
A.《红粉》　　B.《妻妾成群》　　C.《米》　　D.《罂粟之家》

8.以下革命军事题材小说中，富于浪漫主义传奇色彩的是（　　）。

A.《红日》　B.《林海雪原》　C.《保卫延安》　D.《百合花》

9.赵伯韬这个人物形象出自（　　）。

A.《腐蚀》　B.《子夜》　C.《幻灭》　D.《林家铺子》

10.《文化苦旅》的作者是（　　）。

A.余秋雨　B.毕淑敏　C.徐迟　D.史铁生

11."黑夜给了我黑色的眼睛，我却用它寻找光明"出自顾城（　　）。

A.《黑眼睛》　B.《一代人》　C.《我是一个任性的孩子》　D.《远和近》

12."似匕首投枪、能以一击致敌于死命"，具有这种风格的杂文作家是（　　）。

A.茅盾　B.周作人　C.鲁迅　D.朱自清

13.小说集《传奇》的作者是（　　）。

A.庐隐　B.丁玲　C.苏青　D.张爱玲

14.鲁迅评价为"力透纸背"地描写了"北方人民的对于生的坚强，对于死的挣扎"的小说是（　　）。

A.萧红的《生死场》　B.萧军的《八月的乡村》

C.吴组的《一千八百担》　D.叶紫的《星》

15.罗广斌、杨益言的代表作是（　　）。

A.《红岩》　B.《红日》　C.《红旗谱》　D.《保卫延安》

16.下列作品中哪一部是中国新诗史上的第一部象征主义诗集？（　　）

A.《望舒草》　B.《微雨》　C.《为幸福而歌》　D.《食客与凶年》

17.被瞿秋白高度评价为"中国第一部写实主义的成功的长篇小说"的是（　　）。

A.《家》　B.《骆驼祥子》　C.《阿Q正传》　D.《子夜》

18.被称为"独幕剧的圣手"的现代剧作家是（　　）。

A.曹禺　B.欧阳予倩　C.丁西林　D.田汉

19.下列哪一部作品不是赵树理创作的？（　　）

A.《李家庄的变迁》　B.《三里湾》

C.《山乡巨变》　D.《李有才板话》

20.曹禺的第一部话剧《雷雨》发表于（　　）年。

A.1923　B.1928　C.1934　D.1935

21.提出"三美"理论主张的是（　　）。

A.闻一多　B.徐志摩　C.梁实秋　D.朱湘

22.巴金代表作《家》描写的故事发生在（　　）。

A.20世纪20年代初期四川成都一个封建官僚地主家庭

B.20世纪30年代初期四川成都一个封建官僚地主家庭

C.抗战前夕上海一个封建官僚地主家庭

D.20世纪40年代初期上海一个封建官僚地主家庭

23.沈从文《长河》中的女性形象是（　　）。

A.翠翠　　B.贞贞　　C.夭夭　　D.香香

24.《金粉世家》的作者是（　　）。

A.徐枕亚　　B.张恨水　　C.周瘦鹃　　D.包天笑

25.“汉园三诗人”得名于（　　）。

A.三位诗人合出的一部诗集名《汉园集》

B.三位诗人共同的书斋名“汉园”

C.三位诗人经常在名为“汉园”的公园里聚会吟诗

D.三位诗人都来自“汉园”地区

26.《毁灭》是朱自清的一部（　　）。

A.抒情长诗　　B.叙事长诗　　C.抒情散文　　D.写景散文

27.吕纬甫这一人物，出自鲁迅小说（　　）。

A.《风波》　　B.《离婚》　　C.《在酒楼上》　　D.《孤独者》

28.鲁迅收入《野草》一集中，为纪念“三一八”惨案而作的文章是（　　）。

A.《淡淡的血痕中》　　B.《记念刘和珍君》

C.《为了忘却的记念》　　D.《铸剑》

29.《猫城记》是（　　）。

A.老舍的童话体小说　　B.老舍的寓言体小说

C.张天翼的童话故事　　D.张天翼的讽刺小说

30.话剧最初被称为（　　）。

A.文明新戏（“新剧”）　　B.爱美剧　　C.歌剧　　D.戏剧

（二）填空题

1.迟子建的小说具有一种童话气息，她的第一部中篇小说名为《________》。

2.1985年莫言因中篇小说________而一举成名，1987年，小说________被改编为同名电影，2011年凭借小说________获得茅盾文学奖，2012年获________奖，成为首位获得该奖项的中国籍作家。

3.张洁凭借长篇小说________、________获得第二届、第六届茅盾文学奖，是首位也是目前唯一一位两获茅奖的作家。她还写下长篇散文________，将对母亲的思念倾诉在十几万字里，2002年被改编为同名电影。

4.毛主席用“昨天文小姐，今日武将军”的词句评价作家________。

5.丁玲早期作品中篇小说《________》是中国文学史上第一次对女性焦虑进行艺术表达的作品，拓展了“五四”时期人性解放的主题。中期作品长篇小说《________》与周立波的同题材长篇小说《________》一起荣获了“斯大林文学奖”。

6.中国现代诗歌的奠基之作是________的白话诗集《________》。

7.______的诗歌主要抒写对美与爱、光明与自由的追求，被誉为“当代柳永”，代表作是《______》。

8.曹禺的______是“中国话剧现实主义的基石”，中国现代话剧成熟的里程碑。该剧塑造了伪善的资本家大家长______的经典形象。

9.______被誉为“中国文化革命之父”，创作了中国第一部现代意义上的话剧______。

10.余光中的散文《______》借春寒料峭时节听雨的感触和思绪，传达出作者对祖国大陆绵长的思念和对传统文化的深刻眷恋。

11.卞之琳《断章》：“明月装饰了你的窗子，______。”

12.北岛《回答》：“卑鄙是卑鄙者的通行证，______。”

13.______的《______》是具有杂文性质的作品，被誉为“20世纪中国文学的良心”。

14.被誉为“共产党人的正气歌”的小说是______、杨益言的《______》。小说塑造了“______”这一坚贞不屈的女共产党员的形象。

15.陈忠实的长篇小说《______》浓墨重彩地刻画了白鹿村的兴衰，小说以______为叙事核心。

16.科幻小说家______的《______》三部曲被认为是中国科幻文学的里程碑之作。

参考答案

第二节　现当代文学流派及文学团体

一、鸳鸯蝴蝶派

鸳鸯蝴蝶派是20世纪初在上海形成的一个文学流派，其创作由清末民初的言情小说发展而来。由于多写才子佳人“相悦相恋，分拆不开，柳荫花下，像一对蝴蝶，一双鸳鸯”，因此得名为“鸳鸯蝴蝶派”。1914年，鸳鸯蝴蝶派早期最有影响的杂志《礼拜六》出版，因此其也被称为“礼拜六派”。鸳鸯蝴蝶派以文学的娱乐性、消遣性、趣味性为标志，少数作品在一定程度上揭露了社会的黑暗，但多数作品内容庸俗，缺乏思想性。代表作家有张恨水、包天笑、徐枕亚、周瘦鹃、李涵秋等。张恨水的《啼笑因缘》《金粉世家》是鸳鸯蝴蝶派小说的名作。

二、文学研究会

文学研究会是新文学运动中成立最早、影响和贡献最大的文学社团之一，于1921年1月在北京成立，由周作人、郑振铎、沈雁冰、蒋百里、孙伏园、王统照、叶绍钧、许地山等12人发起，会员先后有170多人。文学研究会的宗旨是“研究介绍世界文学，整理中国旧文学，创造新文学”。其主要理论家沈雁冰提出文学要老老实实表现人生，尤其应描绘被压迫的人民。在创作方法上，他主要提倡现实主义，反对唯美主义和浪漫主义，提出“为人生的艺术”的文学主张，认为文学要“表现人生，指导人生”，注重文学创作和介绍西方文学，主办刊物有《小说月报》等。叶圣陶的《倪焕之》、许地山的《缀网劳蛛》、冰心的《超人》等均为现实主义文学流派的力作。

三、创造社

创造社是“五四”新文化运动中著名的新文学社团，1921年成立于日本东京，发起人有郭沫若、郁达夫、成仿吾、张资平、郑伯奇等。创造社强调作家内心的要求，注重作家的主观情感，提倡主观抒情的创作手法，强调文学的本质是感情，尤其注重灵感在创作中的作用，一定程度上体现了艺术至上的追求。其主要创作方法是浪漫主义的，重在抒发个人情感，表现自己的个性。如郭沫若的诗集《前茅》、郁达夫的《茑萝行》《春风沉醉的晚上》等都以浓重的主观抒情色彩、鲜明的浪漫主义倾向而成为创造社的代表作。

四、新月社

新月社是现代文学史上影响较大的一个文学社团，1923年成立于北京，是“五四”以来最大的以探索新诗理论与新诗创作为主的文学社团，主要成员有胡适、徐志摩、闻一多、梁实秋等。前期他们把《晨报副刊》作为阵地，后期创办《新月》月刊、《诗刊》周刊。新月社是一个涉及政治、思想、学术、文艺各领域的派别，在思想上和组织上都表现了资产阶级自由主义的特点。它在中国现代文学史上的主要贡献在于新诗，闻一多、徐志摩等人针对自由体诗体现出散文化倾向，提出新格律诗的主张。他们对于诗歌艺术的追求带有唯美倾向，在当时对于新诗在艺术技巧上的发展有重要意义。徐志摩的《再别康桥》、闻一多的《死水》等是新月社的佳作。

闻一多主张新格律诗要保持整齐的外形，讲究音节和押韵，讲究诗的辞藻，建立了建筑美、音乐美和绘画美的新格律诗理论，即“三美理论”。

五、语丝派

语丝派得名于1924年11月在北京创刊的《语丝》周刊，是一个散文流派，由《语丝》的主要撰稿人组成，主要代表人物有鲁迅、周作人、林语堂、钱玄同、孙伏园、刘半农等。它是中国现代文学史上最早以散文创作为主的刊物，主要发表杂感、短评、小品等。语丝社作家的散文创作形成了独具风格的“语丝文体”，这种文体在思想内容上任意而谈，斥旧促新，在艺术上以文艺性短论和随笔为主要形式，泼辣幽默，讽刺强烈。以鲁迅作品为代表的尖锐泼辣的杂文和以周作人、林语堂作品为代表的幽雅的小品文是该社散文创作的两大类型，对散文发展有重要影响。

六、京派

“京派”是指20世纪20年代末到30年代活跃在以北京为中心的北方城市、有着自由主义倾向的作家群。他们追求文学艺术的健康与纯正，往往把笔触集中于对乡土中国的人和事的描写上，赞颂淳朴、原始的人性美和人情美，并在与都市的对比中建构独特的审美空间。作品或平和质朴，或空灵朦胧，或充满玄机禅趣，融写实、述梦、象征于一体，主要阵地有《骆驼草》《大公报·文艺副刊》《文学季刊》等刊物。代表作家有废名、沈从文、凌叔华、萧乾、林徽因、卞之琳、李广田、何其芳、朱光潜等，其中沈从文是“京派”小说的领军人物。

废名在文学史上被视为“京派文学”的鼻祖，代表作品有《竹林的故事》《桃园》《莫须有先生传》等。他的作品曾经对20世纪三四十年代的青年作家产生过深刻的影响。

沈从文是京派作家的领军人物，代表作品有《边城》《萧萧》等。他在作品中很好地展现了湘西世界的独特文学形态。

七、海派

“海派”的范畴比较宽泛，它产生的时代应上溯至上海开埠通商之始，从最初的鸳鸯蝴蝶派直至20世纪30年代的新感觉派都应涵盖其中。该流派的创作多取材于光怪陆离、充满浓重商业化色彩的畸形的现代都市——上海的社会、经济和文化生活，通过社会事件的描绘、都市场景的摹写和人物命运的揭示，展现了都市化给传统中国人带来的全新的生命体验和巨大的文化、心理冲击，因此作品具有生命体验的新奇性和惊异性、审美风格的独创性和新颖性、表现手法的先锋性和前卫性等特征。代表作家有张爱玲、周瘦鹃、张资平、穆时英、施蛰存等。

八、中国左翼作家联盟

中国左翼作家联盟简称“左联”，是第二次国内革命战争时期中国共产党领导的革命文学界的组织，1930年3月在上海成立，主要发起人有鲁迅、夏衍、冯乃超等。“左联”根据“五四”以来新文学发展的经验，初步制定了为无产阶级革命事业服务的文学理论纲领，提倡文艺大众化，开展工农兵通讯员运动，建立马克思主义文艺理论研究会等组织。“左联”的成立，实际上形成了比较广泛的革命文学统一战线，推动左翼文艺运动迅猛发展，粉碎了国民党的文化“围剿”。“左联”还重视培养青年文学作者，代表作家有蒋光慈、柔石、殷夫、叶紫等，主办刊物有《北斗》《文学月报》。

左联五烈士，指李伟森、柔石、胡也频、冯铿、殷夫五位左联成员。1931年2月7日，他们被国民党政府杀害于上海龙华。五位烈士作为“革命文学”的代表，是当时中国文坛中的一支新锐力量，促进了无产阶级革命文学的初期发展。他们的文章诗作，在中国文学史上留下了浓墨重彩的一笔。在“左联五烈士”牺牲两周年之际，鲁迅怀着无限悲愤的心情，写了著名的杂文《为了忘却的记念》。

九、论语派

论语派是20世纪30年代初期出现的资产阶级文学流派，因《论语》半月刊而得名，主要代表人物为林语堂，主要刊物有《论语》《人间世》《宇宙风》，以刊登小品文为主，提倡幽默、闲适、性灵，主张“以自我为中心，以闲适为格调”，采取与政治保持距离的自由主义立场。《论语》前期文章尚能触及时弊，幽默中含讽刺。1934年后，讽刺锋芒日益减弱，幽默也流于说笑话、寻开心，由此引发了左翼作家与他们的争论。

十、东北作家群

东北作家群指“九一八”事变之后，一群从东北流亡到关内的文学青年，在左翼文学运动推动下自发地开始文学创作的群体。他们的作品反映了处于日寇铁蹄下的东北人民的悲惨遭遇，表达了对侵略者的仇恨、对父老乡亲的怀念及早日收回国土的强烈愿望。他们的作品具有粗犷宏大的风格，写出了东北的风俗民情，显示了浓郁的地方色彩。“东北作家群”的主要作家有萧军、萧红、端木蕻良等。代表作有萧红的《呼兰河传》《生死场》、萧军的《八月的乡村》等。

十一、七月派

七月派是中国现代文学史上历时甚长、富有探索精神而又具有沉重的悲剧命运的进步文学流派，主要成就在诗歌上，代表作家有绿原、牛汉等。由于领导者胡风等的文艺思想自20世纪40年代起已受到批判，在进入50年代之后，这些诗人的创作已明显减少。胡风的《为祖国而歌》、牛汉的《鄂尔多斯草原》、鲁藜的《泥土》(“老是把自己当作珍珠／就时时有怕被埋没的痛苦／把自己当作泥土吧／让众人把你踩成一条道路”)等为七月派代表作。小说则以路翎（《财主底儿女们》）、彭柏山、贾植芳的作品为代表。

十二、九叶诗派

九叶诗派是20世纪40年代后半期出现于国统区的一个诗歌流派，又称新现代诗派或中国新诗派，活动时间集中在1945年至1949年，最能体现九叶诗派创作特点的是其主要诗人代表穆旦。九叶诗派主张“思”与“诗”的融合，“感性与知性的融合”，认为诗歌创作应“扎根在现实里，但又不要给现实绑住”。1981年江苏人民出版社出版了他们的诗选《九叶集》后，遂有“九叶诗派”之称。

十三、荷花淀派

荷花淀派是以孙犁为代表的文学流派。荷花淀即白洋淀，这一流派的得名，不但源于白洋淀这个地方，也源于孙犁的短篇小说《荷花淀》。该派的作品一般充满浪漫主义气息和乐观精神，语言清新朴素、描写逼真，心理刻画细腻，抒情意味浓厚，富有诗情画意。主要作家还有刘绍棠、从维熙、韩映山等。

十四、山药蛋派

山药蛋派是以赵树理为代表的文学流派，形成于20世纪五六十年代，主要作家还有西戎、李束为、马烽、胡正、孙谦等，人称“西李马胡孙”。他们都是山西农村土生土长的作家，有比较深厚的农村生活基础。山药蛋派继承和发展了我国古典小说和说唱文学的传统，以叙述故事为主，人物情景的描写融入故事叙述之中，人物性格主要通过语言和行动来展示，善于选择和运用内涵丰富的细节描写，语言朴素凝练，作品通俗易懂，具有浓厚的民族风格和地方色彩。

十五、伤痕文学

伤痕文学是“文化大革命”之后，于20世纪70年代末到80年代初在文坛占据主导地位的一种文学现象和文学潮流，其内容是揭露“文化大革命”给人民造成的伤害，尤其是给青少年造成的精神内伤，带有感伤的、悲剧性的情感基调。伤痕文学肇始于刘心武的小说《班主任》，随后有王余九的短篇小说《窗口》，最后得名于卢新华的小说《伤痕》。现代文坛将刘心武、王余九、卢新华称为“伤痕文学三先锋”。伤痕文学在“反映人们思想内伤的严重性”和“呼吁疗治创伤”的意义上受到文坛推崇。主要作品还有《我应该怎么办》（陈国凯）、《从森林里来的孩子》（张洁）、《醒来吧，弟弟》（刘心武）、《大墙下的红玉兰》（从维熙）、《天云山传奇》（鲁彦周）、《许茂和他的女儿们》（周克芹）、《血色黄昏》（老鬼）等。

十六、朦胧诗派

朦胧诗派兴起于20世纪70年代末80年代初，代表人物有北岛、舒婷、顾城、江河、杨炼等。作为一个创作群体，朦胧诗派并没有形成统一的组织形式，也未曾发表宣言，然而却以各自独立又呈现出共性的艺术主张和创作实绩，构成了一个“崛起的诗群”。朦胧诗派的精神内涵主要包括三个层面：一是揭露和批判社会的黑暗；二是在黑暗中寻找光明；三是在人道主义基础上建立起对“人”的特别关注。朦胧诗派改写了以往诗歌单纯描摹“现实”与图解政策的传统模式，把诗歌作为探求人生的重要方式，在哲学意义上达到了前所未有的高度。从某种意义上讲，朦胧诗派的崛起，也是中国文学生命之树的崛起。

十七、先锋派

先锋派产生于20世纪80年代中后期。这一时期，马原、洪峰、余华、苏童、叶兆言等青年作家纷纷登上文坛，以独特的话语方式进行小说文体形式的实验，被评论界冠以“先锋派”的称号。先锋派文学是中国当代文学史进程中一个重要的文学现象，从最初的“先锋实验小说”到所谓的“返璞归真”，先锋派的作家们走出了一条饶有意味的文学创作之路。

十八、改革文学

自1978年党的十一届三中全会以后，许多作家开始把创作目光由历史拉到现实。他们一边关注现实中的改革发展，一边在文学中发表自己关于改革发展的种种思考和设想，这就是兴盛一时的“改革文学”。改革文学的开篇之作是蒋子龙的小说《乔厂长上任记》。代表作品还有张洁的《沉重的翅膀》、李国文的《花园街五号》、张贤亮的《龙种》等。

十九、寻根文学

20世纪80年代中期，中国文坛上兴起了一股“文化寻根”的热潮，作家们开始致力于对传统意识、民族文化心理的挖掘，他们的创作被称为“寻根文学”。1985年，韩少功率先在一篇纲领性的论文《文学的“根”》中提出“文学有根，文学之根应深植于民族传统的文化土壤中”。在这样的理论之下进行创作的一批作家，理论界将他们称为“寻根派”。代表作品有贾平凹的“商州系列”、李杭育的“葛川江小说”系列、阿城的《棋王》《遍地风流》、郑义的《远村》《老井》、韩少功的《爸爸爸》《女女女》、王安忆的《小鲍庄》、张炜的《古船》，以及张承志、史铁生、陆文夫、邓友梅、冯骥才的一些小说。

二十、京味儿文学

“京味儿”最初起源于老舍。作为一种风格现象，“京味儿”包括作家对北京特有的风韵、特具的人文景观的展示及展示中所注入的文化趣味。老舍的《二马》《离婚》《四世同堂》等作品中的“京味儿”、幽默风，以及以北京话为基础的俗白、凝练、纯净的语言，在现代作家中独具一格。20世纪80年代，对北京记忆的书写成为一个文学现象。人对于城市、对于北京文化的体验，成为一批作家自觉关注的对象，并出现了“京味儿文学”的概念。由于普遍地存在一种对城市悠久文化标识和精神失落的忧虑，因此不少作品带有浓厚的“挽歌式”怀旧情调。北京地域方言（京白）、四合院的空间布局及生活方式、对“旧时”人物的兴趣等，构成这个时期“京味儿小说”的基本特征。90年代之后，“京味儿小说”创作得到继续，也出现了一些受到好评的作品，如叶广芩写上层旗人在现代生活变迁的长篇小说《采桑子》。

二十一、新写实小说

“新写实小说”产生于20世纪80年代中期，大约在“文化寻根”思潮之后，可看作“后寻根”现象。“文化寻根”小说所展示出来的被政治权力话语和知识分子精英话语遮蔽的民间世界的信息，在新写实小说里得到了进一步的渲染。创作特点为

“特别注重现实生活原生形态的还原，真诚直面现实，直面人生”。代表作家有刘震云（代表作《一地鸡毛》《手机》《我叫刘跃进》《一句顶一万句》等，其中《一句顶一万句》获茅盾文学奖）、池莉（作品具有武汉特色，代表作为“人生三部曲”——《不谈爱情》《太阳出世》《烦恼人生》，多部小说被改编为影视作品）、范小青、苏童、叶兆言、刘恒（小说《狗日的粮食》《天知地知》等）、王安忆、周梅森等，几乎包括“寻根文学”以后文坛上最活跃的一批作家。

本节自测

真题演练

（一）单项选择题

1.下列作家属于20世纪30年代“京派小说”代表的是（　　）。【2023】

A.叶圣陶　　B.沈从文　　C.郁达夫　　D.张爱玲

2.下列现代诗歌流派代表作家为闻一多和徐志摩的是（　　）。【2021】

A.新月诗派　　B.象征诗派　　C.七月诗派　　D.九叶诗派

3.下列现代作家中，属于文学研究会的是（　　）。【2020】

A.茅盾　　B.艾青　　C.张爱玲　　D.赵树理

4.代表了解放区文学最高成就的作家是（　　）。【2010】

A.艾青　　B.柳青　　C.赵树理　　D.孙犁

5.发起成立文学研究会的作家是（　　）。【2008】

A.茅盾　　B.郁达夫　　C. 巴金　　D.鲁迅

（二）填空题

作品“京味儿”浓厚，曾被北京市人民政府授予“人民艺术家”称号的是现代作家________。【2020】

巩固练习

（一）单项选择题

1.对中国现代散文的发展做出最重要贡献的新文学社团是（　　）。

A.语丝社　　B.莽原社　　C.沉钟社　　D.弥洒社

2.“鸳鸯蝴蝶派”通常又称（　　）。

A.才子佳人派　　B.言情派　　C.游戏消遣派　　D.礼拜六派

3.谁曾骂桐城派、文选派为“桐城谬种”“玄学妖孽”？（　　）

A.胡适　　B.陈独秀　　C.刘半农　　D.钱玄同

4.被鲁迅称为“中国的最坚韧、最诚实、挣扎得最久团体”的是（　　）。

A.语丝社　　B.浅草社　　C.沉钟社　　D.新月社

5.20世纪30年代以倡导幽默闲适的小品文为主的散文流派是（　　）。

A.语丝派　　B.论语派　　C.京派　　D.现代派

（二）填空题

闻一多是新月派主将，诗歌追求“绘画美”、“________”和“________”。

参考答案

下编 外国文学

外国文学是指我国文学以外的世界各国的文学，这是一个无比宽广的知识领域和艺术宝库。在人类漫长的历史进程中，世界各国人民创造了无数优美的文学作品，汇成了奔流不息的世界文学史的大江大河。这是人类共同的知识和文化财富，是我们认识世界、理解世界、融入世界所必不可少的精神资源。

文学是社会生活的形象反映，是时代的记录、民族的心声。一个国家，一个民族的政治、经济、历史、文化等各方面的情况，以至风俗、礼仪、心理等各方面的特征，无不鲜明生动地反映在文学作品之中。世界文学史上出现的无数优秀作品，为我们提供了无比丰富的艺术形象、生活画面和社会知识，是我们了解各国历史和现状的宝贵材料。

文学作品同时也是人类智慧的结晶。优秀的文学作品总结了人类对于真善美理想的精神探索的历程，千百年来不断淬炼着人类的思想，传递着人类最珍贵的价值观念，滋养着人类最纯粹的审美品格，并且不因时代的推移而失去其价值。

本编的外国文学分为欧洲文学、美洲文学和东方文学三章，它们都是世界文学的重要组成部分。欧洲文学和美洲文学总称欧美文学，欧美文学史从古希腊文学开始。因欧美各国有着共同的文化渊源，文学发展的历史关系比较密切，因此，欧美文学是一个包括整个欧洲、俄国、美国以及拉丁美洲文学在内的紧密整体。欧美文学史从古希腊文学开始，已有近3000年的历史。东方文学因涉及国家少、作品少，总列一章。欧美文学按时间排序，东方文学按国别排列。

第四章　欧洲文学

古代希腊是人类童年发展得最完美的地方，在这里产生了欧洲最古老的文学。古代希腊文学是奴隶社会的产物，是欧洲文学的源头，它积极健康的思想、优美的形象和丰富的艺术经验，为后来欧洲文学的发展打下了良好的基础。古罗马文学在继承古代希腊文学的衣钵上又有新的贡献，在文学史上占有重要地位。早期基督教文学是欧洲文学的另一源头，是它新的组成部分。

中世纪欧洲的封建社会以基督教为其精神支柱。它在古代文明的废墟上疏浚两个源头，使它们结合，经过千年的努力，有了“文艺复兴”时期的辉煌成就。

从 14 世纪至 16 世纪，欧洲资本主义在萌芽和发展；17 世纪中期至 18 世纪末期，是资产阶级革命的时代。这一时期的欧洲文学，反映了不断发展壮大的新兴资产阶级在政治、经济、思想、文化和价值观念等各个方面的变化和诉求。在声势浩大的人文主义文学运动中，资产阶级的文化巨匠张扬了人本身的价值，重塑了人作为价值主体的地位。古典主义文学是资产阶级与贵族阶级势均力敌、资产阶级与王权妥协的产物。启蒙文学则以强烈的思辨色彩和论战精神，凸显了人类理性的核心地位，塑造了全新的价值观念。

19 世纪是欧洲文学繁荣发展的时期。文学思潮的更替、各种文学运动的迅猛发展，是这一时期欧洲文学的一个特点。19 世纪欧洲历史发展的节奏显然比过去快得多，文学思潮的变化发展，正是由各国的政治经济形势的迅速发展决定的，又与当时社会思潮、哲学思想的发展有着密切的联系。

20 世纪是一个发展急剧、复杂多变的时代。一方面，科学技术的突飞猛进，生产力的不断提高，给人类带来了巨大的物质财富。另一方面，两次世界大战的劫难，两种社会制度的冷战对峙，苏联的解体等，使世界充满着错综复杂的矛盾和斗争，人类社会处于激烈的动荡不安之中。这种情况必然影响文学的发展。在 20 世纪欧洲文学中，各种流派纷然杂陈、变化多端，其复杂性与多样性前所未见。以人道主义、民主主义为思想基础的传统现实主义文学仍在发展。与此同时，在两次世界大战前后，现代主义文学迅速崛起并蓬勃发展，形成了与现实主义文学互相对立又互相影响的多元化的格局。现代主义本身也并非统一的整体，它包括形形色色的文学流派。但从总的方面来看，现代主义文学从独特的角度深刻反映了现代西方人的精神面貌，具有重要的认识价值与审美价值。20 世纪后期，后现代主义文学在西方世界兴起。它以一种去中心化和反宏大叙事的姿态，不断寻求和开拓新的表现手法，成为欧洲文学的一道新景观。

第一节　古代文学

古希腊文学和希伯来文学是欧洲文学的两大源流，史称“二希”传统，在历史的长河中，逐渐成为欧洲近代文学的人文观念和艺术精神的基本内核。古罗马文学继承并模仿古希腊文学，但也形成了自己的民族特色。古罗马文学衰落的时候，早期基督教文学产生了。这是欧洲文学新的源头和新的组成部分，《新约》是其代表作。

一、古希腊文学

古希腊文学是整个西方文学的源头，也是欧洲文学的第一个高峰，持续时间近 1000 年。

古希腊文学反映了欧洲从氏族社会向奴隶制社会过渡时期的现实生活，特别体现了古代人对战争与和平、人与自然之间关系的思考。古希腊时代显赫的英雄行为和社会历史的重大变迁都在文学作品中得以深刻体现。这些文学作品不仅为整个西方文学的发展奠定了基调，也为人们研究古希腊世界的历史与社会提供了丰富的文献资料。

古希腊文学在描写人对现世价值的追寻、人与命运的矛盾和抗争中展示了人性的活泼与美丽，表现了人类童年时期的自由、乐观与浪漫。生命意识、人本意识和自由观念是古希腊文学的基本精神，以后也成了西方文学与文化的基本内核。

（一）神话故事

古希腊神话即一切有关古希腊人的神、英雄、自然和宇宙历史的神话，是古希腊人集体创作并且口头流传下来的一种文学形式，也是西方世界最早的文学形式，大约产生于公元前 8 世纪以前。其内容包括两大部分：神的故事和英雄传说。

在古希腊神话中，众神之主是宙斯，掌管婚姻和生育的是天后赫拉，太阳神是阿波罗，智慧女神是雅典娜，爱神是阿弗洛狄忒（古罗马神话称之为“维纳斯”），小爱神是厄洛斯（古罗马神话称之为“丘比特”），文艺科学之神是缪斯，海神是波塞冬。众神住在希腊最高的奥林匹斯山上，形成了一个高度组织化、纪律化的社会，这也是人类社会的缩影。

对神的崇拜和祭祀，是古希腊人生活中很重要的组成部分。每年的1月末祭祀雅典娜，秋季祭祀酒神狄俄尼索斯，另外还祭祀阿波罗，每4年对宙斯有一次祭祀。自公元前776年，在奥林匹亚对宙斯的祭典上所举行的体育竞赛成为现代奥林匹克运动会的起源。

古希腊神话在世界神话中保存得最完整，因而内容最丰富多彩。古希腊的诗歌、悲剧、喜剧都从神话传说中汲取素材。古罗马人几乎全部继承了古希腊神话和传说。自从欧洲文艺复兴以来，许多文学家、艺术家不断从古希腊神话中汲取营养。古希腊神话对于后代欧洲文化的发展起了巨大作用。

潘多拉魔盒又称潘多拉盒子、潘多拉匣子。传说火神用黏土制造出大地上的第一个女人——潘多拉，众神赐予潘多拉许多礼物，美丽、聪明、好奇心……但其中一件最危险的礼物是一个漂亮的魔盒。一旦这个魔盒被开启，各种精通混沌法力的邪灵将从里面跑出来危害世界。尽管众神告诫潘多拉千万不要打开盒子，但潘多拉没有听从众神的劝诫，在强烈的好奇心驱使下，最终打开了魔盒。尽管她及时关闭了魔盒，但是整个世界已在一刹那间被从魔盒中释放出的各种邪灵所充斥，最终陷于混沌之中。之后，人们以“潘多拉魔盒”比喻会带来灾难。

（二）荷马史诗

荷马史诗是古希腊最早的史诗，其规模宏伟、内容丰富，广泛而丰富地反映了古希腊史前时代的生活面貌，是研究古希腊早期社会的重要文献，对后世欧洲文学和世界文学的发展具有深远影响。因为史诗里塑造了大量的英雄形象，所以又被称为“英雄史诗”。荷马（约前900—前800年），古希腊盲诗人，被称为“西方文学的始祖”，其代表作《伊利亚特》《奥德赛》（合称“荷马史诗”），是他根据民间流传的短歌综合编写而成的。

《伊利亚特》又译为《伊利昂记》，主要叙述古希腊人远征特洛伊城的故事。它通过对特洛伊战争的描写，歌颂了英勇善战、维护集体利益、为集体建立功勋的英雄。《伊利亚特》主要写战争，但重点描写了特洛伊战争第十年中51天内发生的故事，以“阿喀琉斯的愤怒”为全篇主线。

不和的金苹果：金苹果是古希腊神话中著名的宝物，意思是“不和的根源，发生纠纷的事端”，出自《伊利亚特》。

相传阿喀琉斯的父母举行婚礼时，没有邀请不和女神厄里斯。厄里斯偷偷来到席间扔下一个“不和的金苹果”，写着“赠给最美的女子”。赫拉、雅典娜和阿弗洛狄忒三位女神都争夺起这个金苹果。宙斯要她们找特洛伊王子帕里斯评判。

三位女神各许帕里斯以最大的好处：赫拉许他成为最伟大的君主，雅典娜许他成为最勇敢的战士，阿弗洛狄忒答应他娶一个最美丽的女子。帕里斯最后判定阿弗洛狄忒是最美的。

他随后到斯巴达做客，拐走了斯巴达国王墨涅拉俄斯的妻子——美丽的海伦，并劫走大批财富。这激起了全体希腊人的公愤，于是希腊各国组成联军，远征特洛伊，特洛伊战争爆发了。

《奥德赛》又译为《奥德修纪》，描写木马计的设计者奥德修斯在特洛伊战争结束后，海上 10 年历险和他归家后夫妻团聚的故事。诗人把奥德修斯的 10 年历险，用倒叙的手法放在他临到家前 40 多天的时间里来描述。这 10 年惊心动魄的经历，包含了许多远古的神话，反映出经过幻想加工的自然现象以及古希腊人同自然的斗争和胜利。《奥德赛》的主要情节是描写主人公海上的冒险故事，是航海小说的鼻祖。

“木马计”的故事：选自《伊利亚特》，讲述的是特洛伊国的王子帕里斯在阿弗洛狄忒的帮助下，拐走了当时最美的女子——希腊斯巴达国王墨涅拉俄斯的王后海伦，由此引发了希腊人和特洛伊人之间的战争。由于特洛伊城十分坚固，希腊人攻打了九年都没成功。第十年，希腊一位多谋善断的将领奥德修斯想出了一条妙计，假装希腊军队撤退，只留下一只巨大的木马。特洛伊人将木马作为战利品拉进城里。深夜，藏在木马里的希腊勇士打开了城门，特洛伊城失陷。希腊人终于抢回了海伦，赢得了战争的胜利。

（三）戏剧

古希腊戏剧是雅典奴隶主民主政治的产物，悲剧的前身是酒神颂歌，喜剧的前身是民间的祭神歌舞和滑稽戏。

古希腊悲剧起源于祭祀酒神的庆典活动，大都取材于神话、英雄传说和史诗，所以题材通常都很严肃。悲剧中描写的冲突往往是难以调和的，具有宿命论色彩。悲剧中的主人公往往具有坚强不屈的性格和英雄气概，却总是在与命运抗争的过程中遭遇失败。古希腊悲剧成就最高的是埃斯库罗斯、索福克勒斯和欧里庇得斯三人。

埃斯库罗斯（前 525—前 456 年）是古希腊最伟大的悲剧作家，有“悲剧之父”“有强烈倾向的诗人”的美誉。代表作有《被缚的普罗米修斯》(《普罗米修斯》三部曲中的第一部)、《阿伽门农》(《俄瑞斯忒亚》三部曲中的第一部)等。埃斯库罗斯是整个古希腊戏剧的第一位大师，对整个西方戏剧艺术的发展产生了深远的影响。

《被缚的普罗米修斯》取材于古希腊神话，讲述了“盗火者”普罗米修斯从天界为人类带来光明与温暖、甘受宙斯惩罚的故事，塑造了普罗米修斯爱护人类、不屈服于暴力的光辉形象。普罗米修斯被称赞为“哲学的日历中最高的圣者和殉道者”。该剧情节简单，结构也不复杂，但历来被视为古典名作。

索福克勒斯（约前 496—前 406 年）是雅典民主全盛时期的悲剧作家，被誉为“戏剧艺术中的荷马”。代表作是《俄狄浦斯王》和《安提戈涅》。其中《俄狄浦斯王》被认为是古希腊悲剧的典范。索福克勒斯的悲剧被称为“命运悲剧”，即通常表现个人意志行为与命运之间的冲突。

《俄狄浦斯王》取材于古希腊神话传说中关于俄狄浦斯杀父娶母的故事，展示了富有典型意义的古希腊悲剧冲突——人与命运的冲突。俄狄浦斯智慧超群、热爱邦国、大公无私。在命运面前，他不是俯首帖耳或苦苦哀求，而是奋起抗争，设法逃离“神示”的预言。继而，他猜破女妖的谜语，为民除了害。最后，为了解救人民的瘟疫灾难，他不顾一切地追查杀害前王的凶手，一旦真相大白，又勇于承担责任，主动请求将他放逐。对于这样一个为人民、为国家做了无数好事的英雄所遭受的厄运，作者发出了对神的正义性的怀疑，控诉命运的不公和残酷，赞扬主人公在跟命运斗争中所表现出来的坚强意志和英雄行为。

“俄狄浦斯情结”(恋母情结)：弗洛伊德精神分析学说中的“俄狄浦斯情结”即所谓的“恋母情结”，出自索福克勒斯的作品《俄狄浦斯王》。“恋母情结”是指人的一种心理倾向，喜欢和母亲在一起。恋母情结并非爱情，大多产生自对母亲的欣赏、敬仰，是一种普遍的社会现象，男孩、女孩都可能有恋母情结。

欧里庇得斯（约前 480—约前 406 年）是雅典奴隶制民主国家危机时代的悲剧作家，被称为“心理戏剧的鼻祖”。他在自己的作品中提出了许多问题，包括神性与人性、战争与和平、民主、妇女问题等，代表作有《美狄亚》《特洛伊妇女》等。《美狄亚》被认为是古希腊最动人的悲剧之一，也是西方文学中第一次把妇女作为主要角色来塑造。

《美狄亚》是欧里庇得斯最著名的悲剧，取材于伊阿宋夺取金羊毛的神话。科尔喀斯公主美狄亚爱上了伊阿宋，就和伊阿宋一起逃到希腊结婚生子。但伊阿宋图谋科任托斯国的王位，决意遗弃美狄亚，娶国王克瑞翁的女儿格劳刻为妻。美狄亚为了惩罚伊阿宋，把染了毒药的新衣和皇冠作为礼物送给新娘，害死了新娘和新娘的父亲，又在痛苦中杀死了自己的两个儿子，然后乘坐龙车逃走了。这是一个杀子复仇的悲剧。美狄亚性格坚强、敢爱敢恨，她的复仇不仅是她自己的一种生存抗争，也是对压迫和损害她的社会的一种复仇。

三大悲剧诗人代表了古希腊悲剧艺术“兴起—繁荣—衰落”各个时期的最高成就。

古希腊喜剧起源于祭祀酒神的狂欢歌舞和民间滑稽戏，大半是政治讽刺剧和社会讽刺剧，产生于言论比较自由的民主政治繁荣时代，这时的喜剧被称为“旧喜剧”，讽刺的对象是社会的著名人物，特别是当权人物。

阿里斯托芬（约前 448—前 380 年）是古希腊早期喜剧代表作家，有“喜剧之父”之称。相传他写有 44 部喜剧，现存 11 部，代表作有《阿卡奈人》《骑士》《和平》《鸟》《蛙》等。

《阿卡奈人》是阿里斯托芬第一部成功的喜剧，通过漫画式的夸张手法和表面上很不严肃的讪笑打诨的场面来反映生活。

《鸟》也是阿里斯托芬的杰作之一，是现存的唯一以神话幻想为题材的喜剧，也是欧洲文学史上最早描写理想社会的作品。

（四）《伊索寓言》

《伊索寓言》相传是公元前 6 世纪被释放的古希腊奴隶伊索所著的寓言集，后人加入了印度、阿拉伯及基督教故事，共 357 篇，内容大多与动物有关。书中讲述的故事简短精练，刻画出来的形象鲜明生动，每则故事都蕴含哲理，或揭露和批判社会矛盾，或抒发对人生的领悟，或总结日常生活经验。该寓言集通过描写动物之间的关系来表现当时的社会关系，主要是压迫者和被压迫者之间的不平等关系。著名的寓言故事有《农夫与蛇》《狐狸和葡萄》《狼和小羊》《乌龟和兔子》《口渴的乌鸦》等。

《伊索寓言》被誉为西方寓言的始祖，它的出现奠定了寓言作为一种文学体裁的基石。2000 多年来，《伊索寓言》在欧洲文学发展史上产生过极其深远而广泛的影响，一再成为后世寓言创作的蓝本。

（五）其他

古希腊的文艺理论也取得了较高成就，最重要的理论家是柏拉图和亚里士多德。

柏拉图（前 427—前 347 年），雅典奴隶主贵族派的思想家、哲学家，苏格拉底的弟子。他和老师苏格拉底、学生亚里士多德并称为“希腊三贤”。柏拉图倡导“理念论”和“灵感说”，认为现实世界是对理念的模仿，而文艺又是对现实的模仿，即“模仿的模仿”，所以文艺是不真实的，灵感是文艺创作的源泉。代表作品有《理想国》等。

亚里士多德（前384—前322年）是古希腊伟大的哲学家、科学家和教育家，柏拉图的学生，被马克思誉为“古代最伟大的思想家”。亚里士多德继承了柏拉图的某些观点，认为文艺的本质是模仿现实，但是他认为现实世界本身是真实的，文艺也是真实的，他还肯定了文艺的认识作用和教育作用。代表作品有文艺理论著作《诗学》。

亚里士多德的名言：

（1）吾爱吾师，吾更爱真理。

（2）爱美是人的天性。

（3）优秀是一种习惯。

（4）人是天生的政治动物。

（5）战争的目的必须是为了和平。

（6）谎言自有理由，真实则无缘无故。

二、古罗马文学

古罗马文学是在继承和模仿古希腊文学的基础上发展起来的，并作为古希腊和近代之间的桥梁，在欧洲文学史上占有特殊的地位。维吉尔是古罗马最重要的诗人。罗马帝国晚期，本属于西亚文化圈的希伯来文化传到罗马，并与古希腊文化结合而形成基督教文化，基督教文学也随之兴起，成为欧洲文学史的又一渊源。基督教文学的代表作是《新约》。

维吉尔（前70—前19年）是古罗马最伟大的诗人，代表作品是被称为“古罗马的第一部文学史诗”的《埃涅阿斯纪》（又译《伊尼德》），代表着古罗马文学的最高成就，被誉为“罗马的荷马史诗”。《埃涅阿斯纪》也是西方文学史上第一部文人史诗。

《荷马史诗》影响了维吉尔，维吉尔影响了但丁。维吉尔的《埃涅阿斯纪》几乎就是对《荷马史诗》的续写和改写，《荷马史诗》的结束，也就是《埃涅阿斯纪》的开始。同时，维吉尔对于《神曲》、对于但丁的重要性，怎么强调也不过分。《神曲》的主要内容就是叙述诗人但丁在人生旅程的中途（35岁）发现自己由于迷失正路在森林里彷徨，刚开始登山，就被三只野兽（豹、狮、狼，分别代表淫欲、骄傲、贪婪）挡住去路。正在危急时，古罗马诗人维吉尔出现了，他受贝阿特丽切的嘱托前来搭救但丁，引导他游历了地狱和炼狱，接着贝阿特丽切又引导他游历天国。但丁在《神曲》中一再对维吉尔表示敬意和感激之情。

第二节 中世纪文学

中世纪文学是指欧洲各国中世纪时期的文学。在史学上，一般认为中世纪是指从公元 450 年左右罗马帝国衰亡到 15 世纪文艺复兴之间约 1000 年的时间。其思想文化上的主要特征是天主教会的势力强大，基督教神学影响了包括文学、艺术、音乐在内的一切艺术形式。中世纪文学主要有教会文学（《圣经》，包括《旧约》和《新约》）、骑士文学、英雄史诗（法国的《罗兰之歌》、德国的《尼伯龙根之歌》）和城市文学（法国的《列那狐传奇》）等。生活在 13 世纪后期 14 世纪初期的意大利诗人但丁是中世纪最伟大的作家。

但丁（1265—1321 年），意大利诗人，被恩格斯誉为“中世纪的最后一位诗人，同时又是新时代的最初一位诗人”，代表作品是长诗《神曲》（原名《喜剧》），分为“地狱”“炼狱”“天堂”三部分，采用了中世纪文学特有的幻游形式，写诗人自己误入黑暗森林，在古罗马诗人维吉尔灵魂的带领下穿过地狱、炼狱，又在但丁暗恋的情人贝阿特丽切的灵魂带领下游历天堂，是浪漫主义和现实主义紧密结合的典范。作者在书中坚决反对中世纪的蒙昧主义，表达了执着追求真理的思想。

《神曲》写的虽然是一个梦游三界的故事，但作品的主要内容则取材自意大利的现实生活，有着强烈的现实性。特别是“地狱篇”，通过但丁和各种亡魂的对话，鲜明地反映了意大利的现实生活，揭露了一系列重大的社会政治问题。

第三节 文艺复兴时期文学

文艺复兴是指发生在 14 世纪到 16 世纪的一场反映新兴资产阶级要求的思想文化运动，最先在意大利兴起，后扩展到西欧各国，于 16 世纪达到顶峰。文艺复兴揭开了近代欧洲历史的序幕，被认为是中古时代和近代的分界。文艺复兴是场思想文化运动，被认为是西欧近代三大思想解放运动（文艺复兴、宗教改革与启蒙运动）之一。

文艺复兴时期文学是欧洲文学史的重要转折点，以人文主义文学为主流。它并非单纯的古典复兴，而是资产阶级反封建的新文化运动。

一、意大利

意大利是人文主义文学的发源地，但丁、彼特拉克、薄伽丘是文艺复兴的先驱者，他们被称为“文艺复兴三颗巨星”，也被称为“文坛三杰”（文艺复兴前三杰）。

另外，14—16 世纪意大利文艺复兴时期绘画艺术臻于成熟，其代表画家又被誉为“美术三杰”（文艺复兴后三杰），他们分别是：达·芬奇、米开朗基罗和拉斐尔。

彼特拉克（1304—1374 年），意大利学者、诗人，意大利人文主义的奠基人，第一个发出复兴古典文化的号召的人，提出以“人学”反对“神学”，被誉为“文艺复兴之父”。彼特拉克以十四行诗著称，1341 年获得“桂冠诗人”的称号。他的诗歌一改中世纪的神秘思想和抽象晦涩风格，直接描写现实生活中的人和自己对幸福生活的向往，代表作是抒情诗集《歌集》，反映了诗人的爱情观和幸福观，为欧洲抒情诗的发展开辟了道路。

薄伽丘（1313—1375 年），意大利文艺复兴运动代表，人文主义作家、诗人，意大利民族文学的奠基者。其代表作有《十日谈》《菲洛柯洛》《苔塞伊达》。薄伽丘作品的共同特点是以爱情为主题，借鉴古希腊、古罗马诗歌、神话、传奇，显示了中世纪传统和骑士文学的痕迹，但又摆脱了俗套，充满对人世生活和对幸福的追求，谴责禁欲主义。意大利文学评论家桑克提斯评说：“但丁结束了一个时代，薄伽丘开创了另一个时代。”

《十日谈》由 100 个故事构成，是一幅市民生活的“浮世绘”。该作讲述 1348 年意大利佛罗伦萨瘟疫流行，10 名男女在乡村一所别墅里避难。他们终日游玩欢宴，每人每天讲一个故事，共住了 10 天讲了 100 个故事。这些故事批判天主教会，嘲笑教会传播黑暗和罪恶，赞美爱情是才华和高尚情操的源泉，谴责禁欲主义，无情暴露和鞭挞封建贵族的堕落和腐败，体现了人文主义思想。

《十日谈》是欧洲文学史上第一部现实主义巨著，也是世界上第一部短篇小说集。意大利评论家桑克提斯曾把《十日谈》与但丁的《神曲》并列，称之为“人曲”。其中的女性角色鲜活可爱，有情感、有智慧且妙语连珠，是有血有肉的个体，是“美”的化身和“爱”的向导。

意大利美术三杰：

达·芬奇（1452—1519 年），意大利文艺复兴时期最负盛名的画家、雕塑家、建筑家、地理学家、科学家、文艺理论家、哲学家、诗人、音乐家和发明家，被称为“文艺复兴时期最完美的代表人物”，是人类历史上绝无仅有的全才。壁画《最后的晚餐》、祭坛画《岩间圣母》和肖像画《蒙娜丽莎》是达·芬奇一生的三大杰作，也是他为世界艺术宝库留下的珍品，是欧洲艺术的拱顶之石。

拉斐尔（1483—1520 年），意大利画家。他的一系列圣母画像，都以母性的温情和青春健美而体现了人文主义思想。其中最有名的是《西斯廷的圣母》《草地上的圣母》和《花园中的圣母》。拉斐尔性情平和、文雅，作品充分体现了安宁、协调、和谐、对称以及完美和恬静的秩序，代表了文艺复兴时期艺术家从事理想美的事业所能达到的巅峰，被称为“画圣”，代表作《西斯廷圣母》被评价为可与《蒙娜丽莎》媲美。拉斐尔的艺术被后世称为“古典主义”，不仅启发了巴洛克风格，也对17世纪法国的古典学派产生了深远影响。

米开朗基罗（1475—1564年），意大利文艺复兴时期伟大的绘画家、雕塑家和建筑师，文艺复兴时期雕塑艺术最高峰的代表。代表作《大卫》、《摩西》、《被缚的奴隶》、《垂死的奴隶》、西斯庭教堂天顶画、圣洛伦佐教堂里的美第奇家族陵墓群雕等。罗曼·罗兰写过《米开朗基罗传》，归入《名人传》中。

二、法国

拉伯雷（1494—1553年），继薄伽丘之后的人文主义作家，法国文艺复兴民主派的代表，被誉为“人文主义巨人”，代表作品是长篇小说《巨人传》。《巨人传》情节离奇、讽刺辛辣、想象夸张，强烈抨击了法国封建社会的黑暗和罪恶，嘲讽了统治阶级、教会以及神学，对后世欧洲的讽刺文学产生了较大影响，是一部现实与幻想交织的现实主义作品，在欧洲文学史和教育史上占有重要地位。《巨人传》共分五卷，取材于法国民间传说故事，主要写格朗古杰、高康大、庞大固埃三代巨人的活动史。

三、英国

乔叟（1343—1400年），英国最早的人文主义作家，享有“英国诗歌之父”的美誉。乔叟反对封建等级制度，宣扬妇女解放，主张男女平等，歌颂自由忠贞的爱情。其代表作品是《坎特伯雷故事集》。该作品广泛地反映了资本主义萌芽时期的英国社会生活，揭露了教会的腐败、教士的贪婪和伪善，肯定了世俗的爱情生活，是英国现实主义文学的第一部典范之作。

莎士比亚（1564—1616年），16世纪英国文艺复兴时期伟大的戏剧家、诗人，被誉为“奥林匹亚山上的宙斯”“时代的灵魂”，马克思称他为“人类最伟大的戏剧天才”，同荷马、但丁、歌德一起，被誉为欧洲划时代的四大作家。他的作品结构完整、情节生动，语言丰富精练，人物个性突出，集中代表了欧洲文艺复兴文学的最高成就，对欧洲现实主义文学的发展有深远的影响。1995年11月，联合国教科文组织宣布每年4月23日（莎士比亚去世日）为世界图书和版权日。

代表作：

四大悲剧：《哈姆雷特》《奥赛罗》《李尔王》《麦克白》（可以略记为“哈罗李白”）。

四大喜剧：《仲夏夜之梦》《威尼斯商人》《第十二夜》《皆大欢喜》（可以略记为

“夜梦喜人”）。

悲喜剧：《罗密欧与朱丽叶》。

历史剧：《亨利四世》《理查三世》等。

莎士比亚的全部作品的基础核心思想在于人文主义或人道主义精神，是基于对性格各异的人物形象揭示人性中善与恶的矛盾冲突，进而在这些矛盾冲突中碰撞出人性的闪光点。

完成于1601年的《哈姆雷特》，是莎士比亚戏剧创作的最高成就，也是莎学研究的最大课题，被称为“人类有史以来杰出的经典戏剧”。俄国著名文学批评家别林斯基说：“《哈姆雷特》是戏剧诗人之王莎士比亚的灿烂王冠上面的一颗最光辉的钻石。”

剧作讲述了叔叔克劳狄斯谋害了王子哈姆雷特的父亲，篡取了王位，并娶了哈姆雷特的母亲，哈姆雷特因此向叔叔复仇的故事。该剧是莎士比亚所有剧作中篇幅最长的一部，也是其最负盛名的一部。尽管哈姆雷特最终复了仇，但他结局悲惨。造成他悲惨结局的最主要原因是他的性格，他有果断的一面，亦有优柔寡断的致命缺点。同时，哈姆雷特的悲剧还是社会的悲剧和时代的悲剧。

《威尼斯商人》是一部具有讽刺性的喜剧，也是莎士比亚喜剧作品中最富悲剧色彩的一部。该剧主要歌颂仁爱、友谊和爱情，同时也反映了资本主义早期商业资产阶级与高利贷者之间的矛盾，表现了作者对资产阶级社会中金钱、法律和宗教等问题的人文主义思考。该剧成功塑造了欧洲文学史上的第一个“吝啬鬼”——夏洛克这一唯利是图、冷酷无情的高利贷者的典型形象，使之成为欧洲文学史上著名的吝啬鬼之一。

《麦克白》创作于1606年，是莎士比亚创作后期的一部悲剧。史书中的麦克白是11世纪英格兰的一位王亲贵族和名将，由于受到野心的驱使和女巫预言的煽动，将国王邓肯谋杀。篡位之后，麦克白受到内心极度恐惧和疑虑的折磨，为保全王位，他实行暴政、滥杀无辜，成为疯狂残忍的暴君，最后被邓肯王子马尔康率领的讨伐军消灭。

莎士比亚剧作中的名言警句：

生存还是毁灭，这是个问题。（To be, or not to be: that is the question.）

——《哈姆雷特》

我唯一的爱来自我唯一的恨。 ——《罗密欧与朱丽叶》

年轻人的爱不是发自内心，而是全靠眼睛。 ——《罗密欧与朱丽叶》

世界是一个舞台，所有的男男女女不过是一些演员，他们都有下场的时候，也都有上场的时候。一个人的一生中扮演着好几个角色。 ——《皆大欢喜》

美貌比金银更容易引起歹心。 ——《皆大欢喜》

逆境和厄运自有妙处。 ——《皆大欢喜》

爱情是盲目的，恋人们看不到自己做的傻事。——《威尼斯商人》

闪光的并不都是金子。——《威尼斯商人》

生命，是每一个人所重视的；可是高贵的人重视荣誉远过于生命。

——《特洛伊罗斯与克瑞西达》

四、西班牙

塞万提斯（1547—1616年），西班牙小说家、剧作家、诗人，被誉为西班牙最伟大的作家，其作品长篇讽刺小说《唐·吉诃德》达到了西班牙古典艺术的高峰，标志着欧洲近代现实主义小说的创作进入一个新的阶段。评论家们称其是欧洲文学史上的第一部现代小说。塞万提斯对于世界文学的影响巨大，甚至连西班牙语都因此被称为“塞万提斯的语言”。

《唐·吉诃德》又被译为《唐吉诃德》《堂吉诃德》等，是塞万提斯于1605年和1615年分两部分出版的长篇反骑士小说。该书讲述了在一个骑士早已绝迹的时代，主角阿隆索·吉哈诺（唐·吉诃德原名）却因为沉迷于骑士小说，时常幻想自己是个中世纪骑士，进而自封为“唐·吉诃德·德·拉曼恰”（德·拉曼恰地区的守护者），拉着邻居桑丘·潘沙做自己的仆人，“行侠仗义”，游走天下，做出了种种与时代相悖、令人匪夷所思的行径，结果四处碰壁，最终从梦幻中苏醒过来，回到家乡后死去。《唐·吉诃德》是西方文学史上的第一部现代小说，也是世界文学的瑰宝之一，在世界文学史上与《哈姆雷特》《浮士德》鼎足而立，并称为“三大经典名著”。

维加（1562—1635年），西班牙最重要的剧作家、小说家和诗人之一，有“西班牙民族戏剧之父”、“天才中的凤凰”、“大自然中的魔鬼”（出自塞万提斯）之称。他革新了西班牙戏剧的模式，使之成为一种大众化的文化现象。他是世界上罕见的多产作家，一生共创作了2000多个剧本，流传至今的有600多个，最杰出的代表作是《羊泉村》。

第四节　17世纪文学

从文艺复兴时代对人欲的肯定，到17世纪人们对纵欲者的讽刺，时代精神又在发生变化。

17世纪欧洲各国政治经济发展的不平衡导致文学发展的不平衡。英国社会发展最为先进，意大利、德国和西班牙资本主义发展缓慢，甚至出现某种程度的倒退，而在法国却表现出新旧两种力量势均力敌的状态。

法国作为17世纪欧洲中央集权的君主专制国家的最高典范，其王权和资产阶级之间的妥协，成为这一时期法国社会的主要特征。这种服从王权的政治格局促成了法国古典主义文学的繁荣。

英国是代表欧洲资产阶级革命发展潮流的国家，因此代表资产阶级革命精神的清教徒文学成为英国文学的主流。意大利、西班牙等国家政治经济的衰落，也阻碍了其文学的发展，代表贵族趣味远离现实的巴洛克文学在这些国家颇为流行。

德国尚保留着文艺复兴时期现实主义文学的余热，格里美尔斯豪森的小说《痴儿西木传》，在艺术上继承了西班牙流浪汉小说的特点，被认为代表了“德国 17 世纪文学的高峰”。

一、英国

弥尔顿（1608—1674 年），英国诗人、政论家、民主斗士，17 世纪英国清教徒文学的代表人物，他的一生都在为资产阶级民主运动而奋斗，代表作品有长诗《失乐园》《复乐园》《力士参孙》等。

《失乐园》讲述叛逆之神撒旦因为反抗上帝的权威被打入地狱，却毫不屈服，为复仇寻至伊甸园。亚当与夏娃受被撒旦附身的蛇的引诱，偷吃了上帝明令禁吃的知识树上的果子。最终，撒旦及其同伙全变成了蛇，亚当与夏娃被逐出了伊甸园。该作说明人类从不识不知的原始社会进入生产劳动的文明社会，必须依靠知识和劳动。同时，宇宙间本身就有正反相对、相互矛盾的两种势力存在，人类历史上也反复出现过变革、斗争的流血事件，出现过失乐园的悲剧。《失乐园》与《荷马史诗》《神曲》并称为“西方三大诗歌”。

二、法国

高乃依（1606—1684 年），17 世纪法国古典主义悲剧的代表作家，法国古典主义戏剧的奠基人，代表作悲剧《熙德》是古典主义第一部典范作品，创立了法兰西民族戏剧的光辉典范，描写了男女主人公在荣誉、义务与爱情的冲突中所做出的抉择，最终理性战胜了情欲。其他代表作品还有《贺拉斯》《西拿》《波里厄特》这三部比较重要的悲剧。

莫里哀（1622—1673 年），法国喜剧作家、演员、戏剧活动家，法国芭蕾舞喜剧的创始人，古典主义喜剧的创建者，被戏剧界誉为“舞台上最全面的竞技者”，在欧洲戏剧史上占有十分重要的地位。莫里哀的作品多表现当代题材，立足社会现实，熟练运用古典主义艺术法则，写出了很多具有人文主义思想的剧作，具有民主倾向，代表作品有《伪君子》《悭吝人》《无病呻吟》等。

《伪君子》讲述伪装圣洁的教会骗子答尔丢夫混进富商奥尔恭家中，企图勾引其妻子，夺取其家财，最后真相败露，答尔丢夫锒铛入狱，奥尔恭幡然醒悟，一家人皆大欢喜的故事。《伪君子》不仅是戏剧史上的巅峰之作，同时也开启了莫里哀以手中之笔批判社会现实问题、反封建反宗教统治的全盛时期。歌德称赞其作品："像他那样的开场是现存最伟大的最好的开场"，而主角答尔丢夫则成为"伪君子"的代名词。

《悭吝人》讲述了守财奴阿巴贡为了攒钱，无论是对自己还是对他人都苛刻至极，做出了许多令人啼笑皆非的事情。莫里哀《悭吝人》中多疑的阿巴贡、莎士比亚《威尼斯商人》中凶狠的夏洛克、巴尔扎克《欧也妮·葛朗台》中狡猾的葛朗台、果戈理《死魂灵》中迂腐的泼留希金合称世界文学史上最著名的"四大吝啬鬼"形象。

《无病呻吟》被誉为喜剧大师莫里哀生命绝响的旷世之作，短小精悍的三幕剧中，集中了家长专制、强迫婚姻、金钱利益、遗产继承、病痛、死亡等人生主题。

拉辛（1639—1699年）是17世纪法国古典主义悲剧的代表作家，与高乃依、莫里哀合称为17世纪最伟大的三位法国剧作家。拉辛的戏剧创作以悲剧为主，作品被称为古典主义戏剧代表作。代表作品有《昂朵马格》《费德尔》《阿达利》等。

拉封丹（1621—1695年），法国古典文学的代表作家之一，寓言诗人。他的作品经后人整理为《拉封丹寓言》，与古希腊著名寓言诗人伊索的《伊索寓言》及俄国著名作家克雷洛夫所著的《克雷洛夫寓言》并称为"世界三大寓言"。主要著作有《寓言诗》《故事诗》《普叙赫和库比德的爱情》等。19世纪法国文学评论家泰纳誉之为"法国的荷马"。

三、德国

格里美尔斯豪森（1621或1622—1676年），德国小说家，经历了1618—1648年的德国三十年战争，走遍德国，历尽战争苦难，晚年创作了十卷本的流浪汉小说《痴儿故事集》，其中一至五卷《痴儿西木传》最为有名，被誉为17世纪德国文学的顶峰。

第五节　18世纪文学

18世纪是欧洲反封建斗争最激烈的时期，最后导致1789年法国大革命。18世纪文学主要成就是启蒙文学，主要包括法国启蒙运动文学、英国现实主义长篇小说和德国民族文学。

一、法国启蒙运动文学

1750年前：以孟德斯鸠、伏尔泰为代表，在批判封建专制和教会神学上是激烈而尖锐的，但在政治主张和社会理想上又明显带有保守色彩。

1750 年后：以狄德罗、卢梭为代表，启蒙运动进入更为激进的时代，启蒙文学战斗性更强，反封建反教会精神更加鲜明。

孟德斯鸠（1689—1755 年），法国启蒙思想家、法学家，西方国家学说以及法学理论的奠基人，与伏尔泰、卢梭合称“法兰西启蒙运动三剑侠”，是一位百科全书式的学者。代表作有《论法的精神》《波斯人信札》《罗马盛衰原因论》等。

《论法的精神》奠定了近代西方政治与法律理论发展的基础，也在很大程度上影响了欧洲人对东方政治与法律文化的看法。

《波斯人信札》是法国启蒙文学的第一部重要作品，该小说是 18 世纪哲理小说的开创性作品，对法国绝对君权的黑暗统治、上层社会的骄奢淫逸和种种恶习进行了辛辣的揭露和讽刺，并塑造了敢于反抗专制暴政的洛克莎娜的形象，表现了作者的反封建思想。辛辣的讽刺是这部小说的显著特色。

伏尔泰（1694—1778 年），18 世纪法国启蒙思想家、文学家、哲学家，法国资产阶级启蒙运动的泰斗，启蒙运动的精神领袖，被誉为“法兰西思想之王”“法兰西最优秀的诗人”“欧洲的良心”。雨果说：“18 世纪是伏尔泰的世纪。”伏尔泰主张开明的君主政治，强调自由和平等，代表作有《哲学通信》《路易十四时代》《老实人》等。伏尔泰的主要成就是打破了封建专制主义价值传统，传播启蒙思想，为大革命做了思想准备。

伏尔泰一生创作了 50 多部戏剧作品（大部分是悲剧），还有大量哲理小说和历史著作，最有价值的是哲理小说。他用戏谑的笔调讲述荒诞不经的故事，影射和讽刺现实，阐明深刻的哲理。《老实人》是他哲理小说中最优秀的一部。小说描写了一个神话般的理想世界——黄金国，表达了作者对人类美好未来的幻想。结尾提出了“种我们的园地要紧”的名言，表现了新兴资产阶级的进取求实精神。

狄德罗（1713—1784 年），法国启蒙思想家、哲学家、戏剧家、作家，百科全书派代表人物，法国启蒙思想家中最杰出的代表。主持编纂《科学、美术与工艺百科全书》，为 1789 年的法国大革命做了舆论准备。文学方面的成就主要是三部哲理小说：《修女》《拉摩的侄儿》《宿命论者雅克和他的主人》。

《拉摩的侄儿》是一部对话体哲理小说。主人公拉摩的侄儿是一个“怪人”，是“高傲和卑鄙，才智和愚蠢的混合物”，是具有才能却自甘堕落的时代畸形儿的典型。马克思称这部小说为“无与伦比的作品”，恩格斯称之为“辩证法的杰作”。

狄德罗效应也叫“配套效应”，是 18 世纪法国哲学家狄德罗发现的。狄德罗效应是一种常见的“愈得愈不足效应”，即在没有得到某种东西时，心里很平稳，而一旦得到了，却不满足。狄德罗效应的启示：对于那些非必需的东西尽量不要。因为如果你接受了一件，那么外界和心理的压力会使你不断地接受更多非必需的东西。

卢梭（1712—1778年），法国18世纪启蒙思想家、哲学家、教育家、文学家，浪漫主义文学流派的开创者。主要著作有长篇教育小说《爱弥儿》、自传体小说《忏悔录》、书信体哲理小说《新爱洛绮丝》、政治著作《社会契约论》《论人类不平等的起源和基础》等。卢梭主张自由平等，提出“天赋人权”说，反对专制、暴政。他在《社会契约论》中宣称“人生而自由，却无往不在枷锁之中”。

教育小说《爱弥儿》是一部讨论教育问题的哲理小说，书中的教育主张和措施，都是以卢梭“返回自然”的哲学思想为出发点提出来的。卢梭晚年撰写的《忏悔录》是他人生历程的真实记录，不仅为传记文学树立了范例，而且也给教育学、心理学提供了“关于人的研究的第一份参考材料”。书信体哲理小说《新爱洛绮丝》堪称情感小说，该小说描写了美丽的田园风光、风土人情、自由的思想和浪漫的爱情等，对后世浪漫主义小说的发展具有很大的促进作用。

卢梭返归自然、崇尚自我、张扬情感的思想，直接导致19世纪欧洲浪漫主义文学的产生。德国文学家歌德说：“伏尔泰结束了一个旧时代，而卢梭开创了一个新时代。”

哲理小说是法国启蒙作家创立的一种新型小说。它以人物活动为主线，穿插描写了多方面的内容，把叙事、议论、抒情、讽刺融为一体，表现作家关于政治、法律、道德、文学方面的启蒙观点，富于哲理性。哲理小说包括书信体小说、对话体小说、教育小说。它常常通过传奇的故事来影射、讽刺社会现实，反对封建专制制度，阐明哲理和宣传启蒙思想。其手法灵活多样、语言简洁生动，但由于忽视对典型人物形象的刻画和描写，小说中的主人公往往成为作者哲学思想的代言人，因此作品也就缺乏艺术感染力。代表作品有孟德斯鸠的《波斯人信札》、狄德罗《拉摩的侄儿》、伏尔泰的《老实人》《天真汉》、卢梭的《爱弥儿》等。

博马舍（1732—1799年），法国思想家，代表作品有《欧仁妮》《塞维利亚的理发师》《费加罗的婚礼》等。《塞维利亚的理发师》《费加罗的婚礼》是博马舍最成功的两部政治喜剧，标志着古典主义戏剧向近代戏剧的转变，对以后欧洲现实主义戏剧的发展做出了贡献。

《费加罗的婚礼》是博马舍的代表作，也是一部富有战斗性的喜剧。它揭露了法国大革命前夕贵族阶级的腐化堕落，赞美了第三等级的聪明才智，反映了第三等级对贵族的胜利。

费加罗三部曲：《塞维利亚的理发师》《费加罗的婚礼》《有罪的母亲》。

二、英国现实主义长篇小说

笛福（1660—1731年），英国现实主义小说奠基人，有“现代新闻报道之父”“英国报纸之父”“英国和欧洲小说之父”的美誉。笛福善于写个人在不利的环境中不信天命、克服困难的故事，尤其擅长描写细节逼真的环境、虚构使人身临其境的情景。代表作《鲁滨逊漂流记》是一曲原始积累时期资产者的颂歌，歌颂了资产阶级的积极进取精神。其他还有《辛格顿船长》（国内译名《海盗船长》）、《杰克上校》、《摩尔·弗兰德斯》等小说。从某种意义上说，笛福向世人推出了一种新型的小说文本，在平直晓畅、细枝末节中见真实；同时，他的作品不再以“英雄”“伟人”为主角，而把焦点对准普通百姓及其美德，开创了英国现实主义文学的风气之先河，对英国及欧洲小说的发展都产生了重要影响，他因此成为英国启蒙时期现实主义小说的奠基人。

《鲁滨逊漂流记》成功地塑造了鲁滨逊这个资产阶级文学中早期的正面人物形象，他以其坚强的意志、积极的进取精神压倒了因循守旧、萎靡不振的贵族人物。恩格斯称鲁滨逊为“一个真正的资产者”。鲁滨逊形象是欧洲小说史上的一个创举，是欧洲文学史上第一个资产阶级的正面形象，标志着英国现实主义小说的诞生。

斯威夫特（1667—1745年），英国18世纪杰出的政论家和讽刺小说家，高尔基称之为“世界伟大文学创造者”，代表作品是寓言小说《格列佛游记》，其他还有《桶的故事》《书的战争》等。斯威夫特开创了英国文学中的讽刺传统，对后世影响甚大。

《格列佛游记》是一部长篇游记体讽刺小说，以丰富的讽刺手法和大胆的幻想写出了荒诞离奇的情节，深刻反映了当时的英国议会中毫无意义的党派斗争，揭露了18世纪前半期英国统治阶级的腐败罪恶。全书生动滑稽，既有童话色彩又具有深刻的反语、夸张、对比等多种讽刺手法。

菲尔丁（1707—1754年），18世纪杰出的小说家、戏剧家，英国第一个用完整的小说理论来从事创作的作家，奠定了直至19世纪末的全面反映当代社会的现实主义传统，被沃尔特·司各特称为“英国小说之父”，代表作品是《汤姆·琼斯》《大伟人江奈生·魏尔德传》。菲尔丁和笛福、塞缪尔并称为英国现代小说的三大奠基人。菲尔丁的戏剧作品主要属于笑剧、模仿嘲讽剧和讽刺剧。萧伯纳认为菲尔丁是除莎士比亚外英国从中世纪至19世纪间最伟大的剧作家。

《汤姆·琼斯》（全名《弃儿汤姆·琼斯的历史》）代表着18世纪英国现实主义小说的最高成就，被誉为18世纪英国社会的散文史诗。小说围绕一对青年男女的身世和恋爱波折，广泛描写了18世纪英国城乡社会生活的真实画面，批判了贵族资产阶级的放荡、贪婪与虚伪。

塞缪尔·理查逊（1689—1761年），18世纪英国著名小说家，作品有《克拉丽莎》《帕米拉》等。他关注婚姻道德问题，多以女仆或中产阶级女性为主人公，善于描写人物情感和心理，开创了此后英国家庭小说的一种模式。《克拉丽莎》（又名《一位青年妇女的故事》）是18世纪最长的一部英国小说，也是最优秀的悲惨小说之一。《帕米拉》开创了英国感伤主义文学的先河。

感伤主义文学：18世纪60年代至80年代末发生在英国的一股文学潮流。人们开始对理性社会产生怀疑，只得寄希望于艺术和情感来表达对现实的不满和逃避。感伤主义文学潮流在文学形式方面将欧洲带入一个新的阶段，它不仅是19世纪初欧洲声势浩大的浪漫主义文学运动的先驱，而且可以说是现代派文学的源头。感伤主义文学因斯泰恩的小说《感伤旅行》而得名。

三、德国民族文学

狂飙突进运动是18世纪七八十年代发生在德国的文学运动。一大群文学青年在英法启蒙思想的影响下，强烈要求摆脱封建束缚，要求个性解放。他们崇尚天才和叛逆，强调民间文学和民族风格，推崇自然和自我。狂飙突进这一名称源于克林格尔的同名剧本《狂飙突进》，运动开始的标志是歌德与赫尔德于1770年在斯特拉斯堡的相见，理论代表是赫尔德和歌德合著的《德国的风格和艺术》。代表作品是席勒的《强盗》和《阴谋与爱情》，歌德的《少年维特之烦恼》。

席勒（1759—1805年），德国18世纪著名诗人、作家、哲学家、历史学家和剧作家，德国启蒙文学的代表人物之一。席勒是德国文学史上著名的“狂飙突进运动”的代表人物，也被公认为德国文学史上地位仅次于歌德的伟大作家，被赞为“伟大的天才般的诗人”“德国的莎士比亚”。代表作有《阴谋与爱情》《欢乐颂》《瓦伦斯坦》《唐·卡洛斯》等。席勒的作品场景宏大、结构紧凑，用语华丽精致，具有古典主义文学风格。

《阴谋与爱情》无论在结构上还是题材上都是德国市民悲剧的典范，被恩格斯誉为“德国第一部有政治倾向的戏剧”，讲述了平民琴师的女儿露伊丝和宰相的儿子深深相爱，然而，这段爱情在等级森严的社会和钩心斗角的宫廷阴谋下，最终以二人死去的悲剧告终。该剧结构紧凑、情节生动、冲突激烈，揭露了社会的不平等以及宫廷内部争权夺利的种种阴谋与恶行，反映了18世纪德国社会宫廷贵族阶级和小市民阶级的尖锐冲突。

剧本始终贯穿反暴政、争自由的主题，勇敢地把德国的黑暗现实搬上了历史舞台，站在平民一边，维护平民的尊严，谴责达官贵人。这部剧本具有典型的青年席勒式的、富于激情的、浪漫的语言风格，但对人物缺乏深入细致的刻画，使得人物成了“单纯的时代的传声筒”。

歌德（1749—1832年），德国著名思想家、作家、科学家，德国古典文学、民族文学和“狂飙突进运动”的代表人物，恩格斯称他为“天才的诗人”，海涅称他为“世界的一面镜子”。1773年的戏剧《葛兹·冯·伯利欣根》，让他从此蜚声德国文坛。1774年的书信体小说《少年维特之烦恼》，更使他名声大噪。1831年，他完成诗体哲理悲剧《浮士德》。歌德的作品运用和谐宁静的古典美的艺术表现形式，反映了青年人追求个性解放和爱情自由的心声。

书信体小说《少年维特之烦恼》是德国文学中第一部产生世界影响的作品，是歌德根据个人亲身经历的爱情体验和友人的事件写成的作品，深刻地体现了德国“狂飙突进运动”时期的时代精神和德国资产阶级的特色，表现了德国新兴的资产阶级对现实生活无能为力的软弱性和妥协性。小说中爱情悲剧的女主人公叫绿蒂。

在中国，郭沫若所译的《少年维特之烦恼》在1922年出版后，马上引起巨大的反响。当时正值五四运动之后，参与反封建斗争的中国青年在书中发现德国与中国有很多相似之处，因而产生共鸣。这本书在国内广泛流传，先后被再版重印。

《浮士德》这部“名著中的名著”是歌德创作的一部长达12111行的诗剧，取材于德国16世纪关于浮士德博士的传说。全剧没有首尾连贯的情节，主要是以浮士德思想的发展变化为线索，以德国民间传说为题材，以文艺复兴以来的德国和欧洲社会为背景，写一个新兴的资产阶级先进知识分子不满现实，竭力探索人生意义和社会理想的故事。《浮士德》不但结构宏伟、色彩斑斓，融现实主义、浪漫主义和象征手法为一体，而且让主要人物浮士德和魔鬼靡菲斯特的整个思想言行都形成善与恶、行与情、成与败的辩证发展关系，时庄时谐、有讽有颂、形式多样、色彩斑驳，达到了极高的艺术境界。《浮士德》与《荷马史诗》、《神曲》、《哈姆雷特》并列为欧洲文学的四大古典名著。

歌德名言录：

（1）谁若游戏人生，他就一事无成；谁不能主宰自己，便永远是一个奴隶。

（2）凡是让人幸福的东西，往往又会成为他不幸的源泉。

（3）你若要喜爱你自己的价值，你就得给世界创造价值。

（4）最足以显示一个人的性格的，莫过于他所嘲笑的是什么东西了。

（5）今天所做之事，勿候明天；自己所做之事，勿候他人。要做一番伟大的事业，总得在青年时期开始。

（6）决定一个人的一生以及整个命运的，只是一瞬之间。

第六节　19 世纪文学

浪漫主义与现实主义同为文学艺术上的两大主要思潮。浪漫主义的创作倾向由来已久，但作为思潮，从 18 世纪后半叶到 19 世纪上半叶才盛行于欧洲并表现于文化和艺术的各个部门。英国工业革命、法国大革命、欧洲民主运动、民族解放运动和空想社会主义、德国古典主义哲学思潮中的浪漫主义运动等促成了 19 世纪浪漫主义文学的发展繁荣。

一、德国

《格林童话》，又名《儿童与家庭童话集》，是由德国语言学家雅可布·格林和威廉·格林兄弟收集、整理、加工完成的德国民间文学。格林兄弟在帮助培养德国公众的民主意识上做出了突出贡献，被视为德国民主运动的先驱。

《格林童话》里面有 200 多个故事，大部分源自民间的口头传说，其中的《灰姑娘》《白雪公主》《小红帽》《青蛙王子》等童话故事较为有名。它是世界童话的经典之作，自问世以来，在世界各地影响十分广泛。《格林童话》获选为世界文化遗产，被联合国教科文组织称赞为“欧洲和东方童话传统划时代的汇编作品”。

海涅（1797—1856 年），德国抒情诗人和散文家，被称为“德国古典文学的最后一位代表”，代表作品有《德国，一个冬天的童话》《佛罗伦萨之夜》《罗曼采罗》《游记》等。诗歌是海涅的武器，他在作品中对德国进行讽刺、嘲弄和攻击。然而，掩藏在这痛恨之下的，却是海涅对德国无法割舍的赤诚的爱。

《德国，一个冬天的童话》，全诗共 27 章，写诗人移居法国近 13 年后于 1843 年回汉堡探亲，途经亚琛、科隆、哈根、明登等城市的旅游见闻与感触。其通过梦境、幻想、童话和传说，描绘了普鲁士统治下的德国社会、政治、经济、文化等各方面的落后面貌。以冬天象征死气沉沉的德国，把腐朽、分裂的德意志 36 个诸侯国比作奇臭无比的 36 个粪坑，认为德国已病入膏肓，呼吁人民从睡梦中振奋起来，在地球上建立自由平等的“天国”。

海涅奖是德国最重要的文学奖之一，设立于1972年，每两年颁发一次。海涅奖的宗旨：强调基本人权，促进社会和政治进步，以及人民的相互理解。

二、法国

19世纪对于法国文学来说，是从古典主义和浪漫主义向“现代性”转折的历史关键时刻；而处于初生状态的“现代性”，从一开始便显示出生气勃勃，同时充满矛盾的“不确定性”的品格特征。不同风格和气韵的文学并存，使当时的法国文坛成为灿烂绚丽的自由创作园地。巴黎塞纳河“左岸”的拉丁区的“咖啡沙龙”，更成为各种创作流派的汇聚处，司汤达、巴尔扎克、福楼拜、雨果、大仲马、法朗士、莫泊桑、左拉……一个个闪耀的名字，在这里交相辉映。

乔治·桑（1804—1876年），法国著名小说家，是那个时代最具风情、最另类的小说家，是女性解放的先驱。雨果曾称颂她“在我们这个时代具有独一无二的地位。其他伟人都是男子，唯独她是伟大的女性”。福楼拜说：“她是法兰西的代表，独一无二的荣耀。”法国将2004年定为“乔治·桑年”，这是继雨果后，唯一一位享此荣耀的人。乔治·桑是一位多产作家，她一生写了244部作品，包括100卷以上的文艺作品、20卷的回忆录《我的一生》以及大量书简和政论文章。代表作有空想社会主义小说《安吉堡磨工》、田园小说《魔沼》、传奇小说《金色树林的美男子》等。

司汤达（1783—1842年），又译斯丹达尔，19世纪法国批判现实主义作家，西欧批判现实主义文学的奠基作家，被誉为“现代小说之父”，代表作有《红与黑》《帕尔马修道院》等。

《红与黑》是法国批判现实主义文学的奠基之作，也是19世纪欧洲文学史中第一部批判现实主义的杰作。司汤达在《红与黑》中表现了其卓越的心理描写才能，以出色的心理描写开创了欧洲文学史上最伟大的文学流派之一——批判现实主义的先河。司汤达被评论家们称为“伟大的心理作家”，梅里美称之为“人类心灵的观察者”。《红与黑》在心理深度的挖掘上远远超出了同时代作家所能达到的层次，开创了后世“意识流小说”“心理小说”的先河，在文学史上影响深远。法国有专门研究司汤达和《红与黑》的学问——“司汤达学”和“红学”，还有专门研究该书的“司汤达俱乐部”。在法国，有“不读《红与黑》，就无法在政界混”的说法。

小说主人公于连，是一个木匠的儿子，年轻英俊、意志坚强、精明能干，从小就希望借助个人的努力与奋斗跻身上流社会。他受父兄虐待，深以微贱的出身为耻。他凭借熟记拉丁文圣经的资本在市长德·瑞那尔家里当上了家庭教师，并和德·瑞那尔夫人恋爱。恋情被市长知道后，于连远走贝尚松神学院，后离开神学院去了巴黎的木尔侯爵府，他非同寻常的才能与骄傲征服了侯爵家的小姐玛特尔，与之恋爱，于连跻身上流社会的梦想似乎就要实现了。

此时侯爵收到德·瑞那尔夫人被迫誊写的一封揭发信，于连的梦想破灭。他到了教堂向德·瑞那尔夫人开了两枪，被捕入狱。德·瑞那尔夫人买通狱吏，使于连免受虐待。得知原委，于连疯狂地爱上了德·瑞那尔夫人。后于连被判死刑，他拒绝玛特尔和德·瑞那尔夫人为他上诉。于连受刑后，玛特尔亲手埋葬了他，而德·瑞那尔夫人三天后离开人世。

司汤达创作《红与黑》，是要通过《红与黑》再现拿破仑的伟大，鞭挞复辟王朝的黑暗。为此，作者以“红与黑”象征其作品的创作背景：“红”象征法国大革命时期的热血和革命；而“黑”则意指僧袍，象征教会势力猖獗的封建复辟王朝。

高尔基认为，司汤达《红与黑》中的于连是19世纪欧洲文学中一系列反叛资本社会主义的英雄人物的“始祖”。

批判现实主义特指19世纪在欧洲形成的一种文艺思潮和创作方法，是在继承以往文学中的现实主义传统的基础上形成的。代表作家有法国的司汤达、巴尔扎克，英国的狄更斯，俄国的托尔斯泰等；代表作品有《红与黑》《人间喜剧》《艰难时世》《复活》等。中国明清时期的《儒林外史》《官场现形记》《二十年目睹之怪现状》也都属于批判现实主义小说。正式提出批判现实主义并给它下定义的是高尔基。

巴尔扎克（1799—1850年），法国作家、编剧，欧洲批判现实主义文学的奠基人和杰出代表，被称为“现代法国小说之父”“文学上的拿破仑”。他一生创作了91部小说，塑造了2472个栩栩如生的人物形象，展示了19世纪前半期整个法国社会的生活画卷，合称《人间喜剧》，号称“资本主义社会的百科全书”。代表作有《欧也妮·葛朗台》《高老头》，还有《幻灭》《舒昂党人》《驴皮记》等。巴尔扎克的小说结构多样，善于将集中概况与精确描摹相结合，用通过外形反映内心本质等手法来塑造人物。恩格斯认为《人间喜剧》是“现实主义的最伟大的胜利”，“给我们提供了一部法国社会，特别是巴黎上流社会的卓越的现实主义历史”，在表现手法上“除了细节真实外，还更真实地再现了典型环境中的典型人物”。

《欧也妮·葛朗台》叙述了一个金钱毁灭人性和造成家庭悲剧的故事，围绕欧也妮的爱情悲剧这一中心事件，揭露了资本主义社会的罪恶、金钱对人的思想灵魂的腐蚀和摧残，是一幅法国19世纪前半期外省的色彩缤纷的社会风俗画，是《人间喜剧》系列中

“最出色的画稿之一”。小说极为成功地塑造了老葛朗台这样一个凶狠残忍、贪财好利而又悭吝成癖的资本家形象，展现了资本家的无穷贪欲和冷酷无情，揭示了金钱的巨大破坏力量及资产阶级的血腥发迹史和由金钱崇拜带来的社会丑恶和人性沦丧。小说把心理分析、风俗描绘、细节刻画、人物塑造、哲学议论融为一体，取得了很高的艺术成就。

《高老头》是《人间喜剧》的序幕，着重揭露批判的是资本主义世界中人与人之间赤裸裸的金钱关系。小说以 1819 年底到 1820 年初的巴黎为背景，写了两个平行而又交叉的故事：退休面粉商高里奥被两个女儿冷落，悲惨地死在伏盖公寓的阁楼上；青年拉斯蒂涅在巴黎社会的腐蚀下不断发生改变，但仍然保持着正义与道德。

巴尔扎克经典语录：

（1）没有弄清对方的底细，决不能掏出你的心来。

（2）你拿走了我的理性，还要我用理性来思想。

（3）逆境不就是命运的试金石吗?

（4）这世间，到处是真苦难，假欢喜。

（5）我们的心是一座宝库，一下子倒空了，就会破产。一个人把情感统统拿了出来，就像把钱统统花光了一样得不到人家原谅。

维克多·雨果（1802—1885 年），法国 19 世纪前期积极浪漫主义文学的代表作家，人道主义的代表人物，法国文学史上卓越的资产阶级民主作家，被人们称为“法兰西的莎士比亚”。他一生写过多部诗歌、小说、剧本、各种散文和文艺评论及政论文章，在法国及世界有着广泛的影响力。代表作品有《巴黎圣母院》《悲惨世界》《九三年》《海上劳工》等。法国将 2002 年定为“雨果年”。法国作家罗曼·罗兰说：“在文学界和艺术界的所有伟人中，雨果是唯一活在法兰西人民心中的伟人。”

《巴黎圣母院》以离奇和对比手法写了一个发生在 15 世纪法国的故事：巴黎圣母院副主教克洛德道貌岸然、蛇蝎心肠，先爱后恨，迫害吉卜赛女郎埃斯梅拉达。面目丑陋、心地善良的敲钟人卡西莫多为救女郎舍生取义。小说揭露了宗教的虚伪，宣告了禁欲主义的破产，歌颂了下层劳动人民的善良、友爱、舍己为人，反映了雨果的人道主义思想。

《悲惨世界》揭露了资本主义社会的尖锐矛盾和贫富悬殊，描写了下层人民的痛苦命运，提出了当时社会的三个迫切问题：贫穷使男子潦倒，饥饿使妇女堕落，黑暗使儿童羸弱。冉·阿让不但是统领《悲惨世界》全书的一号主人公，而且是雨果善良与博爱的象征，是比声名显赫的英雄更伟大的无名英雄。

大仲马（1802—1870 年），法国 19 世纪浪漫主义作家，被誉为“通俗小说之王”，代表作有长篇小说《基督山伯爵》、《三个火枪手》（又译名《三剑客》《侠隐记》）等。大仲马的小说大都以真实的历史作背景，情节曲折生动、出人意料，有历史惊险小说之称。结构清晰明朗、语言生动有力、对话灵活机智等是大仲马小说的特色。

《基督山伯爵》讲述了一个报恩复仇的故事。拿破仑“百日王朝”时期，法老号大副爱德蒙·唐泰斯受船长委托，为拿破仑党人送了一封信，遭到两个卑鄙小人和法官的陷害，被打入黑牢。狱友法利亚神甫向他传授各种知识，并在临终前把埋于基督山岛上的一批宝藏的秘密告诉了他。被陷害入狱十四年后，唐泰斯越狱并找到了宝藏，成为巨富，从此化名基督山伯爵。他经过精心策划，报答了恩人，惩罚了仇人。

小说以基督山伯爵惩恶扬善、报恩复仇为故事发展的中心线索，主要情节跌宕起伏、迂回曲折，从中又演化出若干次要情节，小插曲紧凑精彩却不喧宾夺主，情节离奇却不违反生活真实。全书出色地运用了“悬念”“突发”“戏剧”等手法，使这部小说充满了叙述的张力，洋溢着叙述本身所产生的美。因此，《基督山伯爵》被公认为通俗小说的典范。

和大仲马侧重表现历史，专写历史剧和历史小说不同，小仲马则专写现代剧。

小仲马（1824—1895年），法国现实主义戏剧的创始人，社会问题剧的创始人之一。其剧作大都以妇女、婚姻和家庭问题为题材，真实地反映了资产阶级道德的腐朽本质。代表作品有长篇小说《茶花女》，剧本《私生子》《放荡的父亲》《克洛德妻子》等。

《茶花女》通过妓女玛格丽特的爱情悲剧，揭露了法国七月王朝上流社会的糜烂生活，对贵族资产阶级的虚伪道德提出了血泪控诉。在法国文学史上，这是第一部把妓女作为主角的作品。小说通过“我”充分体现了作者所主张的人道主义思想，着重表现了人与人之间诚挚的交往、宽容、理解和尊重。阿尔芒和玛格丽特之间的爱情体现了人间的真情，人与人之间的关怀、宽容与尊重，体现了人性的爱。《茶花女》也是第一部被引入中国的西方文学名著，1897年被林纾译为《巴黎茶花女遗事》。

福楼拜（1821—1880年），法国著名作家，其成就主要表现在对19世纪法国社会风俗人情进行真实细致描写记录的同时，超时代、超意识地对现代小说审美趋向进行探索，是西方现代小说的奠基者，被左拉认为是“自然主义之父”，代表作有长篇小说《包法利夫人》《情感教育》等。

《包法利夫人》讲述的是一个受过贵族化教育的农家女爱玛的悲剧故事。她瞧不起当乡镇医生的丈夫包法利，梦想着传奇式的爱情。可是她的两度偷情非但没有给她带来幸福，却使她自己成为高利贷盘剥的对象。最后她积债如山，走投无路，只好服毒自尽。

作者写的是一个无论在生活里还是在文学作品中都很常见的桃色事件，但是作者的笔触感知到的是旁人尚未涉及的敏感区域。爱玛的死不仅仅是她自身的悲剧，更是那个时代的悲剧。作者用细腻的笔触描写了主人公情感堕落的过程，努力找寻着造成这种悲剧的社会根源。今天，人们还会用“包法利夫人”这个词来形容那些爱慕虚荣又超前消费的女性。

儒勒·凡尔纳（1828—1905年），19世纪法国著名的科幻和冒险小说家，享有“科幻小说之父”的美誉。凡尔纳的创作是在科学畅想的框架里编织复杂、曲折而又有趣的故事，情节惊险，充满奇特的偶合，再衬以非凡的大自然奇景，具有浓厚的浪漫主义色彩。代表作品包括“凡尔纳三部曲”（《格兰特船长的儿女》《海底两万里》《神秘岛》）、《八十天环游地球》、《气球上的五星期》、《地心游记》等。

都德（1840—1897年），法国爱国作家。第一部长篇自传体小说《小东西》是都德的代表作，集中表现了他不带恶意的讽刺和含蓄的感伤，也就是所谓的“含泪的微笑”，都德因而有“法国的狄更斯”的称誉。代表作《最后一课》和《柏林之围》由于具有深刻的爱国主义内容和精湛的艺术技巧而享有极高的声誉，成为世界短篇小说中的杰作。

莫泊桑（1850—1893年），19世纪后半叶法国优秀的批判现实主义作家，与俄国的契诃夫、美国的欧·亨利并称为“世界三大短篇小说巨匠”，其中莫泊桑被誉为“世界短篇小说之王”。他一生创作了6部长篇小说、359篇中短篇小说及3部游记，是法国文学史上短篇小说创作数量最大、成就最高的作家。代表作品有《项链》《漂亮朋友》《羊脂球》《我的叔叔于勒》等。莫泊桑擅长从平凡琐屑的事物中截取富有典型意义的片段，以小见大地概括出生活的真实。他的短篇小说侧重摹写人情世态，构思布局别具匠心，细节描写、人物语言和故事结尾均有独到之处。

《项链》以项链为线索，通过借项链、丢项链、还项链的线索自然地带领读者走进女主人公玛蒂尔德的生活及其内心世界，深刻领略了19世纪的法国小人物无法决定自身命运的悲剧现实。

莫泊桑名言录：生活不可能像你想象的那么好，但也不会像你想象的那么糟。

法国的小说创作异彩纷呈，诗歌创作也不落下风。

波德莱尔（1821—1867年），法国19世纪最著名的现代派诗人，象征派诗歌先驱，代表作《恶之花》在欧美诗坛具有重要地位。作为法国象征主义诗歌的鼻祖和现代主义诗歌先驱，波德莱尔身上充溢着一种大胆的反叛精神。法国象征主义诗人兰波尊他为“最初的洞察者，诗人中的王者，真正的神”。波德莱尔的“颓废”或者“颓废主义”是他诗歌最重要的标签，第一次为文学艺术打开了“审丑”之门。高尔基评说波德莱尔：“生活在恶之中，爱的却是善。”

《恶之花》被誉为“法国伟大的传统业已消失，新的传统尚未形成的过渡时期里开放出来的一丛奇异的花”，兼具浪漫主义、象征主义和现实主义的特征，是一部表现西方精神病态和社会病态的诗歌艺术作品。《恶之花》是第一部典型的象征主义作品，也是第一部全面冲破传统的诗歌艺术、开创新路子的作品。它的问世标志着象征主义的兴起、现代派文学的正式出现。

三、英国

19 世纪，英国诗歌、小说步入了繁荣昌盛的时代，其艺术形式和创作手法也得到了进一步的巩固与发展。

（一）诗歌

湖畔派诗人是 19 世纪英国浪漫主义运动中较早产生的一个流派。主要代表有华兹华斯（1770—1850 年）、柯勒律治（1772—1834 年）和骚塞（1774—1843 年）。由于他们三人曾一同隐居于英国西北部的昆布兰湖区，以诗赞美湖光山色，所以有“湖畔派诗人”之称。英国浪漫主义运动的开端，是以华兹华斯和柯勒律治在 1798 年出版的《抒情歌谣集》为标志的。

拜伦（1788—1824 年），19 世纪初期浪漫主义诗人，被称为“英国 19 世纪初期最伟大的诗人”，代表作品有长篇叙事诗《唐璜》、抒情叙事长诗《恰尔德·哈罗德游记》、讽刺诗《审判的幻景》《青铜世纪》等，塑造了一批“拜伦式英雄”。他一生写下的大量诗歌，被世人赞誉为“抒情史诗”。

> 拜伦式英雄指 19 世纪英国浪漫主义诗人拜伦作品中的一类人物形象。他们高傲倔强，既不满现实，要求奋起反抗，具有叛逆的性格；但同时又显得忧郁、孤独、悲观，脱离群众，我行我素，始终找不到正确的出路。

拜伦不仅是一位伟大的诗人，还是一个为理想战斗一生的勇士，他积极而勇敢地投身革命——参加了希腊民族解放运动，并成为领导人之一。

《唐璜》通过主人公唐璜在西班牙、希腊、土耳其、俄国和英国等国的生活经历，展现了 19 世纪初欧洲的现实生活，讽刺批判了“神圣同盟”和欧洲的反动势力。

雪莱（1797—1851 年），英国浪漫主义民主诗人、作家，与拜伦并称为英国浪漫主义诗歌的“双子星座”，代表作品有《解放了的普罗米修斯》《西风颂》《致云雀》等。诗剧《解放了的普罗米修斯》塑造了一个为真理而斗争，毫不妥协的英雄形象。通过被缚的普罗米修斯和天神朱比特之间的斗争，预示了革命一定会到来，也一定会取得胜利。雪莱因此被恩格斯称为“天才的预言家”。《西风颂》采用的是象征手法，用优美而蓬勃的想象写出了西风的形象。《致云雀》是一篇抒情诗，从赞美开始，以感叹告终。云雀成为诗人理想化的自我写照。

雪莱是英国文学史上有才华的抒情诗人之一，被誉为“诗人中的诗人”。有评论家说：“没有一个诗人能和他相比，没有一个诗人能超越他。”

《西风颂》气势雄阔，具有浓郁的革命浪漫主义特色，表达了诗人对反动腐朽势力的憎恨，对革命终将胜利和迎接光明未来的热切希望和坚定信念，也揭示出新事物必将战胜旧事物的客观规律。名句：“冬天来了，春天还会远吗？”

济慈（1795—1821年），19世纪初期英国诗人，浪漫派的主要成员，与雪莱、拜伦齐名，被推崇为欧洲浪漫主义运动的代表。代表作品有《恩底弥翁》《夜莺颂》《希腊古瓮颂》。爱与美是济慈毕生的精神追求。他在《希腊古瓮颂》中提出了“美即是真，真即是美”的命题，对后世抒情诗的创作影响较大。

（二）小说

司各特（1771—1832年），英国著名的历史小说家和诗人。他以苏格兰为背景的诗歌十分有名，代表作有叙述中世纪苏格兰国王及骑士冒险业绩的《湖上美人》（其中《爱伦之歌》在1825年由舒伯特谱写成宗教音乐《圣母颂》）。1813年，司各特被授予“桂冠诗人”称号，而后逐渐转行开始写作历史小说。司各特的历史小说像一幅幅巨大的历史画卷，把从中世纪到资产阶级革命时期英格兰和苏格兰的社会生活包罗无遗，代表作品是《艾凡赫》。司各特的创作对欧洲历史小说起了开创作用，被尊为历史小说的创始人。俄国评论家别林斯基把司各特看作“历史小说之父”。在他死后，浪漫主义时代也随之走向结束。

简·奥斯汀（1775—1817年），英国女小说家，作品被比喻为“两寸象牙雕”，多以乡镇中产阶级青年男女的爱情婚姻生活为题材，擅用幽默反讽的艺术手法，对英国的现实主义小说创作产生了很大影响，被誉为“可与莎士比亚平起平坐”的作家，代表作品有《傲慢与偏见》《理智与情感》《爱玛》等。

《傲慢与偏见》描写了男女主人公达西与伊丽莎白从一开始的心存偏见，到最后有情人终成眷属的浪漫曲折爱情故事。这部作品以日常生活为素材，生动地反映了18世纪末到19世纪初处于保守和闭塞状态下的英国乡镇生活和世态人情，被英国小说家和戏剧家毛姆列为世界十大小说之一。简·奥斯汀在小说中运用喜剧的手法表达对生活的严肃批评，探索女主人公从恋爱到结婚自我发现的心理过程。伊丽莎白和达西的婚姻是作者颂扬的“为天下有情人树立一个榜样”的幸福婚姻。

伊丽莎白是班纳特家中最富智慧和最机智的人，也是英国文学中最著名的女性角色之一。她可爱聪颖、诚实优雅、富有智慧，有胆识、有远见、有很强的自尊心，并善于思考问题。正是这种品质，才使她在爱情问题上有独立的主见，并促使她与达西组成美满的家庭。她对达西先后两次求婚的不同态度，实际上反映了女性对人格独立和平等权利的追求，这是伊丽莎白这一人物形象的进步意义。

> 2013 年是《傲慢与偏见》出版 200 周年，继英国皇家邮政专门发行邮票纪念之后，英国中央银行宣布，简·奥斯汀的头像将被印制在新版 10 英镑纸币上，以此向她致敬。

萨克雷（1811—1863 年），与狄更斯齐名，为维多利亚时代的代表小说家，其代表作是世界名著《名利场》。

《名利场》是萨克雷的第一部长篇小说。作者以圆熟泼辣的笔法淋漓尽致地描绘了一幅 19 世纪英国贵族资产阶级上层骄奢淫逸、钩心斗角的生活图景，无情地揭露了封建贵族荒淫无耻、腐朽堕落的本质和资产阶级追名逐利、尔虞我诈的虚伪面目。小说以两个年轻女子蓓基和爱米丽亚的一生为主线，展示了 19 世纪初期英国上层社会的生活画面。

狄更斯（1812—1870 年），英国批判现实主义作家，擅长描写处于社会最底层的“小人物”，深刻反映英国资本主义社会的丑恶现实，并主张以“小人物”的温情来改变社会，对英国文学发展起到了深远的影响。代表作品有自传体长篇小说《雾都孤儿》、历史小说《双城记》、《大卫·科波菲尔》、《远大前程》等。

《雾都孤儿》是狄更斯的第一部社会小说，以雾都伦敦为背景，讲述了孤儿奥利弗悲惨的身世及遭遇，揭露了许多黑暗的社会问题。狄更斯通过小奥利弗的形象，表现了难能可贵的仁爱思想。

《双城记》是一部以法国大革命为背景的历史小说。故事围绕巴黎、伦敦两大城市展开，描写了贵族昏庸腐败、残害百姓，最终导致法国大革命爆发的故事。小说分为“复活”“金线”“暴风雨的踪迹”三部分。马内特医生是作者全力塑造的一个理想形象。他医术精湛、心地善良、为人正直，是一个极其同情贫苦人民遭遇的知识分子。名句“这是一个最好的时代，也是一个最坏的时代”即出自此作。

《大卫·科波菲尔》被称为狄更斯“心中最宠爱的孩子”。全书采用第一人称叙事，融入了作者本人的许多生活经历，讲述了主人公大卫从幼年至中年的生活历程，描写了他从孤儿成长为一个具有人道主义精神的资产阶级民主主义作家的过程，展示了 19 世纪中叶英国的广阔画面，反映了狄更斯希望人间充满善良正义的理想。此书被列夫·托尔斯泰赞为“所有英国小说中最好的一部”。

英国“勃朗特三姐妹”指的是夏洛蒂·勃朗特、艾米莉·勃朗特和安妮·勃朗特。她们三人都是英国文坛著名的小说家，被称为“一个家庭中演出的一曲奇异的三重奏”。

夏洛蒂·勃朗特（1816—1855 年），代表作长篇小说《简·爱》，被作家萨克雷称为“一位伟大天才的杰作”。小说写的是一个从小变成孤儿的英国女子简·爱与罗切斯特的曲折爱情故事。这部带有很强的自传色彩的著作，成功地塑造了一个对爱情、生活、社会和宗教都采取了积极进取态度，敢于斗争、敢于争取自由平等地位的女性形象。她的信念和行动展现出来的力量、她充满勃勃生气的个性深深打动了一代又一代读者的心。名句：“你以为我穷，低微，矮小，不美，我就没有灵魂，没有心吗？你想错了——我的灵魂和你一样，我的心也和你完全一样……我们站在上帝脚下，是平等的——因为我们是平等的。”

艾米莉·勃朗特（1818—1848 年），从少年时代就开始写诗，她的诗往往直抒胸臆、感情浓烈，但她的小说《呼啸山庄》掩盖了她诗歌的光芒。小说描写吉卜赛弃儿希斯克利夫被山庄老主人收养后，因受辱和恋爱不遂，外出致富，回来后，对与其女友凯瑟琳结婚的地主林顿及其子女进行报复的故事。全篇充满强烈的反压迫、争幸福的斗争精神，又始终笼罩着离奇、紧张的浪漫气氛，被认为是英国文学史上最奇特的一本书，具有超常的特点，体现了一种凄厉、恐怖、残酷、神秘的不寻常的美学风格。该作品具有“文学史上的斯芬克斯之谜”的美誉。

安妮·勃朗特（1820—1849 年），代表作是《艾格妮丝·格雷》和《威尔德菲尔庄园的房客》（又译《女房客》）。其中《艾格妮丝·格雷》被爱尔兰著名诗人、评论家乔治·莫尔认为是“英国文学史上最完美的散文体小说”。

托马斯·哈代（1840—1928 年），19 世纪英国杰出的批判现实主义小说家和诗人。其作品反映了资本主义侵入英国农村、城镇后所引起的社会经济、政治、道德、风俗等方面的深刻变化以及人民的悲惨命运，批判了资产阶级道德、宗教、法律的虚伪。代表作品有《德伯家的苔丝》《无名的裘德》等。英国作家弗吉尼亚·伍尔夫称“哈代是英国小说中最伟大的悲剧大师”。

《德伯家的苔丝》是哈代“威塞克斯系列”中的一部，也是哈代“性格与环境小说”最典型的一部。女主人公苔丝生于一个贫苦家庭，父母要她到一个富老太婆家去攀亲戚，结果被少爷亚雷·德伯诱奸。后来她与牧师的儿子安吉尔·克莱尔恋爱并订婚，新婚之夜她把昔日的不幸向丈夫坦白，却没能得到原谅，两人分居，丈夫去了巴西。几年后，苔丝再次与亚雷相遇，因家境窘迫不得不与仇人同居。不久安吉尔从国外回来，向妻子表示悔恨。在这种情况下，苔丝痛苦地觉得是亚雷·德伯使她第二次失去了安吉尔，便愤怒地将他杀死，最后被捕并被处以绞刑。

哈代在小说的副标题中称女主人公为“一个纯洁的女人”，借苔丝悲剧的一生有力地抨击了当时维多利亚时代的男权制社会。

《无名的裘德》是哈代创作的最后一部长篇小说，也是《德伯家的苔丝》的姊妹篇。小说以悲怆的笔调叙述了乡村青年裘德一生的悲剧。裘德是个孤儿，他好学深思、刻苦自修，却始终被拒于大学门外。女主人公淑聪颖美貌，具有独立的人格和思想，蔑视世俗和僵化的宗教，但她跟裘德的爱情却为教会所不容、为世俗所不齿。裘德壮志不酬，在子死妻离的绝望中，终日纵酒，含恨而终。裘德和淑对抗的分别是传统的社会阶层既定秩序和女性社会角色，小说发表后即遭到资产阶级道德家的猛烈攻击，哈代愤而放弃小说创作。

王尔德（1854—1900年），19世纪英国（准确来讲是英国统治下的爱尔兰）最伟大的作家与艺术家之一，以其剧作、诗歌、童话和小说闻名，唯美主义代表人物，19世纪80年代美学运动的主力和90年代颓废派运动的先驱，代表作是童话集《快乐王子和其他故事》《石榴屋》（为他赢得"童话王子"的美名）、长篇小说《道连·格雷的画像》、戏剧作品《温德米尔夫人的扇子》《莎乐美》等。

《道连·格雷的画像》是19世纪末唯美主义的代表作。在这部小说中，王尔德以丰富的想象、离奇的情节、优美的文笔、富于哲理的语言，揭露了英国上流社会的精神空虚与道德沉沦，交织着善与恶、美与丑、灵魂的堕落与肉体的毁灭的悲剧，形象地表明了作者自己的人生观、道德观和艺术观。这部小说以独特的艺术构思形象化地阐述了"艺术至上"的理论。

小说主人公道连·格雷是一名相貌俊美、心地善良的伦敦贵族少年，他从画家霍尔沃德为他所作的画像中发现了自己惊人的美，在画家朋友亨利勋爵的蛊惑下，他向画像许下心愿：美少年青春永葆，所有岁月的沧桑和少年的罪恶都由画像承担。当道连不断放纵自己的欲望后，他美貌依旧，画像却一日日变得丑陋不堪。十八年后，基于对画家作品的憎恶以及对自己丑陋灵魂的厌恶，道连谋杀了画家霍尔沃德。之后，道连曾经诱骗的女演员的弟弟前来寻仇，被道连巧言欺骗，最终死于非命。但是女演员弟弟的死亡唤醒了道连的良知，他举刀向丑陋的画像刺去，结果自己离奇死亡。他的面容变得丑恶苍老，而画像却年轻如初。

《道连·格雷的画像》既是一部小说，也是一部关于艺术和人生的寓言。

王尔德名言警句：

（1）年轻时我觉得钱是最重要的，到老了才发现，的确如此。

（2）这个世界上好看的脸蛋太多，有趣的灵魂太少。

（3）爱自己是终身浪漫的开始。

（4）男人因疲倦而结婚，女人因好奇而结婚；最终他们都会失望。

（5）我们都生活在阴沟里，但仍有人仰望星空。

（6）做你自己，因为别人都有人做了。

四、俄国

19 世纪以前，俄国文学相对来说是贫弱的。直到 19 世纪初期，情况才发生改变。俄国第一个浪漫主义诗人——茹科夫斯基、十二月党人诗人、普希金相继用自己的创作将俄国文学推向世界文学高峰。其后俄国批判现实主义文学走向繁荣，莱蒙托夫、果戈理、屠格涅夫、托尔斯泰等都是享有世界声誉的作家。

普希金（1799—1837 年），俄国伟大的诗人、小说家，19 世纪俄国浪漫主义文学主要代表，同时也是现实主义文学的奠基人，现代标准俄语的创始人，被誉为“俄国文学之父”“俄国诗歌的太阳”，俄罗斯语言文学的创建者和新俄罗斯文学的奠基人，被高尔基誉为“一切开端的开端”，被冈察洛夫称为“俄罗斯艺术之父和始祖”。中国人对他的了解是从诗歌《假如生活欺骗了你》开始的：“假如生活欺骗了你，/ 不要悲伤，不要心急！/ 忧郁的日子里须要镇静：/ 相信吧，快乐的日子将会来临！// 心儿永远向往着未来，/ 现在却常是忧郁。/ 一切都是瞬息，一切都将会过去；/ 而那过去了的，就会成为亲切的怀恋。”诗歌表述了一种积极乐观而坚强的人生态度。其他诗歌代表作还有《自由颂》《致大海》《致恰达耶夫》等。小说代表作有诗体小说《叶甫盖尼·奥涅金》、中篇小说《上尉的女儿》、短篇小说《黑桃皇后》等。

《叶甫盖尼·奥涅金》是长篇诗体小说，被誉为“俄罗斯生活的百科全书和最富有人民性的作品”。该作写彼得堡贵族青年奥涅金厌倦了上流社会生活，一个偶然的机会到了俄国的乡村，结识了地主拉林家的长女达吉雅娜。达吉雅娜对奥涅金一见钟情。她给奥涅金写了一封深表爱慕之情的信，而奥涅金却冷淡拒绝了。后来，奥涅金在决斗中杀死了自己的好友连斯基，便离开了乡村。几年之后，奥涅金在彼得堡上流社会的一次交际活动上又遇见达吉雅娜。此时的达吉雅娜已从一个纯朴的农家少女出落成上流社会“女神”般的贵妇人。奥涅金为虚荣心所驱使，拼命追求达吉雅娜。而达吉雅娜则真诚地告诉他：此刻她仍然爱他，却不能属于他，因为她要忠于自己的丈夫。

普希金在奥涅金身上准确地概括了当时一部分受到进步思想影响但最终又未能跳出其狭小圈子的贵族青年的思想面貌和悲剧命运，从而塑造出了俄国文学中的第一个“多余人”形象，与莱蒙托夫笔下的毕巧林、屠格涅夫笔下的罗亭、冈察洛夫笔下的奥勃洛摩夫合称俄国文学史上的“四大多余人”形象。

“多余人”是 19 世纪俄国文学中所描绘的贵族知识分子的一种典型。特点：出身贵族，生活在优裕的环境中，受过良好的文化教育。他们虽有高尚的理想，却远离人民；虽不满现实，却缺少行动；他们是“思想上的巨人，行动上的矮子”，只能在愤世嫉俗中白白浪费自己的才华。他们既不愿站在政府的一边，与上流社会同流合污，又不能和人民站在一起，反对专制制度和农奴制度。他们不满于现状，却又无力改变这种现状，成为苦闷忧郁的多余人。

《上尉的女儿》是俄国文学史上第一部描写农民起义（普加乔夫起义）的现实主义小说。小说采用第一人称的叙述方式，以贵族青年军官格里尼奥夫和上尉的女儿玛丽娅之间曲折而动人的爱情故事为主要线索，把格里尼奥夫的个人命运与普加乔夫领导的农民起义紧密地结合在一起，在不大的篇幅中容纳了丰富的历史画面和社会内容，刻画了各种不同阶层人物的性格，揭示了他们的心理活动。

果戈理（1809—1852 年），俄国批判现实主义文学的奠基人，以其创作加强了俄国文学的批判和讽刺倾向，呈现出“含泪的笑”的文学风格，开创了俄国文学的新时期。代表作有《死魂灵》（小说）和《钦差大臣》（讽刺喜剧）。果戈理的创作与普希金的创作相配合，奠定了 19 世纪俄国批判现实主义文学的基础，是俄国文学中自然派的创始人。车尔尼雪夫斯基称果戈理是“俄国散文之父”，别林斯基说“果戈理拥有着强大而崇高的非凡的才能。他是文坛的盟主。他站在普希金所遗下的位置上面”。

《钦差大臣》以普希金所提供的一个趣闻为情节基础，将俄国官僚社会的全部丑恶和不公正的事物集中在一起，“淋漓尽致地进行了嘲笑”。俄国某偏僻城市，以市长为首的一群官吏听到钦差大臣前来视察的消息，惊慌失措，竟将一个过路的彼得堡小官员赫列斯达科夫当作钦差大臣，对他阿谀、行贿。正当市长将自己的女儿许配给这位“钦差”、做着升官发财的美梦时，传来了真正的钦差大臣到达的消息，喜剧以哑场告终。该剧对俄国戏剧的发展产生了重要影响。

《死魂灵》是俄国批判现实主义文学发展的基石，也是果戈理的现实主义创作发展的顶峰。小说描写专营骗术的商人乞乞科夫来到某偏僻省城，以其天花乱坠的吹捧成为当地官僚的座上客，并上门去向地主收购死农奴，企图以此作为抵押，买空卖空，牟取暴利。丑事败露后，他便逃之夭夭。作家通过对官僚、地主们日常生活的描绘展现了他们蝇营狗苟、卑鄙庸俗、贪婪愚昧的精神世界以及资本原始积累者的欺骗、讹诈、冷酷、钻营的丑恶行径，给俄国文学带来了前所未闻、震慑人心的东西，透露了农奴制走向衰落的信息。赫尔岑曾回忆说小说的出版“震动了整个俄国”。

小说的中心人物是乞乞科夫，在小说的结构上起着穿针引线的重要作用。五个地主中最后出场的是泼留希金，他的名字已成了贪婪和吝啬的代名词。

屠格涅夫（1818—1883 年），19 世纪俄国批判现实主义作家。他的作品真实而艺术地再现了社会重大事件，享有“艺术编年史”的美称。主要作品有随笔集《猎人笔记》、长篇小说《罗亭》《贵族之家》《前夜》《父与子》《烟》《处女地》、中篇小说《阿霞》《初恋》等。

《猎人笔记》是屠格涅夫第一部现实主义作品，是一部记述19世纪中叶俄罗斯农村生活的随笔集。作品采用见闻录的形式写作，真实具体、生动形象，体裁风格多样，语言简练优美，可谓散文化小说、诗化小说的范例，对俄罗斯文学产生了很大影响。

《罗亭》和《贵族之家》反映了19世纪40年代贵族知识分子在思想上的探索。罗亭是“多余人”的新典型。《贵族之家》中的拉弗列茨基也是“多余人”的典型，只是比罗亭前进了一步。

《父与子》写贵族子弟基尔沙诺夫大学毕业后，带着他的朋友、平民出身的医科大学生巴扎罗夫到父亲的田庄做客。巴扎罗夫的民主主义观点，同基尔沙诺夫家父辈的贵族自由主义观点发生了尖锐的冲突。后来，巴扎罗夫到省城去参加舞会，遇见优雅动人的贵族寡妇奥津佐娃，巴扎罗夫对她产生了爱情，但是遭到拒绝。最后，巴扎罗夫回到父母家中，在一次解剖尸体的时候感染病菌而死。

《父与子》的中心人物是平民知识分子巴扎罗夫。巴扎罗夫是平民知识分子的典型，是“新人”的形象，他性格的突出特征是具有鲜明的革命色彩。这部小说为俄罗斯文学贡献了一位带有“新人”特征的“多余人”形象，或者说是带有“多余人”特征的第一位“新人”形象——巴扎罗夫，并且还为人类思想史贡献了一个哲学术语——虚无主义。

“新人”形象：是指19世纪中叶俄国文学作品中出现的具有民主主义思想倾向的平民知识分子的艺术形象。这些平民知识分子出身低贱，有革命理想，有坚实行动，尊重友谊、爱情等。在当时的俄国文学作品中，逐渐以“新人”形象取代了俄国贵族知识分子的“多余人”形象。屠格涅夫开创了俄国文学史上的“新人”形象。

陀思妥耶夫斯基（1821—1881年），俄国19世纪思想和创作都极为复杂矛盾的作家。成名作《穷人》以对“小人物”的深切同情和对主人公心理的细腻刻画为特色，是俄国现实主义文学——“自然派”的代表作品之一。1849年他因参加反农奴制活动而被流放到西伯利亚，在此期间发表有长篇小说《被侮辱和被损害的》《罪与罚》《白痴》《群魔》《卡拉马佐夫兄弟》等作品。

陀思妥耶夫斯基的小说戏剧性强、情节发展快，接踵而至的灾难性事件往往伴随着复杂激烈的心理斗争和痛苦的精神危机，以此揭露出资产阶级关系的纷繁复杂、矛盾重重和深刻的悲剧性。别林斯基称陀思妥耶夫斯基为“俄罗斯文学的天才”。

陀思妥耶夫斯基是心理描写的专家，醉心于病态的心理描写，着重描述行为发生的心理活动过程，特别是那些自觉不自觉的反常行为、近乎昏迷与疯狂的反常状态。他对人类肉体与精神痛苦的震撼人心的描写是其他作家难以企及的。他的善恶矛盾性格组合、深层心理活动描写对后世作家产生了深刻影响，譬如福克纳、加缪、卡夫卡等。他和托尔斯泰、屠格涅夫并称为俄罗斯文学“三巨头”。

《罪与罚》以惊险、凶杀等扣人心弦的紧张情节，把赤贫、奴役、酗酒、犯罪等现实生活图景和对于犯罪心理、社会思潮、伦理道德等问题的探讨联系在一起，反映出农奴制改革以后，俄国社会在资本主义冲击下所发生的动荡和变化。

列夫·托尔斯泰（1828—1910年），19世纪后期俄国批判现实主义作家、政治思想家、哲学家，列宁评价托尔斯泰是“俄国革命的镜子”，是具有“最清醒的现实主义”的“天才艺术家”。高尔基说：“不认识托尔斯泰者，不可能认识俄罗斯。”托尔斯泰在创作中除了对现实进行无情的批判，还热切宣扬悔罪、拯救灵魂、禁欲主义等观点。他还提出了道德的自我完善、不以暴力抗恶和博爱“三大学说”，代表作有《战争与和平》《安娜·卡列尼娜》《复活》等。

《战争与和平》是一部描写拿破仑入侵时期俄国波澜壮阔的人民战争的史诗性长篇小说。小说成功地把大规模的战争场面和多方面的和平生活有机结合在一起，描绘了19世纪最初20年纵横俄国城乡的广阔画面，构成了一部百科全书式的壮阔史诗。在小说中，人民被描写成决定俄国命运的伟大力量，但作品的基调是宗教仁爱思想和人道主义。在俄国文学发展史中，《战争与和平》是第一部具有全欧洲意义的小说，同时又最具有全人类性。它不仅是一首宏伟的俄国贵族的“英雄田园诗”，也在抒写整个人类的爱与恨、生与死、战与和。同时，它综合性地继承了之前欧洲小说的丰厚传统，将长篇史诗这一艺术体裁发展到极致，被称为“世界第一名著”。法国作家罗曼·罗兰称《战争与和平》为“我们时代最伟大的史诗，近代的《伊利亚特》”。

《安娜·卡列尼娜》讲述了贵族妇女安娜追求爱情幸福，却在丈夫卡列宁的虚伪、情人渥伦斯基的冷漠和自私面前碰得头破血流，最终落得卧轨自杀、陈尸车站的下场。这部小说从贵族婚姻和家庭关系这个角度，描绘了19世纪70年代俄国生活的广阔画面，反映了贵族社会的深刻危机，把19世纪批判现实主义推向了最高峰，被人们当作俄国19世纪现实的教科书。陀思妥耶夫斯基称之为“一部尽善尽美的艺术杰作”。名句“幸福的家庭都是相似的，不幸的家庭各有各的不幸”就出自该作品。

《复活》是托尔斯泰最后一部长篇小说，被誉为俄国批判现实主义文学发展的高峰。小说通过玛丝洛娃的苦难遭遇和聂赫留朵夫的上诉经过，广泛而深刻地抨击了法庭、监狱、官僚机关的腐败、黑暗，揭露了封建统治阶级骄奢淫逸的生活和反动官吏的残暴昏庸，撕下了官府教会的伪善面纱，反映了农村的破产和农民的极端贫困，勾画了一幅已经走到崩溃边缘的农奴制俄国的社会图画。

托尔斯泰笔下那些令人惊艳的句子：

（1）他努力不去看她，就好像她是太阳。但是，就像太阳，他不需要去看都能感受到她的存在。

（2）他穿过嘲笑的目光的行列，自然地追求她那含情脉脉的眼神，就像植物追求阳光一样。

（3）在我小时候，我极力装得像个大人；当我已经不再是小孩的时候，我又希望像个孩子。

（4）每个人都会有缺陷，就像被上帝咬过的苹果，有的人缺陷比较大，正是上帝特别喜欢他的芬芳。

（5）一个人越聪明、越善良，他看到别人身上的美德越多；而人越愚蠢、越恶毒，他看到别人身上的缺点也越多。

（6）理想是指路明灯。没有理想，就没有坚定的方向，而没有方向，就没有生活。

（7）一个人就像一个分数，他的实际才能是分子，他的自我评价是分母，分母越大，分数的价值就越小。

（8）认识真理的主要障碍不是谬误，而是似是而非的真理。

（9）人生的价值，并不是用时间，而是用深度去衡量的。

（10）每个人都想要改变世界，却没人想过要改变自己。

（11）人并不是因为美丽才可爱，而是因为可爱才美丽。

（12）人们往往把欲望的满足看成幸福。

（13）选择你所喜欢的，爱你所选择的。

契诃夫（1860—1904年），俄国19世纪末期最后一位批判现实主义作家，20世纪世界现代戏剧的奠基人之一，现代戏剧的开山鼻祖，与法国作家莫泊桑和美国作家欧·亨利并称为“世界三大短篇小说家”。他擅长通过小人物反映真实的社会状况，对人性、市民、社会如庖丁解牛般的描写，使作品有种恶毒的幽默感。代表作有小说《小公务员之死》《变色龙》《苦恼》《第六病室》《套中人》等，戏剧《海鸥》《三姊妹》《万尼亚舅舅》《樱桃园》等。

《小公务员之死》记叙了一个小公务员在剧院看戏时不小心冲着一位将军的后背打了个喷嚏，便疑心自己冒犯了将军。他三番五次向将军道歉，最后惹烦了将军，在遭到了将军的呵斥后竟然一命呜呼了。小说用夸张讽刺的笔调反映了当时俄国社会的极端恐怖所造成的人们扭曲的性格及变态的心理。

《苦恼》写一位名叫姚纳的车夫，一心想跟别人谈谈他才死不久的儿子，以减轻内心的伤痛，可几次三番没有人听他的，他只好把满腹心事向他的小马诉说。作品层次非常清晰，姚纳四次向他人倾诉，却四次碰壁。《苦恼》用以小见大的手法反映社会现实，借此表现出社会下层小人物悲惨无援的处境和苦恼孤寂的心态，强烈地渲染出沙皇俄国的世态炎凉，反映出当时社会的黑暗和人与人之间关系的自私、冷漠。

《第六病室》是一部中篇小说。这部小说没有众多的人物，没有复杂紧张的情节，以一间病室为主要场景，以一对知识分子为主人公，以他们的争论作为主要情节，却揭示了深刻的主题思想。小说暗示第六病室就是俄国大监狱的缩影，而这里的“病人”则代表全体受苦受难的下层人民。

《樱桃园》是一部四幕喜剧。该剧围绕着“樱桃园的易主与消失”这个核心，写出了贵族退出历史舞台的必然性和新兴资产阶级的兴起。

五、东欧

裴多菲（1823—1849 年），匈牙利爱国诗人和英雄，匈牙利民族文学的奠基人，长诗《使徒》是其代表作。短诗大都具有反对异族压迫、反对封建专制的思想倾向，洋溢着争取祖国独立、争取自由民主的革命激情。如《自由与爱情》：“生命诚可贵，爱情价更高。若为自由故，二者皆可抛！”

六、北欧

安徒生（1805—1875 年），19 世纪丹麦童话作家，被誉为“现代童话之父”“世界儿童文学的太阳”，西方文学史上第一位将童话当作严肃文学进行创作的作家，代表作有《海的女儿》《拇指姑娘》《卖火柴的小女孩》《丑小鸭》《皇帝的新装》等，《夜莺》是唯一一篇以中国为背景的童话。为纪念安徒生在童话领域的杰出贡献，国际安徒生奖（被誉为“儿童文学的诺贝尔奖”）由国际少年儿童读物联盟（IBBY）于 1956 年开始设立，每两年一次，授予儿童图书作家和插图画家。

易卜生（1828—1906 年），挪威戏剧家，欧洲近代戏剧的创始人，被誉为“现代戏剧之父”。他的“社会问题剧”对推动欧洲戏剧艺术的发展做出了重要贡献，具有世界性的影响。代表作品包括家庭伦理剧《爱的喜剧》、四大“社会问题剧”（《玩偶之家》《社会支柱》《人民公敌》《群鬼》）等。

《玩偶之家》又名《娜拉》，写的是娜拉与海尔茂由恩爱、幸福走向分手的故事，揭示了资产阶级的婚姻问题，鼓励妇女挣脱传统观念的束缚，争取真正的自由平等。剧作围绕女主人公娜拉的觉醒展开，最后以娜拉的出走结束全剧。

《玩偶之家》不仅对 19 世纪末到 20 世纪初的欧美戏剧产生了深远影响，还极大地推动了欧洲女权运动的发展。

中国五四运动后，开始上演《玩偶之家》。1918 年《新青年》出版了一个“易卜生专号”，使中国人知道了西方有个女性名叫“娜拉”，她敢于反抗性别歧视并勇敢地离家出走，最终摆脱了受制于夫权束缚的“玩偶”命运。于是一时间，“女性解放”之声不绝于耳，“娜拉”不仅成为中国女性的效法对象，同时为新文化运动注入了一针令人兴奋的强心剂。

第七节　20 世纪文学

在人类历史上，20 世纪上半叶是一个充满着血与火、交织着死亡与新生的时代。战争与革命、压迫与反抗、反思与探索，这些人类历史上的重大主题，集中、尖锐地在短时间内出现。两次世界大战，冲击着传统的价值观念，也对各国知识分子的思想产生了巨大震动。20 世纪下半叶的文学带有更多的不确定性，流派纷呈。

20 世纪的西方文学是一种强势文学，充满了生机和活力，并且始终保持着强劲的发展态势，在人类文明史上写下了辉煌灿烂的一页。

一、苏联

高尔基（1868—1936 年），俄国及苏联无产阶级作家、诗人、评论家、学者，主要作品有散文诗《海燕之歌》（后更名为《海燕》）、长篇小说《母亲》和自传体小说三部曲：《童年》《在人间》《我的大学》。

《母亲》是世界上第一部正面歌颂无产阶级革命的作品，小说塑造了一位无产阶级母亲的光辉形象，真实地描写了 19 世纪末 20 世纪初，俄国马克思主义和俄国革命运动的结合过程、无产阶级革命运动的兴起发展以及人民群众的觉醒和行动。小说中巴维尔及其母亲符拉索娃，是无产阶级与广大人民群众经过困苦磨难终于登上人类政治舞台的形象体现与生动记录。《母亲》是苏联社会主义现实主义文学的奠基作品，在世界文学史上开辟了无产阶级文学的新纪元。列宁称之为“一本非常及时的书”。

《童年》是一部充满童趣的小说。它用儿童纯真无邪的眼光，通过思考和感悟，抒发童年的欢乐和初涉人生的艰难苦楚。它一方面真实描写了阿廖沙的成长过程和他的所见所闻，同时又用典型化的手法，努力挖掘生活中具有典型意义的材料，并对它们进行提炼加工，使之能够反映生活的本质。《童年》像一幅长卷斑斓的油画，复原了一个时代、一个家庭里的一段生活。

马雅可夫斯基（1893—1930年），苏联优秀的无产阶级诗人，热情的革命歌手、剧作家，被斯大林誉为“苏维埃时代最优秀、最有才华的诗人”。代表作有长诗《列宁》《穿裤子的云》等。

马雅可夫斯基在1925年发表的著名长诗《列宁》，标志着诗人的创作进入了成熟时期。长诗以强烈的感情描写了列宁战斗的一生，歌颂了列宁高尚的人格、不朽的事业和光辉的思想，塑造了无产阶级革命领袖的艺术形象。

叶赛宁（1895—1925年），田园派诗人，被称为“大自然的歌手”“最纯粹的俄罗斯诗人”。代表作有《白桦》《莫斯科酒馆之音》《安娜·斯涅金娜》等。

“叶赛宁气质”：“叶赛宁气质”很容易让人想起浪漫主义时代包含两面性的“浮士德精神”，特别是“拜伦式英雄”，它们大致可以看作同一个诗人在不同时代的表现。“叶赛宁气质”其实是“乡村最后一个诗人”在时代变迁中发现自己站在时代发展的对立面的独特表现。

帕斯捷尔纳克（1890—1960年），思想艺术独树一帜的作家、诗人、翻译家。其创作常迸发出不合世俗的声音，以独特的方式表达对时代和社会现实的观察和思考，这决定了他坎坷不平的文学生涯和悲剧命运。主要作品有诗集《云雾中的双子座星》《生活，我的姊妹》等、长篇小说《日瓦戈医生》（获1958年诺贝尔文学奖）。

《日瓦戈医生》描述了俄国医生日瓦戈与妻子冬妮娅以及美丽的女护士拉拉（拉里莎）之间的三角爱情故事，被认为是一部带有自传色彩的作品。小说通过描写日瓦戈医生的个人际遇，从一个全新的角度表现了俄国两次革命和两次战争期间宏大历史的另一侧面：战争的残酷、毁灭的无情、个人的消极，是作家在战后岁月里从一个独特的视角对20世纪前期俄国历史所做的一种回望，并涵盖了他对这一历史过程的反思。

肖洛霍夫（1905—1984年），20世纪苏联文学的杰出代表，1965年的诺贝尔文学奖得主，曾获得列宁勋章和“社会主义劳动英雄”称号，代表作有《静静的顿河》、《一个人的遭遇》（又译《人的命运》，被称为当代苏联军事文学新浪潮的开篇之作）、《被开垦的处女地》等。肖洛霍夫创作的源泉是顿河哥萨克农民的生活，他第一次真正地把农民推上历史舞台的中心。肖洛霍夫被意识形态对立的东西方两个世界共同认可，是唯一既获斯大林文学奖，又获诺贝尔文学奖的作家。

《静静的顿河》生动地反映了俄国十月革命前后顿河一带的重大事件，以及哥萨克各阶层的矛盾和兴衰变化，被誉为“哥萨克社会历史上的一面镜子”。主人公格里高利，是生长在顿河岸边的哥萨克人，他动摇于妻子与情人之间，徘徊于革命与反革命之间；他既是英雄，又是受难者；他有着哥萨克人的一切美好品质——勇敢、正直、不畏强暴，又带有哥萨克的种种偏见和局限。在历史急变的关头，他徘徊于生活的十字路口。作者用悲剧手段塑造了一个个性鲜明的男子汉形象。

二、法国

罗曼·罗兰（1866—1944年），20世纪初法国批判现实主义作家、音乐评论家，诺贝尔文学奖得主，被誉为“用音乐写小说”的作家，代表作品是《约翰·克利斯朵夫》（获1915年诺贝尔文学奖）、《母与子》，名人传记《名人传》（又称《巨人三传》，包括《贝多芬传》《米开朗基罗传》《托尔斯泰传》）、《甘地传》等。

《约翰·克利斯朵夫》是一部通过主人公一生的经历去反映现实社会中的矛盾冲突、宣扬人道主义和英雄主义的长篇小说。小说描写了主人公音乐家约翰·克利斯朵夫奋斗的一生，从儿时音乐才能的觉醒，到青年时代对权贵的蔑视和反抗，再到成年后在事业上的追求和成功，最后达到精神宁静的崇高境界，是一部伟大的史诗。

《约翰·克利斯朵夫》是20世纪的一部“长河小说”，它反映了世纪之交风云变幻的时代特征和具有重大意义的社会现象，具有丰富的思想文化内涵与人格魅力。其中对自由生命的向往，对理想真理的追求及对西方精神的整体反思是其主要内容。

罗曼·罗兰名言：

（1）看清这个世界，然后爱它。

（2）性格即命运。一个人的性格决定他的机遇。如果你喜欢保持你的性格，那么，你就无权拒绝你的际遇。

（3）幸福是灵魂的一种香味，是一颗歌唱的心的和声。而灵魂的最美音乐是慈悲。

（4）宿命论是那些缺乏意志力的弱者的借口。

（5）对于成功，99%的努力和1%的天才是不够的！还必须有200%的品德做保证。

（6）真正的英雄不是永远没有卑下的情操，只是永远不向卑下的情操屈服罢了。

（7）人生犹如一股奔流，没有暗礁，激不起美丽的浪花。

（8）世界上只有一种真正的英雄主义，那就是在认清生活的真相后依然热爱生活。

长河小说即多卷集长篇小说。罗曼·罗兰在《约翰·克利斯朵夫》第七卷的序言中写道：“在我看来，《约翰·克利斯朵夫》始终就像是一条长河。”“长河小说”的称谓得之于此。《悲惨世界》《人间喜剧》《卢贡－马卡尔家族》都可算作长河小说。它们线条清晰，具有长河那样一气呵成、绵延万里的特点。

马塞尔·普鲁斯特（1871—1922年），20世纪法国最伟大的小说家之一，意识流文学的先驱与大师，也是20世纪世界文学史上最伟大的小说家之一，意识流小说的里程碑《追忆似水年华》是他的代表作。

《追忆似水年华》的叙事是从叙述者在病榻上的不眠之夜开始的。全书以叙述者“我”（马赛尔）为主体，将其所见、所闻、所思、所感融为一体，既有对社会生活、人情世态的真实描写，又是一份作者自我追求、自我认识的内心经历的记录。除叙事以外，书中还包含大量的感想和议论。整部作品没有中心人物、没有完整的故事、没有波澜起伏，只有贯穿始终的情节线索。该小说被誉为20世纪最重要的文学作品，以其出色的心灵追索描写、宏大的结构、细腻的人物刻画以及卓越的意识流技巧而风靡世界，并奠定了它在当代世界文学中的地位。

意识流原来是一个心理学和哲学术语，美国心理学家詹姆斯曾把意识比喻为流动的“河流”或“流水”，法国哲学家柏格森也说过“真实”存在于“意识的不可分割的波动之中”。

20世纪20年代，欧美一些作家把这种理论借用到文学创作上来，认为文学应表现人的意识流动，尤其是表现潜意识的活动，这就形成了意识流文学。代表人物有法国的普鲁斯特、爱尔兰的乔伊斯、英国的弗吉尼娅·沃尔夫和美国的福克纳等。他们的作品采用不受时间和空间限制的自由联想和内心独白的表现手法，对其他文学流派很有影响。

圣·埃克苏佩里（1900—1944年），飞行员出身的法国作家，1944年在执行第八次飞行侦察任务时失踪。其作品主要描述飞行员生活，代表作有小说《夜航》，散文集《人的大地》《空军飞行员》，童话《小王子》等。

《小王子》是20世纪流传最广的童话。主人公是来自外星球的小王子。书中以一位飞行员作为故事叙述者，讲述了小王子从自己星球出发前往地球的过程中所经历的各种险境。作者以小王子的孩子式的眼光，透视出成人的空虚、盲目、愚妄和死板教条，用浅显天真的语言写出了人类的孤独寂寞、没有根基随风流浪的命运。同时，也表达出作者对金钱关系的批判，对真善美的讴歌。在小说中，小王子象征着希望、爱、天真无邪和埋没在我们每个人心底的孩子般的灵慧。

萨特（1905—1980年），法国著名的文学家、哲学家，西方存在主义文学的代表作家，1964年获得诺贝尔文学奖但拒绝领奖。代表作品有剧作《肮脏的手》《苍蝇》《禁闭》，长篇小说《恶心》，哲学著作《存在与虚无》等。存在主义文学提倡文学作品要如实地表现世界和人类，在艺术技巧上，经常大段地使用意识流打断故事的叙述。

《禁闭》作为萨特最具代表性的哲理剧，其深刻含义和深远影响已经远远超出了戏剧范畴。萨特通过这部作品探讨人与他人的关系问题，提出"他人即地狱"，以戏剧的形式重申了他的存在主义观点。

玛格丽特·杜拉斯（1914—1996年），20世纪法国著名女作家、电影艺术家。她的作品内容丰富、体裁多样、注重文体，具有新颖独特的风格。对绝对爱情的追求，是其文学作品中最重要的主题。代表作品有小说《情人》（获得1984年龚古尔文学奖）、《琴声如诉》，电影剧本《广岛之恋》《长别离》等。

《情人》是一部带有自传色彩的作品，以法国殖民者在越南的生活为背景，描写了一名贫穷的法国少女与富有的华裔少爷之间深沉而无望的爱情，从不同的视角揭示了现代法国社会中男女对性爱的感悟和反思，折射出西方世界感情生活的不同侧面。笔触深达人性中某些最根本、最隐秘的特质，催人深思。1992年，小说被改编成同名电影。

《广岛之恋》被法国导演阿仑·雷乃拍摄成同名电影，讲述了一个法国女演员和日本建筑师之间的爱情故事。该片是法国左岸派电影的代表作之一。

三、爱尔兰

萧伯纳（1856—1950年），爱尔兰剧作家，1925年因作品具有理想主义和人道主义而获诺贝尔文学奖，代表作有《圣女贞德》《伤心之家》《华伦夫人的职业》等。

萧伯纳的戏剧紧密结合现实政治斗争，敢于触及资本主义社会最本质的问题，把剥削阶级的丑恶嘴脸暴露在公众面前。在艺术手法上，他善于通过人物对话和思想感情交锋来表现性格冲突和主题思想。戏剧语言尖锐泼辣、充满机智，妙语警句脱口而出。

伏尼契（1864—1960年），爱尔兰女作家。代表作有长篇小说《牛虻》、自传性长篇小说《奥丽维亚·拉塔姆》和《中断了的友谊》（《牛虻》续篇）等。

《牛虻》反映了19世纪30年代意大利革命者牛虻反对奥地利统治者、争取国家独立统一的斗争，成功地塑造了革命党人牛虻的形象。主人公亚瑟是一个单纯幼稚的爱国青年，因被革命同志误解，佯装投河自尽，奔赴南美。13年后，当他带着一身伤残重回故乡时，苦难的经历已把他磨炼成一个坚定的革命者牛虻。小说涉及斗争、信仰、牺牲这些色彩浓重的主题。小说是伏尼契受到当时身边革命者的献身精神的激励写成的。

詹姆斯·乔伊斯（1882—1941年），爱尔兰现代著名作家、诗人，“意识流”小说的大师。其作品结构复杂，用语奇特，极富独创性，标志着“人类意识的新阶段”。代表作品有长篇小说《尤利西斯》《青年艺术家画像》《芬尼根的守灵夜》，短篇小说集《都柏林人》等。

《尤利西斯》讲述的是青年诗人斯蒂芬寻找一个精神上的父亲和布卢姆寻找一个儿子的故事。作者通过描述一天内发生的单一事件向人们展示了一幅人类社会的缩影，表现了现代社会中人的孤独与悲观。该作品标志着“一种社会制度的最终解体”。

乔伊斯的小说全部以爱尔兰生活为素材，以都柏林社会为背景，致力于表现爱尔兰人复杂的内心世界和精神面貌。其作品采用象征性主题和意识流手法，被誉为20世纪现代主义文学的杰出代表。

叶芝（1865—1939年），爱尔兰诗人、剧作家和散文家，1923年诺贝尔文学奖得主，“爱尔兰文艺复兴运动”的领袖，被艾略特称为“我们时代最伟大的诗人”。

叶芝的历史就是世纪之交爱尔兰的历史，而他的诗歌则将他个人的历史与那一时期的爱尔兰历史融为一体。代表作品有《当你老了》《钟楼》《盘旋的楼梯》《驶向拜占庭》。著名的悼念叶芝的诗句：“疯狂的爱尔兰将你刺伤成诗”。

《当你老了》是叶芝献给友人茅德·冈的热烈而真挚的爱情诗篇。诗歌语言简明，情感丰富真切。诗人采用了多种艺术表现手法，再现了诗人对茅德·冈忠贞不渝的爱恋之情，揭示了现实中的爱情和理想中的爱情之间不可弥合的距离。“当你老了，头发白了，睡意昏沉 / 炉火旁打盹，请取下这部诗歌 / 慢慢读，回想你过去眼神的柔和 / 回想它们昔日浓重的阴影。”

贝克特（1906—1989年），爱尔兰作家，荒诞派戏剧的重要代表人物。1969年，他因“以一种新的小说与戏剧的形式，以崇高的艺术表现人类的苦恼”而获得诺贝尔文学奖。贝克特的代表作是《等待戈多》《剧终》《啊，美好的日子！》。

《等待戈多》表现的是一个“什么也没有发生，谁也没有来，谁也没有去”的悲剧。作品着重表现人的心态、心理活动过程以及人的心理活动障碍。作品中的人物没有鲜明的性格，作品没有连贯的故事情节，以两个流浪汉苦等“戈多”，而“戈多”始终不来的情节，喻示人生是一场无尽无望的等待，表达了世界荒诞、人生痛苦的存在主义思想，也反映出第二次世界大战后资本主义世界普遍的空虚绝望的精神状态。《等待戈多》是戏剧史上真正的革新，也是第一部演出成功的荒诞派戏剧。

四、英国

毛姆（1874—1965年），英国著名的小说家、剧作家，被誉为“最会讲故事的作家”。他对生活抱有既不抗争也不颂赞的“超然”态度，被后人看作自然主义的继承人。代表作品有戏剧《圈子》，长篇小说《人性的枷锁》、《月亮和六便士》、《面纱》（以中国为背景）、《刀锋》，游记《在中国的屏风上》等。

《人性的枷锁》是一部带有自传色彩的长篇小说，叙述了主人公菲利普·加利从童年时代起在家庭、学校和社会的三十年的生活经历，反映了主人公成长过程中的迷惘、挫折、痛苦、失望和探索及其所受到的身体缺陷、宗教和情欲的束缚，以及主人公最后摆脱这些枷锁的成长历程。作品文字通俗简洁、含义深刻，可以说是一部呼唤人性全面彻底自由解放的宣言。

《月亮和六便士》以法国印象派画家保罗·高更的生平为素材，描述了一个追求理想、找寻归宿的故事。平凡的伦敦证券经纪人思特里克兰德，突然着了艺术的魔，抛妻弃子，放弃了旁人看来美满的生活，奔赴南太平洋的塔希提岛，用画笔谱写出自己光辉灿烂的生命，把生命的价值全部注入绚烂的画布。作品表现了天才、个性与物质文明以及现代婚姻、家庭生活之间的矛盾，用散发着消毒水味道的手术刀对皮囊包裹下的人性进行了犀利的解剖，混合着看客讪笑的幽默和残忍的目光。名句：“追逐梦想就是追逐自己的厄运，在满地都是六便士的街上，他抬起头看到了月亮。”

《面纱》的故事发生在香港和一个叫“湄潭府”的地方。女主人公凯蒂·费恩和香港助理布政司查理通奸，丈夫瓦尔特（细菌学家）发现后，胁迫她去了霍乱横行的湄潭府，最终瓦尔特不幸染病死去，凯蒂回到香港，重投查理怀抱后羞愧不已，最终回到英国与父亲和解，并和父亲同往巴哈马群岛生活。《面纱》让人看到了一个表面漠然中立的叙事者背后的模糊性和矛盾性：作为叙事的一分子，作者的面纱之下隐藏着东方主义的政治文化观；作为一个关注人性的个体作家，他的面纱之下隐藏着他对爱的怀疑和渴求、对人性的嘲讽和宽容。

《刀锋》写了参加第一次世界大战的美国青年飞行员拉里·达雷尔的成长故事。在军队中，拉里结识了一个生龙活虎般的置生死于度外的爱尔兰好友，但在一次遭遇战中，好友因为救拉里而中弹牺牲。拉里因此对人生感到迷惘，开始了他令人匪夷所思的转变。《刀锋》是一部具有浓厚哲学意蕴的小说，一部关于终极价值的书。毛姆将自己对世界和人生的思索凝聚于这部作品中，书中有他自己的心路历程的影子。小说表达的主题是对人生意义和自我存在意义的追寻。

劳伦斯（1885—1930年），20世纪英国小说家、批评家、诗人、画家，代表作品有《儿子与情人》《虹》《恋爱中的女人》和《查泰莱夫人的情人》等。

长篇小说《虹》通过一家三代人的遭遇，描述了工业革命给传统的乡村带来的巨大变化。第一代人的生活带有田园诗的色彩，同时也预示着古老文明即将结束。第二代人精神的苦闷和呆滞的目光，是令人窒息的工业化社会的最好注解。第三代人的探索具有积极的社会意义，表达了人们要冲破狭窄的生活圈子，渴望一种自然和谐的生活。

T. S. 艾略特（1888—1965年），英国诗人、剧作家和文学批评家，后期象征主义诗歌最杰出的代表，诗歌现代派运动领袖，代表作品有《荒原》（英美现代诗歌的里程碑）、《四个四重奏》（获1948年诺贝尔文学奖）等。

《荒原》不仅是象征主义诗歌的高峰，而且为欧美现代主义诗歌的发展开辟了新的道路。该诗歌表达了西方一代人精神上的幻灭，被认为是西方现代文学中具有划时代意义的作品。“四月是最残忍的一个月，荒地上 / 长着丁香，把回忆和欲望 / 参合在一起，又让春雨 / 催促那些迟钝的根芽。”

五、奥地利

茨威格（1881—1942年），奥地利著名小说家、传记作家。他的小说多写人的下意识活动和人在激情驱使下的命运遭际。代表作品有长篇小说《心灵的焦灼》，中篇小说《一个陌生女人的来信》《象棋的故事》《一个女人一生中的二十四小时》，短篇小说《家庭女教师》《月光小巷》，传记《三大师》（巴尔扎克、狄更斯、陀思妥耶夫斯基）、《人类群星闪耀时》（14个决定世界历史的瞬间），回忆录《昨日的世界》等。

《一个陌生女人的来信》讲述的是一个陌生的女人，在她生命的最后时刻，饱含着一生的痴情写下了一封凄婉动人的长信，向一位著名的作家袒露了自己绝望的爱慕之情的故事。小说以一名女子最痛苦的经历，写出了爱的深沉与奉献。

卡夫卡（1883—1924年），奥地利现代著名小说家，被公认为西方现代主义文学的奠基人，表现主义文学的先驱，与法国作家普鲁斯特（代表作《追忆似水年华》）、爱尔兰作家乔伊斯（代表作《尤利西斯》）并称为“西方现代主义文学的三大先驱”。主要作品有短篇小说《变形记》《在流放地》《乡村医生》，长篇小说《审判》《城堡》《美国》等。作品大都用变形荒诞的形象和象征直觉的手法，表现被充满敌意的社会环境所包围的孤立、绝望的个人，基本主题是现代社会中人的异化和孤独。

《变形记》中主人公格里高尔·萨姆沙在一家公司任旅行推销员，长年奔波在外，辛苦支撑着整个家庭的花销。当萨姆沙还能以微薄的薪金供养他那薄情寡义的家人时，他在家中受到尊敬；可当他变成了甲虫，对这个家再也没有物质贡献时，家人逐渐显现出冷漠、嫌弃、憎恶的面孔。渐渐地，萨姆沙远离了社会，最后孤独痛苦地在饥饿中默默死去。卡夫卡用象征、细节描写等手法对“人变成甲虫事件”进行艺术再造，使作品呈现出荒诞、不可思议的基调。而萨姆沙的遭遇即是在那个物质极其丰裕、人情却淡薄如纱的时代里处于底层的小人物命运的象征。

六、德国

托马斯·曼（1875—1955年），20世纪前期德国杰出的现实主义小说家，诺贝尔文学奖得主（1929年），代表作是被誉为德国资产阶级的“一部灵魂史”的长篇小说《布登勃洛克一家》（布登勃洛克家族四代人的兴衰史）。此小说被看作德国19世纪后半期社会发展的艺术缩影。另一代表作是长篇小说《魔山》。托马斯·曼的小说经常出现的主题都是死亡和疾病。对于此类结局的倾向性，除世纪之交的颓废派文学的时代大背景外，另一重要原因是其深受叔本华批判理性、宣扬悲观主义的哲学体系影响。

本章自测

真题演练

（一）单项选择题

1.下列关于外国文学的表述，完全正确的一项是（　　）。【2023】

A.《一千零一夜》又名《天方夜谭》，是古希腊著名的民间故事集

B.法国作家巴尔扎克的小说《高老头》塑造了一个吝啬鬼葛朗台的形象

C.拉伯雷《堂吉诃德》的主人公是一个沉溺于幻想、脱离实际的喜剧人物

D.大江健三郎是继川端康成之后日本第二位获得诺贝尔文学奖的作家

2.下列关于外国文化文学的表述中，正确的一组是（　　）。【2022】

A.文艺复兴是欧洲思想文化领域进行的一次大规模反封建、反教会的思想解放运动

B.莫泊桑《红与黑》的主人公于连，是世界文学史上个人奋斗者的艺术典型

C.《复活》开头一句话是：“幸福的家庭都是相似的，不幸的家庭各有各的不幸。”

D.爱尔兰剧作家萧伯纳曾经获得诺贝尔文学奖，其代表作是《伪君子》

3.下列关于列夫·托尔斯泰的表述完全正确的一项是（　　）。【2021】

A．他出身贵族，一生过着简朴的平民生活

B．他是19世纪中期俄国最杰出的浪漫主义作家

C．他塑造了泼留希金这个非常典型的守财奴形象

D．《战争与和平》《安娜·卡列尼娜》是其代表作

4.比喻带来灾难和祸害的“潘多拉盒子”来源于（　　）。【2020】

A.古罗马神话　　B.古罗马传说　　C.古希腊神话　　D.古希腊传说

5.下列关于外国文学知识表述正确的是（　　）。【2020】

A.古希腊三大悲剧家为埃斯库罗斯、欧里庇得斯、索福克勒斯

B.维吉尔的史诗《伊利亚特》《奥德赛》为欧洲文学史上最伟大的文学作品

C.高尔基的自传体三部曲包括《童年》《在人间》《钢铁是怎样炼成的》

D.“敲钟人”加西莫多是法国作家雨果《悲惨世界》中的人物形象

6.莎士比亚极力塑造的哈姆雷特是一个典型的（　　）。【2018】

A.人文主义者形象　　B.理想主义者形象

C.行动主义者形象　　D.利己主义者形象

7.下列不属于莎士比亚四大悲剧的是（　　）。【2017】

A.《麦克白》　　B.《李尔王》　　C.《哈姆雷特》　　D.《罗密欧与朱丽叶》

8.莎士比亚的名作《哈姆雷特》是一部（　　）。【2015】

A.小说　　B.悲剧　　C.长篇叙事诗　　D.史书

9.《荷马史诗》中，赫克托尔是在与（　　）的交战中战亡的。【2014】

A.阿伽门农　　B.俄狄浦斯　　C.阿喀琉斯　　D.帕里斯

10.《赫克托尔之死》节选自（　　）。【2012】

A.《赫克托尔》　　B.《荷马史诗》　　C.《奥德修斯》　　D.《浮士德》

11.以下关于《西风颂》的说法错误的是（　　）。【2012】

A.《西风颂》的作者是19世纪英国浪漫主义诗人雪莱

B.全诗以“冬天来了，春天还会远吗”收束，具有振奋人心的力量

C.诗歌塑造的西风形象威力无穷，可以将一切腐朽的生命扯碎，创造出全新的世界

D.在诗中，诗人以西风自喻，表达自己对生活的信念和对旧世界宣战的决心

12.有人说：一千个观众就有一千个哈姆雷特。对这种说法理解不正确的一项是（　　）。【2011】

A.说明哈姆雷特的思想性格具有丰富的内涵

B.说明观众的鉴赏水平参差不齐

C.说明哈姆雷特这一艺术形象的魅力和复杂性

D.这正是戏剧通过冲突塑造典型性格的艺术特色的表现

13.有“短篇小说之王”美誉的作家是（　　）。【2008】

A.契诃夫　　B.莫泊桑　　C.欧·亨利　　D.巴尔扎克

（二）多项选择题

以下莎士比亚的剧作属于悲剧的是（　　）。【2014】

A.《哈姆雷特》　　B.《亨利八世》　　C.《奥赛罗》　　D.《第十二夜》

（三）填空题

1.“让暴风雨来得更猛烈些吧”出自苏联作家________的《海燕》一文。【2022】

2.古希腊神话中，为人类盗取天火而承受巨大灾难的神是________。【2021】

3.奥利地作家________在《变形记》中，通过主人公变甲虫的故事，揭示了“异化”现象。【2020】

4.古希腊的《荷马史诗》包括两部：《________》与《________》。【2019】

5.________是特洛伊战争中特洛伊守军的领导者，他和希腊联军阿喀琉斯决斗，因为众神的裁决和宿命死在对方手里。【2018】

6.“冬天来了，春天还会远吗？”出自英国浪漫主义诗人雪莱的诗作《________》。【2018】

7.提出“知识就是力量”的是英国文艺复兴时期的散文家、哲学家________。【2017】

8.《哈姆雷特》的作者是英国文艺复兴时期的戏剧家、诗人________。【2016】

9.《西风颂》是19世纪英国浪漫主义诗人________“三大颂”诗作中的一首。【2015】

10.培根的《论言谈》是一篇________文。【2015】

11.《论言谈》作者是________国人弗朗西斯·培根。【2014】

12.“冬天来了，春天还会远吗？”是英国浪漫主义诗人________《西风颂》中的名句。【2014】

13.《在人间》的作者是苏联无产阶级作家________。【2013】

14.一生创作三百多篇短篇小说的法国作家莫泊桑被誉为________。【2010】

15.“生存还是毁灭，这是个问题。”这是莎士比亚悲剧________中的名句。【2009】

16.赫克托尔是荷马史诗________中的英雄人物。【2006】

巩固练习

（一）单项选择题

1.代表莎士比亚戏剧创作最高成就的是（　　）。

A.《罗密欧与朱丽叶》　　B.《哈姆雷特》

C.《威尼斯商人》　　D.《李尔王》

2.主张让儿童顺其自然地发展，甚至摆脱社会影响的法国教育家是（　　）。

A.杜威　　B.卢梭　　C.裴斯泰洛齐　　D.洛克

3.俄罗斯文学“三巨头”不包括（　　）。

A.普希金　B.托尔斯泰　C. 屠格涅夫　D.陀思妥耶夫斯基

4.“世界短篇小说之王”是（　　）。

A.莫泊桑　B.欧·亨利　C.马克·吐温　D.契诃夫

5.罗曼·罗兰的《名人传》（又称《巨人三传》）不包括（　　）。

A.《贝多芬传》　B.《米开朗基罗传》　C.《托尔斯泰传》　D.《甘地传》

6.下列不属于莎士比亚作品的是（　　）。

A.《皆大欢喜》　B.《哈姆雷特》　C.《李尔王》　D.《双城记》

7.下列作家、作品、国别对应关系正确的一项是（　　）。

A. 塞万提斯——《堂吉诃德》——意大利——文艺复兴

B. 莎士比亚——《哈姆雷特》——英国——文艺复兴

C. 莫里哀——《伪君子》——法国——启蒙主义

D. 托尔斯泰——《安娜·卡列尼娜》——俄国——古典主义

8.欧洲文学史上第一部文人史诗是（　　）。

A.《伊利亚特》　B.《奥德赛》　C.《埃涅阿斯纪》　D.《神谱》

9.被柏拉图称为“第十位文艺女神”的是（　　）。

A.品达　B.阿纳克里翁　C.萨福　D.赫西俄德

10.英国第一部现实主义长篇小说是（　　）。

A.《格列佛游记》　B.《天路历程》　C.《汤姆·琼斯》　D.《鲁滨逊漂流记》

11.古希腊三大悲剧作家不包括以下哪位？（　　）

A.埃斯库罗斯　B.欧里庇得斯　C.索福克勒斯　D.阿里斯托芬

12.托尔斯泰最后一部长篇小说是（　　），被誉为俄国批判现实主义发展的高峰。

A.《复活》　B.《战争与和平》　C.《安娜·卡列尼娜》　D.《忏悔录》

13.莎士比亚四大喜剧不包括（　　）。

A.《威尼斯商人》　B.《第十二夜》

C.《皆大欢喜》　D.《罗密欧与朱丽叶》

14.大仲马代表作不包括（　　）。

A.《茶花女》　B.《三个火枪手》　C.《三剑客》　D.《基督山伯爵》

15.欧洲第一部优秀的现实主义长篇小说是（　　）。

A.《爱弥儿》　B.《敏豪生奇游记》　C.《堂吉诃德》　D.《漂亮的小书》

16.唯物主义哲学家培根是（　　）。

A.英国人　B.美国人　C.俄国人　D.法国人

17.雨果的“人道主义三部曲”不包括（　　）。

A.《巴黎圣母院》　B.《悲惨世界》　C.《海上劳工》　D.《九三年》

18.高尔基自传体三部曲不包括（　　）。

A.《童年》　B.《青年》　C.《在人间》　D.《我的大学》

19.最早塑造俄国“多余人”形象的作品是（　　）。

A.《叶甫盖尼·奥涅金》　B.《驿站长》

C.《当代英雄》　D.《罪与罚》

20.以下几位，享有“科幻小说之父”盛誉的是（　　）。

A.威廉·吉布森　B.儒勒·凡尔纳　C.柯南·道尔　D.爱伦·坡

（二）填空题

1.罗曼·罗兰的《名人传》写了__________、米开朗基罗、__________三位伟人艰苦奋斗的历程。

2.“欧洲划时代的四大作家”指荷马、但丁、莎士比亚和__________。

3.在世界文学史上__________与《哈姆雷特》、《浮士德》鼎足而三，并称为三大经典名著。

4.__________的《失乐园》与荷马的《荷马史诗》、但丁的《神曲》并称为西方三大诗歌。

5.被称为“现代法国小说之父”“文学上的拿破仑”的法国作家是__________，代表作是__________。

6.__________被人们称为“法兰西的莎士比亚”，他的代表作《__________》揭露了宗教的虚伪，歌颂了下层劳动人民的善良友爱、舍己为人，反映了他的人道主义思想。另一代表作《__________》揭露了资本主义社会的尖锐矛盾和贫富悬殊，描写了下层人民的痛苦命运。主角__________不但是统领全书的人物，而且是雨果善良与博爱的象征。

7.《__________》开创了后世“意识流小说”“心理小说”的先河，作者是法国作家__________。

8.__________的《__________》是第一部被引入中国的西方文学名著，1897年被__________译成中文。

9.英国浪漫主义诗歌的“双子星座”指__________和__________。

10.__________的作品被比喻为“两寸象牙雕”，擅用幽默反讽的艺术手法，对英国的现实主义小说创作产生了很大影响，被誉为“可与莎士比亚平起平坐”的作家。代表作《__________》描写了男女主人公达西与__________的浪漫曲折的爱情故事。

11.俄罗斯语言文学的创建者和新俄罗斯文学的奠基人是__________，中国人对他的了解是从一首表达积极乐观而坚强的人生态度的诗歌《__________》开始的。

12.俄国文学史上第一部描写农民起义（普加乔夫起义）的现实主义小说是普希金的《__________》。

13.__________的《__________》是第一部具有全欧洲意义的小说，被称为“世界第一名著”。

14.______的《______》生动地反映了俄国十月革命前后顿河一带的重大事件，以及哥萨克各阶层的矛盾和兴衰变化，被誉为“哥萨克社会历史上的一面镜子”，主人公是______。

15.被誉为“法兰西的莎士比亚”的作家是______。

16.世界上最早的寓言故事集是______。

17.果戈理的代表作______塑造了______这一典型的人物形象，这个名字已成了贪婪和吝啬的代名词。

18.______是______的小说《钢铁是怎样炼成的》的主人公，其不畏艰难、前赴后继、不屈不挠、英勇顽强的奋斗精神，对青少年产生了深远的影响并具有重要的现实意义。

19.莫里哀《伪君子》的主人公是______，他也成为“伪君子”的代名词。

20.莫泊桑《项链》的主人公是______。

21.雪莱的“三大颂”是：______、______、______。

22.《哈姆雷特》的主人公哈姆雷特是______时期人文主义者的典型形象。

23.雨果《巴黎圣母院》的男女主人公分别是敲钟人______和吉卜赛女郎______。

24.法国古典主义喜剧的创建者是______。

25.奠定了欧洲文学史上的寓言创作基础的作品是______。

26.世界四大吝啬鬼是______、______、______、______。

27.俄罗斯唯一一位以短篇小说登上世界文坛的作家是______。

28.《门槛》是俄国作家______的散文诗。

29.______，不要悲伤，不要心急！（普希金《假如生活欺骗了你》）

30.契诃夫在《变色龙》中塑造的一个溜须拍马、见风使舵、趋炎附势的形象是______。

参考答案

第五章　美洲文学

美洲文学以美国文学为主，而美国的历史从独立战争（1775—1783 年）之后才开始。成为一个新国家的美国，生机勃勃，但在文学上，一直是模仿他国尤其是英国的状态，尚没有有特色的美国文学，这种情况一直持续到 19 世纪。19 世纪之后的美国，文学得到长足发展，并且涌现出一批具有国际影响力的作家。这期间有几个重要的时间节点，这几个节点影响了美国历史，自然也影响了美国文学的发展与走向。

1861 年爆发的美国南北战争（1861—1865 年）。这场战争最终以北方的胜利宣告结束。这意味着美国资本主义开始发展，人们对钱、权越来越渴望，价值观恶化，作家们开始重点关注日常生活，美国的现实主义文学便出现了。而社会达尔文主义的出现又深深影响了一批作家，于是现实主义有了分支——美国自然主义。

20 世纪的两次世界大战。首先，在 1914—1918 年的第一次世界大战中，美国属于胜利方并在战争期间获得了很多钱财。战后美国经历了短暂的繁荣，但是人们的精神却是空虚的，国民信仰处于缺失的状态，如《了不起的盖茨比》中描绘的奢靡的生活和主人公迷失的状态。之后，美国经历了经济大萧条（1929—1933 年），导致太多人失业，美国梦破灭了，人们的精神世界陷入荒原中，文学上的现代主义产生了。迷失的一代、南方文艺复兴等一批作家就属于这个时期的文学流派。

二战后，美国知识分子对文明与进步的信念发生极大动摇，文学呈现多元化态势，各种文学流派争奇斗艳。

第一节　19 世纪文学

美国文学从根上说还是一种深受欧洲传统文化影响的文学。然而，移民的开拓精神和自由思想使他们很快突破了欧洲文化的藩篱，形成了以民主自由、个人主义为核心观念的新文学。进入 19 世纪以后，美国文学得到长足发展，涌现出一批具有国际影响力的作家。前期主要是浪漫主义文学，后期则以现实主义文学为主。

一、小说

爱伦·坡（1809—1849 年），美国浪漫主义文学中极富个性的作家，现代派文学的鼻祖，提倡“为艺术而艺术”，宣扬唯美主义、神秘主义，受西欧尤其法国资产阶级文学颓废派影响最大。1841 年发表的《摩格街谋杀案》被公认为是最早的侦探小说，内容写密室凶杀。1842 年发表的《玛丽·罗杰神秘案件》，纯粹用推理形式破案。其他如《金甲虫》《你就是杀人凶手》《被盗窃的信》等共五部小说成功创造了五种推理小说模式，塑造了业余侦探奥古斯特·杜平这一艺术典型。爱伦·坡被誉为“侦探小说的鼻祖”。其小说风格怪异离奇，充满恐怖气氛。

霍桑（1804—1864 年），美国心理分析小说的开创者，美国 19 世纪最伟大的浪漫主义小说家，代表作有长篇小说《红字》《七角楼房》等。

《红字》讲述了一个发生在北美殖民时期的恋爱悲剧。女主人公海丝特·白兰嫁给了医生齐灵渥斯，他们之间却没有爱情。在孤独中白兰与牧师丁梅斯代尔相恋并生下女儿珠儿。白兰被当众惩罚，戴上标志“通奸”的红色 A 字示众。然而白兰坚贞不屈，拒不说出孩子的父亲。小说惯用象征手法，人物、情节和语言都颇具主观想象色彩，在描写中又常把人的心理活动和直觉放在首位。因此，它不仅是美国浪漫主义小说的代表作，同时也是美国心理分析小说的开创篇。

斯托夫人（1811—1896 年），美国杰出的小说家、浪漫主义诗人，废奴主义文学的代表作家。代表作品是《汤姆叔叔的小屋》。这部作品暴露了蓄奴制度的罪恶，把废奴文学创作推向了高潮，也对社会的进步起到了积极的推动作用。

奥尔科特（1832—1888 年），美国女作家，代表作是带有自传色彩的家庭伦理小说《小妇人》。书中的许多故事取材于现实生活，主人公乔即以她本人为蓝本。

《小妇人》是一本以女性角色为主，强调女权意识的长篇小说，以美国南北战争为背景，以 19 世纪美国新英格兰地区的一个普通家庭四个姐妹之间的生活琐事为蓝本。美国内战期间，马奇先生远赴战场，四个女儿和母亲在家里过着清苦却坚强乐观的生活，一直凭借自己的努力解决生活中的种种艰难困苦。大女儿梅格生性爱美，对恋爱充满憧憬；二女儿乔独立自主，立志成为作家；三女儿贝丝则是传统乖乖女，柔弱而惹人怜爱；小女儿艾米则钟爱绘画。故事追随这四位女性由女孩成长为小女人的岁月，讲述了她们不羁的爱情经历及各自追寻不同理想与归宿的过程。四姐妹对自立权利的追求以及对家庭的忠诚眷顾构成了全书的矛盾，使故事熠熠生辉，情节生动感人。该作品强调了个人尊严与自立自律的观念，内容平实却细腻，结构单纯而寓意深远，富有强烈的感染力。

马克·吐温（1835—1910年），美国19世纪批判现实主义文学的奠基人，被誉为“短篇小说大师”，美国作家威廉·福克纳说：“马克·吐温是第一位真正的美国作家，我们都是继承他而来。”代表作品有短篇小说《竞选州长》、中篇小说《百万英镑》和长篇小说《镀金时代》《汤姆·索亚历险记》《哈克贝利·费恩历险记》《王子与乞丐》等。在文学史上，马克·吐温以幽默讽刺闻名。

《竞选州长》通过“我”在参加一次竞选活动时所遭受到的种种骇人听闻的诬蔑和打击，淋漓尽致地暴露了西方资产阶级“自由竞选”的黑幕，愤怒地撕下了美国统治阶级所标榜的“自由”“民主”的假面具，嘲笑了美国“民主选举”和“民主天堂”的荒谬，有力地揭露了资产阶级政党及其代表人物的卑劣行径和丑恶灵魂。

《百万英镑》讲述了一个穷困潦倒的办事员亨利·亚当斯在伦敦的一次奇遇。伦敦的两位富翁兄弟打赌，把一张无法兑现的百万大钞借给亨利，看他在一个月内如何收场。一个月的期限到了，亨利不仅没有饿死或被捕，反倒成了富翁，并且赢得了一位漂亮小姐的芳心。文章以略带夸张的艺术手法再现了大师的讽刺与幽默，揭露了20世纪初英国社会的拜金主义思想。

《汤姆·索亚历险记》通过主人公的冒险经历，对美国虚伪庸俗的社会习俗、伪善的宗教仪式和刻板陈腐的学校教育进行了讽刺和批判，以欢快的笔调描写了少年儿童自由活泼的心灵。

《王子与乞丐》以在英国流传已久的《王子和侍从》的故事为素材，描写了贫苦儿童汤姆和富贵王子爱德华交换社会地位的童话式故事，具有十分深远的现实意义。这部作品也成为马克·吐温作品中风格特异的一部。

二、诗歌

惠特曼（1819—1892年）是19世纪美国杰出的浪漫主义诗人，被誉为“美国现代诗歌之父”。惠特曼的诗作热情奔放，确立了自由体诗歌的地位，影响了美国和欧洲诗歌的发展以及美国现实主义文学的形成。代表作《草叶集》得名于诗集中的一句诗：“哪里有土，哪里有水，哪里就长着草。”《草叶集》是美国文学史上第一部具有美国民族气派和民族风格的诗集，体现了惠特曼时代的“美国精神”，是惠特曼用诗歌记录的美国史。

《草叶集》开创了美国民族诗歌的新时代。诗人打破了传统的诗歌格律，以断句作为韵律的基础，节奏自由奔放、汪洋恣肆、舒卷自如，具有一泻千里的气势和无所不包的容量。草叶是最普通、最有生命力的东西，象征着当时蓬勃发展的美国。诗集通过“自我”

感受和“自我”形象，热情歌颂了资本主义上升时期的美国。

其他作品有悼念林肯的《啊，船长！我的船长！》《当紫丁香最近在庭院中开放的时候》。

第二节　20 世纪文学

一、美国

20 世纪堪称美国文学史上的“黄金时期”，也可以说是美国的“文艺复兴”。这一时期，现实主义、自然主义和现代主义形成了多元并存的局面，促进了美国文学的空前繁荣，尤其在小说方面成绩斐然。

德莱塞（1871—1945 年），美国现代小说的先驱、批判现实主义作家之一。他的作品真实地描绘了 20 世纪初美国的生活和小资产阶级的迷惘，揭示了资产阶级道德的本质和资产阶级民主制度的内在缺陷，代表作有《嘉莉妹妹》《珍妮姑娘》《金融家》《美国的悲剧》等。美国评论家把德莱塞跟福克纳、海明威并列为第一次世界大战后美国仅有的三大小说家。

《美国的悲剧》取材于一起真实刑事案件，叙述美国青年堕落为杀人犯的悲剧。男主人公克莱德成长于一个贫穷潦倒的宗教家庭，以沿街传教为生。后来，他在一家豪华酒店担任服务生，因交友不慎，终日沉湎于酒色不可自拔。再后，他前往纽约投奔叔父，并与纯洁善良的贫穷女工洛蓓塔·奥尔登相恋。后来，克莱德又结识了美丽大方的千金小姐桑德拉·芬奇利。为了实现飞黄腾达的美梦，克莱德萌生了谋杀洛蓓塔的念头，虽然他在关键时刻发生动摇，洛蓓塔却意外身亡。事发后，克莱德被判死刑。小说深刻展示了 20 世纪初美国人金钱至上、欲望膨胀的生活观和普遍的幻灭感。小说曾于 1931 年被拍摄成同名电影，1951 年被改编成黑白电影《郎心似铁》，获第 24 届奥斯卡金像奖最佳导演奖、最佳剧本奖等 6 项大奖。

纪伯伦（1883—1931 年），黎巴嫩裔美国诗人、作家、画家，其主要作品有《泪与笑》《先知》等。纪伯伦的文学创作从最初关注自己的祖国、民族，关注东方世界，到最后上升到从全人类的高度进行思考，他的“先知”形象也经历了从民族的“先知”到普世的“先知”的转变。

福克纳（1897—1962 年），美国文学史上最具影响力的作家之一，意识流文学在美国的代表人物，1949 年诺贝尔文学奖得主，获奖原因为“他对当代美国小说做出了强有力的和艺术上无与伦比的贡献”。代表作品有《喧哗与骚动》《我弥留之际》《押沙龙，押沙龙！》。

《喧哗与骚动》是约克纳帕塔法世系小说的扛鼎之作。该小说讲述的是南方没落地主康普生一家的家族悲剧。该作品采用了多角度的叙述方法，是一部复线结构的纯意识流小说。

海明威（1899—1961年），美国作家、记者，20世纪最著名的小说家之一，“新闻体”小说的创始人，“美国精神的化身”，美国“迷惘的一代”作家中的代表人物，代表作中篇小说《老人与海》为其赢得了“文坛硬汉”的美誉，并且荣获了诺贝尔文学奖（1954年）。其他代表作有长篇小说《太阳照常升起》、《永别了，武器》、《丧钟为谁而鸣》、中篇小说《乞力马扎罗的雪》、随笔《流动的盛宴》等。

《老人与海》根据真人真事而写，围绕一位老年古巴渔夫圣地亚哥与一条巨大的马林鱼在离岸很远的湾流中搏斗而展开故事的讲述，体现了海明威不向命运低头、永不服输的斗士精神和积极向上的乐观人生态度。名句：“一个人并不是生来要被打败的，你尽可以把他消灭掉，可就是打不败他。”

“冰山文体”最早由海明威在一部关于斗牛的专著《午后之死》中提出，意即把自己的写作比作海上漂浮的冰山，用文字表达出来的东西只是海面上的1/8，7/8都在海面以下，是作者省略掉的、需要读者去感受的部分。“冰山”风格是海明威追求的一种艺术境界，主张用简明生动的语言描述真实的生活画面，创造一种意境，含蓄而有内容，从而使作品产生强烈的艺术感染力。

“迷惘的一代”又称“迷失的一代”，是第一次世界大战到第二次世界大战期间出现的美国一类作家的总称。他们共同表现出的是对美国社会发展的一种失望和不满。他们之所以迷惘，是因为他们的传统价值观念不再适合战后的世界，可是又找不到新的生活准则。他们认为，只有现实才是真理，可现实是残酷的。于是他们只能按照自己的本能和感官行事，竭力反叛以前的理想和价值观，用叛逆思想和行为来表达他们对现实的不满。海明威把“你们都是迷惘的一代”这句话作为他第一部长篇小说《太阳照常升起》的题词，“迷惘的一代”从此成为这批虽无纲领和组织但有相同创作倾向的作家的称谓。代表作家有海明威、菲茨杰拉德等。

菲茨杰拉德（1896—1940年），美国作家，20世纪20年代“爵士时代”的发言人和“迷惘的一代”的代表作家之一，代表作有小说《了不起的盖茨比》《夜色温柔》《末代大亨的情缘》等。他的小说生动地反映了20世纪20年代“美国梦”的破灭，展示了大萧条时期美国上层社会“荒原时代”的精神面貌。

《了不起的盖茨比》是一部以20世纪20年代的纽约市长岛为背景的作品。主人公詹姆斯·卡兹本是贫穷的农家子弟，自幼梦想出人头地。经过一番努力，他终于步步高升，并更名为杰伊·盖茨比。他在军训营里任中尉时，爱上了南方的大家闺秀黛茜·费。可当他戴着军功勋章从海外归来时，黛茜已嫁给纨绔子弟汤姆·布坎农。沉醉于爱情梦幻中的盖茨比艰苦创业，由一个贫穷的军官奋斗成为百万富翁。他在长岛西端买下了一幢豪华别墅，与住在东端的布坎农夫妇隔海湾相望，希望借此看到分别了五年的情人黛茜。可当他们重逢时，盖茨比发现黛茜远不像他梦想的人。后来黛茜开车碾死了丈夫的情妇，汤姆嫁祸于盖茨比，盖茨比被害，黛茜居然没来送葬。叙述者尼克由此看透了上层社会有钱人的冷酷残忍和用心险恶，离开纽约，回到故乡。盖茨比的死亡是他一生的终结、梦想的破灭，同时也暗示了当时美国青年人盲目追求梦想的破灭。小说结尾：“于是我们继续奋力向前，逆水行舟，被不断地向后推，直至回到往昔岁月。”

玛格丽特·米切尔（1900—1949年），美国现代著名女作家，1937年因长篇小说《飘》获得普利策文学奖，1949年在车祸中罹难。她短暂的一生并未留下太多的作品，但只一部《飘》足以奠定她在世界文学史中不可动摇的地位。

《飘》以19世纪60年代美国南北战争和战后重建为背景，以女主人公斯嘉丽（也被译为“郝思嘉”）的爱情纠葛和生活遭遇为主线，着力刻画了姿色迷人、聪明能干的大庄园主女儿斯嘉丽这一不屈不挠进行奋争的女性形象，并生动形象地再现了美国南部种植园经济由兴盛到崩溃、奴隶主生活由骄奢淫逸到穷途末路、奴隶主阶级由疯狂挑起战争直至失败灭亡、奴隶制经济终为资本主义经济所取代的美国南方奴隶社会的崩溃史。小说在描绘人物生活与爱情的同时，还勾勒出南北双方在政治、经济、文化各个层面的异同，具有浓厚的史诗风格。

1936年，作品正式出版后，其销售情况立即打破美国出版界的多项纪录，并获得普利策文学奖和美国出版商协会奖。半个多世纪以来，该小说一直位居美国畅销书的前列，并被译成几十种文字，在世界各地畅销不衰。根据此书拍成的电影《乱世佳人》于1939年12月15日在亚特兰大首映，迅速风靡全球。电影一举夺得10项奥斯卡大奖，成为电影史上的经典名片。

塞林格（1919—2010年），美国著名作家，擅长塑造早熟、出众的青少年形象。代表作品是《麦田里的守望者》。作品讲述了中学生霍尔顿·考尔菲德离开学校到纽约游荡的三天里的活动，探索了一个十几岁少年的内心世界。这部长篇小说被认为是20世纪美国文学的经典作品之一，愤怒和焦虑是作品的两大主题。主人公霍尔顿是当代美国文学中最早出现的反英雄形象，受到青少年的普遍认同。

海勒（1923—1999 年），美国当代著名作家，被誉为“黑色幽默的一面旗帜”，代表作品有《第二十二条军规》《出了毛病》。海勒的作品取材于现实生活，注意挖掘社会重大主题，揭示现代社会中使人受到摧残和折磨的异己力量，具有一定的象征意义。

他的创作方法往往是从超现实而不是从写实的角度出发，经常以夸张的手法把生活漫画化，表现一种和写实性质的真实完全不同的真实。《第二十二条军规》产生于海勒参加第二次世界大战的亲身经历。它与其他反战小说（如雷马克的《西线无战事》）的不同之处在于它对经历本身的超越，不仅仅是对战争和军事官僚制度的批判，而且是对生活本身日趋恶化的荒诞性的批判。

《第二十二条军规》被视为黑色幽默的经典名著，以第二次世界大战为背景，通过对驻扎在地中海一个名叫皮亚诺扎岛上的美国空军飞行大队所发生的一系列事件的描写，揭示了一个非理性的、无秩序的、梦魇似的荒诞世界。主人公尤索林是一个典型的“反英雄”形象。小说揭示了美国社会对传统道德的背弃，成为一种美国式的“黑色幽默”主题。

黑色幽默是一种荒诞的、变态的、病态的文学流派，是一种用喜剧形式表现悲剧内容的文学方法，把痛苦与欢笑、荒谬的事实与平静得不相称的反应、残忍与柔情并列在一起的喜剧，是 20 世纪 60 年代美国重要的文学流派。这派作家调动一切可调动的艺术手法，将周围世界和自我的滑稽、丑恶、畸形、阴暗等放大、扭曲，使其更加荒诞不经。黑色幽默产生、发展于 20 世纪 60 年代，繁荣于 70 年代，代表作有海勒的《第二十二条军规》、库尔特·冯内古特的《五号屠场》、品钦的《万有引力之虹》、小伏尼格的《第一流的早餐》等。

斯蒂芬·金（1947— ），美国作家，被称为“现代惊悚小说大师”“美国当代的狄更斯”。他是当今世界上读者最多、声名最大的美国小说家，每部作品都成为好莱坞制片商的抢手货。《肖申克的救赎》是他的中篇小说，也是其代表作，副标题为“春天的希望”。1995 年改编的同名影片获得第 67 届奥斯卡金像奖中包括最佳影片在内的 7 项提名。

《肖申克的救赎》讲述银行家安迪被当作杀害妻子的凶手送上法庭。妻子的不忠、律师的奸诈、法官的误判、狱警的凶暴、典狱长的贪心与卑鄙，将正处在而立之年的安迪一下子从人生的巅峰推向了地狱。而狱中发生的一系列事情迫使忍无可忍的安迪终于在一个雷电交加的夜晚，越狱而出，重获自由。

监狱作为故事背景带有寓意性，由安迪、典狱长、狱警和囚犯们所构成的这个世界，本身就是错谬、混乱的。在这样一个错谬、黑白颠倒的世界，现代派作家笔下的人物通常会自甘堕落或精神崩溃，而斯蒂芬·金塑造的安迪却像一只浴火后重生的火凤凰，健康自信地飞出了炼狱的火坑。这样的结果同样寄托着作者要使荒原上的人们坚守善良人性并“振奋”起来的创作主旨，诠释了希望与自由的真谛。名句：“你知道，有些鸟儿是注定不会被关在牢笼里的，它们的每一片羽毛都闪耀着自由的光辉。”

二、加拿大

艾丽斯·芒罗（1931— ），加拿大女作家。代表作有短篇小说集《快乐影子之舞》（获加拿大总督文学奖）、《逃离》等。2013 年，艾丽斯·芒罗因《亲爱的生活》而获当年诺贝尔文学奖，是获得该奖的首位加拿大籍作家。芒罗的很多故事都以安大略省的 Horon 县为背景，突出的地方性是她小说的重要特点。作品的一个常见主题（尤其反映在她的早期作品里）是正在步入成年的女孩子面对自己的家庭和成长的小镇时所面临的两难处境。

三、哥伦比亚

加西亚·马尔克斯（1927—2014 年），哥伦比亚作家、记者和社会活动家，拉丁美洲魔幻现实主义文学的代表人物，20 世纪最有影响力的作家之一，1982 年诺贝尔文学奖得主。代表作有《百年孤独》《霍乱时期的爱情》。“孤独”思想一直贯穿于马尔克斯的整个创作过程中，他用自己的文字刻画了人类心灵中最深刻、最本质的“孤独”。

《百年孤独》是拉丁美洲魔幻现实主义文学的代表作，被誉为“再现拉丁美洲历史社会图景的鸿篇巨制”。故事发生在虚构的马贡多镇，描述了布恩地亚家族七代人的兴衰、荣辱、爱恨、福祸和文化与人性中根深蒂固的孤独。其内容涉及社会和家庭生活的方方面面，是拉丁美洲历史文化的浓缩投影。作家还独创了从未来的角度回忆过去的新颖倒叙手法。小说开头：“许多年之后，面对行刑队，奥雷里亚诺·布恩地亚上校将会回想起，他父亲带他去见识冰块的那个遥远的下午。”短短的一句话，实际上容纳了未来、过去和现在三个时间层面，而作家显然隐匿在“现在”的叙事角度。

《霍乱时期的爱情》以阿里萨和费尔米娜之间持续了半个世纪的爱情作为主线，不失时机地将其他多种爱情磨炼成珠，穿缀于这条主线上。小说所描述的时代背景是加勒比海城市的世俗风貌——危及哥伦比亚的三大灾难：战争、霍乱、人为的破坏。在小说中，马尔克斯赋予霍乱一种象征意味——爱情。因为霍乱能致人死命，也能让人懂得生之珍贵，进而激发出更加顽强的生命力。对于小说的男主人公阿里萨来说，霍乱与爱情的作用相近。该小说不仅表达了“经历爱情的折磨是一种尊严”，更展现了哥伦比亚的历史。

本章自测

真题演练

（一）单项选择题

1.海明威小说《老人与海》的故事背景发生在20世纪中叶的（　　）。【2017】

A.古巴　　B.墨西哥　　C.美国　　D.巴西

2.海明威生前发表的最后一部小说是（　　）。【2015】

A.《丧钟为谁而鸣》　B.《永别了，武器》　C.《太阳照常升起》　D.《老人与海》

3.海明威获得诺贝尔文学奖的作品是（　　）。【2006】

A.《永别了，武器》　B.《老人与海》　C.《丧钟为谁而鸣》　D.《太阳照常升起》

（二）填空题

1.在长篇记述散文__________中，美国作家梭罗描写了他在一个湖边生活的故事。【2020】

2.“一个人并不是生来要被打败的，你尽可以把他消灭掉，可就是打不败他。”这句名言选自美国作家__________写的小说《__________》。【2019】

3.海明威的《老人与海》讲述了一个叫__________的老渔夫与一条巨大的马林鱼在离岸很远的湾流中搏斗的历程。【2018】

4.《老人与海》的作者是__________。【2008】

巩固练习

（一）单项选择题

1.海明威把“你们都是迷惘的一代”这句话作为他第一部长篇小说（　　）的题词，“迷惘的一代”从此成为有相同创作倾向的作家的称谓。

A.《太阳照常升起》　B.《永别了，武器》　C.《丧钟为谁而鸣》　D.《乞力马扎罗的雪》

2.被誉为“美国生活幽默的百科全书”的小说家是（　　）。

A.马克·吐温　　B.杰克·伦敦　　C.莫泊桑　　D.欧·亨利

3.海明威的创作多以（　　）为题材。

A.爱情　　B.农业　　C.战争　　D.工业

4.著名作家查尔斯·萨姆纳说，要是没有（　　）一书，亚伯拉罕·林肯也不可能当选为美国总统。

A.《常识》　　B.《族人》　　C.《飘》　　D.《汤姆叔叔的小屋》

（二）填空题

1.美国作家______是“新闻体”小说的创始人，代表作中篇小说《______》根据真人真事而写，围绕一位老年古巴渔夫______与一条巨大的马林鱼在湾流中搏斗而展开讲述。

2.马尔克斯的代表作______，也是拉丁美洲魔幻现实主义文学的代表作。

3.以“文坛硬汉”著称的20世纪美国著名小说家是______。

4.被誉为“再现拉丁美洲历史社会图景的鸿篇巨制”的小说是《______》。

5.海明威冷静的批判和反思以及坚韧不拔的意志品质，塑造了一系列具有“______性格”的人物形象。

6.伟大的民主诗人______的代表作《草叶集》开创了诗歌的自由体。

参考答案

第六章 东方文学

在东方，有三大相对独立的未曾中断过的文化体系，就是中国文化体系、印度文化体系和阿拉伯－伊斯兰文化体系。东方文化之一的东方文学是指古今亚洲和非洲文学的总体，其中埃及、印度、中国、日本、伊朗等国的文学是有代表性的东方文学。相比西方文学，东方文学有着更为悠久的文学历史与文学传统。

东方文学的"世界之最"：有世界上最早的史诗——古巴比伦的《吉尔伽美什》；有世界上最长的史诗——《摩诃婆罗多》和《罗摩衍那》；有世界上最早和最丰富的文学总集——古希伯来的《旧约》；有世界上最庞大、最神奇的民间故事集——阿拉伯的《一千零一夜》；有世界上第一部写实性长篇小说——日本女作家紫式部的《源氏物语》；有世界上最富有诗情画意的抒情戏剧——印度的剧作家迦梨陀娑的诗剧《沙恭达罗》。

而且，东方文学具有的浓郁的宗教与伦理道德色彩，使得东方文学往往展示出一种悲天悯人的人道主义精神和深邃宏大的哲理意识，讲究"情""味""韵"，讲究和谐、完美与清纯，讲究幽玄古雅与隽永恬静等。

一、日本文学

日本文学横跨的时间有1000多年。早期的文学作品受到中国文学的影响，但后来也渐渐形成自有的文学风格和特色。19世纪日本重启港口与西方国家贸易及展开外交关系之后，西方文学开始影响日本的作家。

古典日本文学兴于9世纪至12世纪，此时被誉为"日本艺术与文学的黄金时期"，经典名著是《源氏物语》。《源氏物语》是全世界最早的长篇小说，也是当时最杰出的经典名著，作者是女性文学家紫式部，成书年代一般认为是在1001年至1008年。

《源氏物语》以日本平安王朝全盛时期为背景，描写了主人公源氏的生活经历和爱情故事，反映了平安时代的文化生活和社会背景，在贯彻写实的“真实”美学思想的同时，也创造了日本式浪漫的“物哀”思想。

物语是日本特有的文学体裁，介于故事和小说之间，一般认为约形成于日本平安时期（8—12 世纪）。物语可分为传奇物语、和歌物语、虚构物语、历史物语、战记物语、说话物语等几类。《源氏物语》属于虚构物语。

“物哀”是日本江户时代国学大家本居宣长提出的文学理念，“物哀”即“真情流露”。《源氏物语》开启了日本文学的“物哀”时代，并影响了包括夏目漱石、川端康成、宫崎骏在内的大批日本作家及各个领域的艺术家，其以“真实”为基础的“物哀”精神更是得到一代又一代人的继承和发扬，并对日本文化造成了深厚的影响，成为其不可分割的一部分。

紫式部（约 978—约 1016 年），日本平安时期杰出的女作家。她的写作含而不露，鲜少在叙述中直接表明个人观点和态度，叙述语言平实却耐人寻味。代表作《源氏物语》是日本也是世界上第一部长篇小说，反映了平安时代日本贵族社会的兴衰，不仅集中地展现了以天皇为中心的宫廷生活，更确立了日本文学崇奉自然悲哀的美学传统，是日本王朝文学的代表。该作品中流露出明显的现实主义倾向，被认为代表了日本古典现实主义文学的最高峰，被誉为“日本的《红楼梦》”“日本小说创作的最高峰”。

森鸥外（1862—1922 年），日本近代文学的奠基人之一，日本 19 世纪初明治维新之后浪漫主义文学的代表人物，与同时期的夏目漱石、芥川龙之介并称为日本近代文学三大文豪，著有《舞姬》《阿部一家》等。

夏目漱石（1867—1916 年），日本近代作家，被称为“国民大作家”、日本近代文学史的第一人，代表作品有《我是猫》《心》等。夏目漱石对个人心理描写精确细微，开启了后世私小说的风气之先。

《我是猫》通过一只猫的视角向读者展现了以苦沙弥、迷亭、寒月等知识分子以及金田为代表的资本家的生活面貌，对阴暗腐朽的社会和庸俗无聊的小说人物进行戏谑的批判，并以独特的讽刺手法描述了一幕幕滑稽、丑陋的场面，取得了狂欢式的喜剧效果，是一部具有独特形式的批判现实主义小说，又是以讽刺著称的小说。作品通过猫的视角观察明治维新后的日本社会，以幽默辛辣的语言，嘲笑和鞭挞了人类固有的弱点和金钱世界的社会时弊。作品语言典俚合炉、雅俗共赏，鲁迅先生评为“轻快洒脱，富于机智”。

芥川龙之介（1892—1927 年），夏目漱石的弟子，全力创作短篇小说，其短篇小说取材新颖，情节新奇诡异。作品关注社会丑恶现象，但很少直接评论，仅用冷峻的文笔和简洁有力的语言来陈述，代表作品《罗生门》《竹林中》已然成为世界性的经典之作。

《罗生门》是芥川龙之介 1915 年创作的短篇小说，情节取材于日本古典故事集《今昔物语》，描写了一个普通人在利己主义的驱使下堕落的全过程。罗生门位于都城正中，它既是城内与城外、中心与周边的划分空间，又是秩序与混乱、善与恶、生与死、正义与非正义完全对立的分界线。《罗生门》中，具有芥川特色的浓重阴沉的气氛得到了最大的发挥。

罗生门本为日本京都罗城的城门，后用来借指人世与地狱之界门、事实与假象之别。延伸意义的罗生门通常指事件当事人各执一词，分别按照对自己有利的方式进行表述证明或编织谎言，最终使得事实真相扑朔迷离，难以水落石出。

川端康成（1899—1972 年），日本文学界泰斗级人物，日本新感觉派作家，成名作是《伊豆的舞女》。川端康成 1968 年以《雪国》《古都》《千只鹤》这三部“表现了日本人心灵的精髓”的作品获诺贝尔文学奖，是日本第一位获此殊荣的作家。川端康成的作品在虚幻、哀愁和颓废的基调上，以病态、失意、孤独、衰老、死亡来反映空虚的心理和忧郁的生活，追求一种颓废美。

《伊豆的舞女》是以作者 19 岁时的伊豆之旅为素材而创作的自传体小说，曾先后 6 次被搬上银幕。影片表现了少男少女之间初恋时的那种朦胧、纯真的情感，把人们带入一个空灵美好的唯美世界。

《雪国》是川端康成创作的第一部中篇小说，也是他唯美主义的代表作。故事写的是东京一位名叫岛村的舞蹈艺术研究家，三次前往雪国的温泉旅馆，与当地一位名叫驹子的艺伎、一位萍水相逢的少女叶子之间发生的感情纠葛。其间描绘的虚无之美、洁净之美与悲哀之美达到了极致，令人怦然心动又惆怅不已。作品中唯美的意象描写融入人物情感的表达之中，带着淡淡的哀思，表现了川端康成的物哀思想。该作品被誉为日本“近代史上抒情文学的顶峰”。

三岛由纪夫（1925—1970 年），有“日本的海明威”之称，三次（一说两次）入围诺贝尔文学奖。主要作品有《金阁寺》《鹿鸣馆》《丰饶之海》等。三岛由纪夫的文学不同于一般的日本文学，作品中少有哀伤的阴柔美，却有一种强烈的冲击力带给人心灵上的震颤和情感的激荡，但在充溢青春、生命力的同时，也回荡着一股死亡之气。

大江健三郎（1935— ），日本著名作家，1994 年诺贝尔文学奖获得者。代表作品有《广岛札记》《万延元年的足球》《饲育》《个人的体验》等。大江健三郎反对侵略战争、关注社会问题及人类命运，其作品“以诗的力度构筑了一个幻想世界，浓缩了现实生活与寓言，刻画了当代人的困扰与怅惘”，“开拓了战后日本小说的新领域，并以撞击的手法，勾勒出当代人生百味”。

《广岛札记》通过“广岛”这个透视镜，把即将宣告死亡的“悲惨与威严”的形象一个个记录了下来，并向读者提出这样一个问题：人类应如何超越文化的差别而生存下去？《广岛札记》中充满作者对社会人类困惑的思考，流露出鲜明的人道主义精神和社会责任感。

村上春树（1949— ），日本著名小说家。其写作风格受到欧美作家的影响，呈现出一种轻盈的基调，少有日本战后阴郁沉重的文字气息。村上春树被称为第一个纯正的“二战后时期作家”，被誉为日本 20 世纪 80 年代的文学旗手。代表作品有《且听风吟》《挪威的森林》《海边的卡夫卡》等。

《挪威的森林》是村上春树于 1987 年所著的一部长篇爱情小说。故事讲述主角渡边纠缠在情绪不稳定且患有精神疾病的直子和开朗活泼的绿子之间展开的自我成长的旅程。作品的主题是自我救赎。

二、印度文学

印度是世界文明古国之一，宗教发达、种族复杂、语言众多。印度文学以丰富多彩著称于世。

《罗摩衍那》（意思为“罗摩的历险经历”），印度古代史诗，一直被奉为叙事诗的典范，相传由印度诗人蚁垤编写定本，与《摩诃婆罗多》并列为印度两大史诗。

《罗摩衍那》主要讲述阿逾陀国王子罗摩和他的妻子悉多的故事。以罗摩和妻子悉多的悲欢离合为故事主线，表现了印度古代宫廷内部和列国之间的斗争。文中穿插了不少神话传说和小故事，描绘自然景色、战斗场面等花费了较多笔墨，故而篇幅宏大。

泰戈尔（1861—1941 年），印度著名诗人、文学家。代表作有宗教抒情诗《吉檀迦利》、诗集《飞鸟集》《园丁集》《新月集》、长篇小说《戈拉》《沉船》等。1913 年以《吉檀迦利》成为亚洲第一位诺贝尔文学奖获得者。诗歌《人民的意志》被定为印度国歌。泰戈尔与纪伯伦齐名，二人被称为“站在东西方文化桥梁上的两位巨人”。他的作品饱含爱国热情，具有反帝反封建的思想。在印度乃至许多国家，泰戈尔都被尊为“诗圣”。他的诗歌对徐志摩、冰心等人的创作具有很大影响。徐志摩参加的

"新月社"，冰心的诗集《繁星·春水》，都得益于泰戈尔的启迪。

泰戈尔名句：

（1）只有经历过地狱般的磨砺，才能练就创造天堂的力量；只有流过血的手指，才能弹出世间的绝响。

（2）世界以痛吻我，要我报之以歌。

（3）我们把世界看错，反说它欺骗了我们。

（4）天空没有留下鸟的痕迹，但我已飞过。

（5）如果错过了太阳时你流泪了，那么你也要错过群星了。

（6）生如夏花之绚烂，死如秋叶之静美。

（7）眼睛为她下着雨，心却为她打着伞，这就是爱情。

（8）你微微地笑着，不同我说什么话。而我觉得，为了这个，我已等待得很久了。

（9）你静静地居住在我的心里，如同满月居于夜空。

三、阿拉伯文学

阿拉伯文学最初指阿拉伯半岛的文学，后来指阿拉伯帝国的文学。阿拉伯文学是世界上最古老、最有成就的文学之一，是东方文学的重要组成部分，也是东西方比较文学的一个重要参照系。阿拉伯近代和现代文学则为阿拉伯各国的文学。

《一千零一夜》是阿拉伯民间故事集，又名《天方夜谭》。该作讲述了古代阿拉伯地区有一位国王叫山鲁亚尔，他生性残暴嫉妒，因王后行为不端，将其杀死，此后每日娶一少女，翌日清晨即杀掉，以示报复。宫相维齐尔的女儿山鲁佐德为拯救无辜的女子，自愿嫁给国王。山鲁佐德用讲述故事的方法吸引国王，每夜讲到最精彩处，天刚好亮了，国王因爱听故事而不忍杀她，允许她下一夜继续讲。她的故事一直讲了一千零一夜，国王终于被感动，与她白首偕老。因内容丰富、规模宏大，《一千零一夜》被高尔基誉为世界民间文学史上"最壮丽的一座纪念碑"。著名的故事有《阿里巴巴和四十大盗》《航海家辛巴达》《阿拉丁和神灯》等。

《一千零一夜》涵盖了中世纪阿拉伯社会生活的各个方面，是研究阿拉伯历史、文化、宗教、语言、艺术和民俗等多方面内容的珍贵资料。它对后世文学也产生了深远的影响，对世界文化的发展功不可没。

现代阿拉伯文学主要以旅美派文学和埃及现代派文学为代表。旅美派是由旅居美国的黎巴嫩、叙利亚作家组成的文学流派，领袖人物是纪伯伦，《先知》是其代表作，其作品主要讨论一些人生和社会问题，有充满比喻和哲理的东方色彩。埃及现代派产生于第一次世界大战期间，代表作家是塔哈·侯赛因，他的作品描绘了埃及社会广阔的面貌，表达了埃及人民的思想情感和愿望。代表作《日子》是一部自传体长篇小说，代表了他的思想和风格。

四、阿富汗文学

阿富汗文学作品中，最为人熟知的莫过于卡勒德·胡赛尼的《追风筝的人》。

卡勒德·胡赛尼（1965— ），生于阿富汗喀布尔市，美籍阿富汗裔作家、医生，其主要作品有小说《追风筝的人》、《灿烂千阳》、《群山回唱》（此三部小说并称为“胡赛尼三部曲”）、《海的祈祷》等。

《追风筝的人》是卡勒德·胡赛尼创作的第一部长篇小说，2003年首次出版。全书围绕风筝与阿富汗的两个少年展开，讲述了一个富家少年阿米尔与家中仆人哈桑关于人性的背叛与救赎的故事。小说属于成长类文学范畴的作品，描写了主人公阿米尔寻求灵魂救赎的成长历程。作者想要呼唤人们的良知，告诫人们“不善良的人终将会在痛苦的沼泽中不断挣扎”。哈桑的一句“为你，千千万万遍”感动了无数人。该书一经出版便广受好评，卡勒德·胡赛尼凭借这部作品获得了2006年的联合国人道主义奖。

本章自测

真题演练

填空题

“生如夏花之绚烂，死如秋叶之静美”出自印度诗人__________的《飞鸟集》。【2023】

巩固练习

（一）单项选择题

1.1968年川端康成以三部“表现了日本人心灵的精髓”的作品获诺贝尔文学奖，是日本第一位获此殊荣的作家，这三部作品不包括（　　）。

A.《伊豆的舞女》　B.《雪国》　C.《古都》　D.《千只鹤》

2.泰戈尔获得诺贝尔文学奖的诗集是（　　）。

A.《新月集》　B.《飞鸟集》　C.《吉檀迦利》　D.《园丁集》

（二）填空题

1.日本著名小说家__________的写作风格呈现出一种轻盈的基调，被誉为“日本20世纪80年代的文学旗手”。

2.世界上最早的长篇小说是______，作者是______。

3.日本导演黑泽明借助芥川龙之介的《______》中的情节安排与场景安排，拍摄出的电影曾获得奥斯卡金像奖的提名。

参考答案

参考文献

[1] 袁行霈 . 中国文学史：第 1 卷 [M] . 3 版 . 北京：高等教育出版社，2014.

[2] 袁行霈 . 中国文学史：第 2 卷 [M] . 3 版 . 北京：高等教育出版社，2014.

[3] 袁行霈 . 中国文学史：第 3 卷 [M] . 3 版 . 北京：高等教育出版社，2014.

[4] 袁行霈 . 中国文学史：第 4 卷 [M] . 3 版 . 北京：高等教育出版社，2014.

[5] 朱维之，崔宝衡，等 . 外国文学史：欧美卷 [M] . 5 版 . 天津：南开大学出版社，2014.